Shueisha
Series
Common

家父長制の起源

男たちはいかにして支配者になったのか

アンジェラ・サイニー

上野千鶴子＝解説

道本美穂＝訳

集英社シリーズ・コモン

目次

凡例

・訳注は〔　〕で示した。

・本文の引用文献で邦訳のある場合は
その邦訳名を使用し、（　）内に原タイトルを示した。
当該書誌情報は巻末の「引用・参考文献」に記した。

私が人を殺すとき、ナイフでなく真実で殺人を犯したのです。だから彼ら権力者たちは私を恐れて……いるのです。この真実は、私に大きな勇気を与えてくれます。死の恐怖から、生きることの恐怖、飢え、裸になること、破滅の恐怖まで私を守ってくれます。真実を知っているがゆえに、私は支配者や政治家たちの残虐行為を恐れないのです。

『0《ゼロ》度の女――死刑囚フィルダス(*Woman at Point Zero*)』
ナワル・エル・サーダウィ著、一九七五年刊行
(英語版は一九八三年に初版)

年表

一三〇〇万年前～四〇〇万年前	さまざまな科学的推定によると、チンパンジーやボノボなどの類人猿からヒト（人類）の系統が分岐。
およそ三〇万年前	現生人類であるホモ・サピエンスがアフリカで考古学上の記録に現れる。
紀元前一万年	何千年にもわたって世界各地で植物が栽培された時代を経て、中東の肥沃な三日月地帯で農耕革命が始まり、この地域で新石器時代が幕を開ける。
紀元前七四〇〇年	考古学者のイアン・ホッダーによると、アナトリア南部のチャタル・ヒュユクで、男女の役割にあまり差がない新石器時代の大規模コミュニティが栄える。
紀元前七〇〇〇年頃	ペルーのアンデス山脈で、大型の獲物を狩った女性の狩猟民の遺体が埋葬される。
紀元前五〇〇〇年～三〇〇〇年	ヨーロッパとアジア・アフリカ各地で、遺伝的な「ボトルネック」現象が発生。少数の男性がほかの大部分の男性と比べて不釣り合いなほどに多くの子どもをもうけていたことが示唆される。

紀元前三三〇〇年　北アフリカ、中東、インド亜大陸、ヨーロッパの一部の地域で青銅器時代が始まる。

紀元前二五〇〇年　メソポタミアでクババ［女性］がキシュ第三王朝を建国し、彼女自身の力で王として統治。

紀元前二五〇〇年〜一二〇〇年　ユーラシア・ステップから古ヨーロッパへ、その後アジアへと人の移動が起きる。その結果、男性が支配する暴力的な文化がもたらされたと考古学者のマリヤ・ギンブタスは考えている。

紀元前七五〇年　古代ギリシャの裕福な家庭で、女性用と男性用のスペースを仕切って分けるようになる。

紀元前七〇〇年　古代ギリシャの詩人、ヘシオドスが世界の歴史について記した『神統記』のなかで、女性を「大きな禍いの因《もと》をなす、人を破滅させる種族」と表現。

紀元前六二二年頃　旧約聖書の『申命記』の初期版が書かれる。戦いで捕虜となった女性の扱い方を男性に指南する内容が含まれている。

紀元後九五〇年頃　スウェーデンのビルカで、身分の高い戦士で、指導者だったバイキングの女性が埋葬される。

一二二七年　モンゴル帝国の皇帝、チンギス・ハンが死亡。現在生きている世界の全男性の二〇〇分の一が彼の子孫にあたると考えられる。

一五九〇年
アメリカ先住民のホデノショニの女性たちが、部族間の平和を訴えるためにセネカ・フォールズに集まる。

一六八〇年
イギリスの政治思想家、ロバート・フィルマーが著書『家父長論』のなかで、父親が家族に対して権威をもつのと同様、君主は臣民に対して生まれながらに権威をもつと主張し、王の神権を擁護。

一七六五年
イギリスの法学者、ウィリアム・ブラックストンが著書『イギリス法釈義』のなかで、婚姻中の女性の法的存在は夫の法的存在に組み込まれるという原則を強調。

一八四八年
ニューヨーク州セネカ・フォールズのウェズリアン教会で、世界初の女性の権利会議が開催される。

一八七〇年
イギリスで既婚女性財産法が制定され、既婚女性が自分で稼いだ収入を保有できるようになる。

一八八四年
ドイツの社会思想家、フリードリヒ・エンゲルスが、母権的だった人間社会が「女性の世界史的な敗北」によって打ち倒されたと書く。

一九〇〇年
ガーナのアシャンティ族の王母、ナナ・ヤァ・アサンテワァが大英帝国に対する独立戦争を指揮。

一九一七年　ロシア革命によって、初の社会主義国家が成立。

一九二〇年　ロシアが世界で初めて人工妊娠中絶を合法化。

一九六〇年　スリランカでシリマヴォ・バンダラナイケが世界初の女性首相として選出。

一九七六年　インドのケララ州議会が母系制を廃止。

一九七九年　イラン革命によって君主制支配が覆され、保守的なイラン・イスラム共和国が生まれる。

一九八九年　ベルリンの壁が崩壊し、ソビエト連邦の崩壊が始まる。

一九九四年　キルギスタンで誘拐婚が違法になる。

二〇〇一年　オランダで同性婚が世界で初めて合法化。

二〇一七年　国際労働機関が強制結婚を現代の奴隷制に関する統計値に初めて含める。

二〇二一年　アフガニスタンで二〇年にわたる内乱の末にタリバンが復権し、女性と少女の教育と労働の機会が制限される。

二〇二二年

アメリカ合衆国の連邦最高裁判所が、人工妊娠中絶を合衆国憲法上の権利と認めた一九七三年のロー対ウェイド判決を覆す。

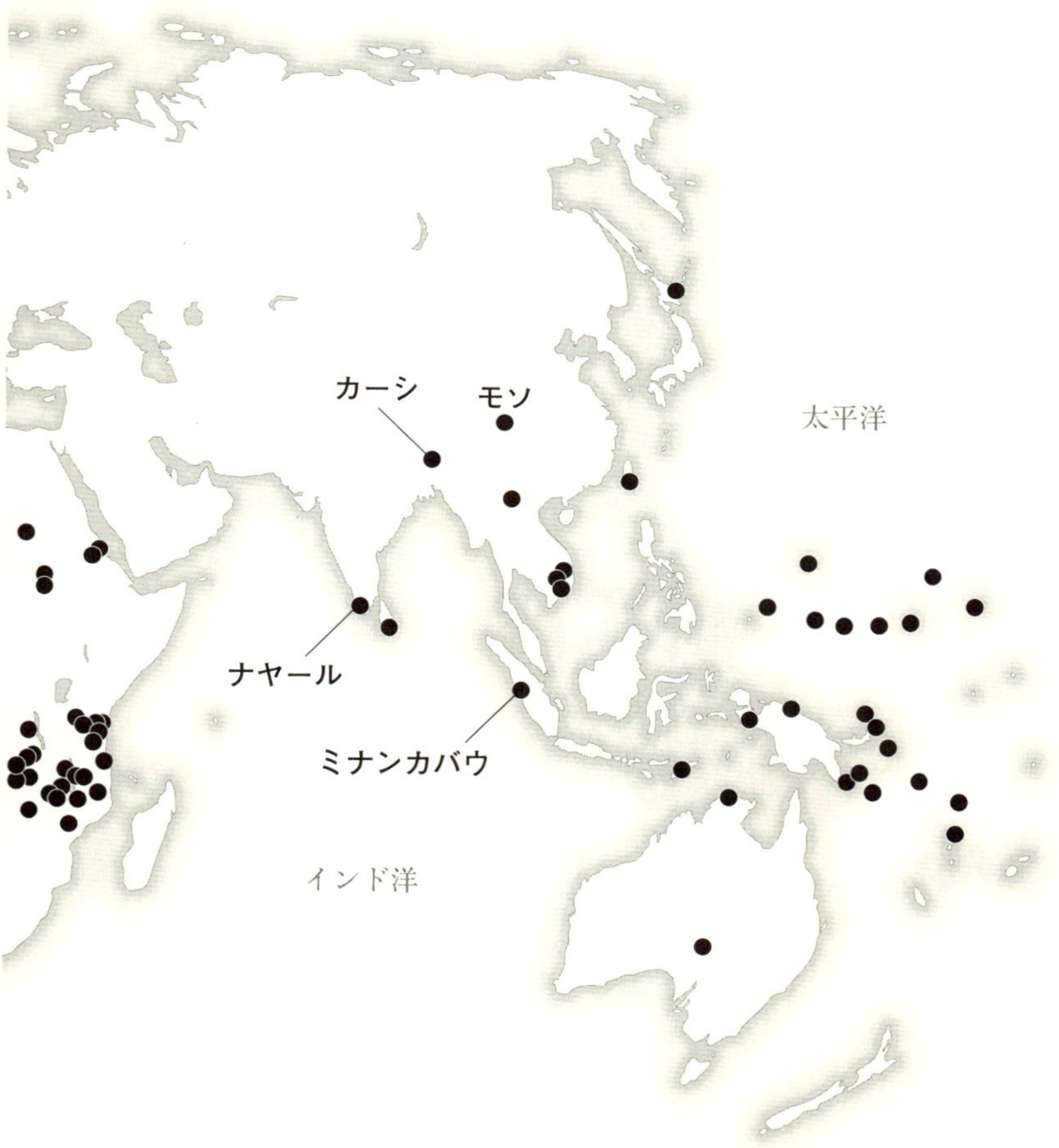

アレクサンドラ・スロヴィエツ、ケイト・T・スナイダー、ニコル・クレンザによる調査『世界の母系社会：異文化分析で人類の親族制度を明らかにする』(2019年9月2日付「フィロソフィカル・トランザクションズ・オブ・ザ・ロイヤル・ソサエティB」誌の第374巻1780号)の図1を参考に、マーティン・ブラウンが図解。

母系的な社会の分布

はじめに

この本の執筆中、私はさまざまな女神の姿に心を奪われていた。なかでも一つ、今でも繰り返し思い出してしまう女神の絵がある。

それは一世紀以上前にインドでつくられた有名なリトグラフで、悪魔を殺害したヒンズー教の女神、カーリーを描いたものだ。死と時間の象徴であるカーリーの残虐な殺戮《さつりく》ぶりは、見る者に強い関心を抱かせる。目をかっと見開き、長い舌を突き出し、鮮やかな青い肌が目を引く。ウェーブのかかった黒髪は腰の下まで伸び、斬り落とした何本もの腕でつくった腰巻を巻いている。首には、花のようにいくつもの生首をつないだ首飾り。腕は四本あり、ある腕では刀を、別の腕では悪魔の生首をもち、三本目の腕は皿をもって、生首から滴《したた》る血を受け止めている。四本目の腕は大きく広げて、あたりの恐ろしい光景を指し示している。

古代インドの神々は、異世界からやって来たかのように常軌を逸《いっ》したものが多い。インドが植民地だった時代、国内のイギリス人支配層やキリスト教宣教師がカーリーをひどく怖がったため、ナショナリズムを掲げる革命家らは、カーリーを植民地支配に抵抗するシンボルとしていた。死体をイヤリングにして、耳たぶに突き刺したカーリーの絵もいくつか残っている。「なんと恐ろしい絵なのでしょう!」と、聖書教会宣教師協会が一九二八年に発行した小冊子で、あるイギリス人女性は書いている。「こんな野蛮な女神が優しい母親だと言われているなんて!」。

そう、カーリーは神聖なる母でもある。この矛盾するイメージは、女らしさや権力に関する現代のあらゆる思い込みに疑問を投げかける。カーリーは人間らしさの表れか、それともその破壊の表れか。いずれにしても、人々がこのような女神を想像したという事実に、驚かずにはいられない。二一世紀の現在、カーリーはニューデリーからニューヨークに至る世界中で、女性の権利を主張する活動家に支持され、「今日の私たちが求めるフェミニズムのアイコン」と評されている。私たちは今も彼女のなかに、社会秩序を打ち砕く可能性を見出《みいだ》し、虐《しいた》げられた者の心にある抑えられない怒りを見ている。彼女の首にぶら下がっているのは、歴史上の家父長たち、つまり男性支配者らの生首ではないかとさえ見て取れるかもしれない。

これこそが、過去が私たちに及ぼす力なのだ。そもそも二一世紀に生きる私たちは、世界を変えられるという自信を得るために、なぜ古いリトグラフに頼ってしまうのだろうか。自分たちのなかに見つけられない何かをカーリーは与えてくれるのだろうか。かつて哲学者のクワメ・アンソニー・アッピアは、「平等な未来を思い描くために、なぜ過去はもっと平等だったと信じる必要があるのか」と同じようなことを問いかけた。歴史学者、科学者、人類学者、考古学者、フェミニストといった人々はみな、この問題に興味をそそられてきた。人種差別や性差別について書く科学ジャーナリストとして、私もよくこの問題を考える。現在のような社会はどのようにしてつくられたのか、昔はどんな社会だったのか、私たちはそれを知りたいと願う。男性が社会を支配していなかった時代があるのかもしれない。女らしさや男らしさが現在のような意味をもっていなかった、失われた世界があるのかもしれない。カーリーを眺めながら、私たちはそんな可能性を感じているのではないだろうか。

歴史に前例を求めれば、ほかにも教えられることがある。それは、この世界が時に絶望的に思われるということだ。現在、女性が抑圧される社会システムは、「家父長制」という言葉で表現される。世界中の女性や少女が家庭内暴力やレイプ、男女間の賃金格差、道徳のダブル・スタンダードといったさまざまな形で虐げられ、不当に扱われている状況を広い意味で表す言葉である。この家父長制は驚くほど揺るぎない。その規模と広がりは、もはや私たちの手に負えないように見える。はるか昔にさかのぼる巨大な陰謀のようにも見えてくる。忘れられた過去に何か恐ろしいことが起こって、現在のようになったに違いないとも思えてくる。

だが、それほど単純な話ではない。本書ではそんな家父長制の過去と現在をひもといていきたい。

*

人々は長いあいだ、家父長制の起源を理解しようとしてきた。

一六八〇年、イギリスの政治思想家ロバート・フィルマーの著書『家父長論（*Patriarcha*）』が出版された。フィルマーは、国家は家族のようなもので、王は実質的に父親で、臣民は子どもだと主張し、王の神権を擁護した。国王は、神から任命されたこの世の絶対的な家父長で、その権威は聖書の時代にさかのぼるという。フィルマーの世界観は、貴族階級の人間から見た明らかに利己的なものだが、この世界観からすれば、家父長制は自然なものだった。家父長制は、家庭で父親が家族に対して支配権をもつという小さな規模から始まり、最終的には政治、法律、宗教といった制度を通じて、マーブル模様のように広がっていったと彼は主張した。

その後一九世紀の半ば、そして二〇世紀の後半にかけて、知識人らは再び、家父長制とは何か、どのように生まれたのかという問題を議論するようになる。家父長制とは、すべての男性がすべての女性を包括的に支配することなのか、それとももっと個別具体的なものなのか。生物学的な性の問題なのか、それとも仕事の問題なのか。資本主義に支えられているのか、資本主義とは無関係なのか。過去の経緯によるものか、それとも人間の本質から生まれた普遍的なパターンなのか。こうしたことが議論された。

国家を家庭になぞらえるロバート・フィルマーの説明は、数百年が経《た》っても説得力があった。アメリカの社会活動家ケイト・ミレットは、一九七〇年に刊行した古典的なフェミニズムの書籍『性の政治学（*Sexual Politics*）』で、家父長制とは年長の男による年若い男の支配であり、広く言えば男による女の支配だと定義した。ジェンダーに基づく権力は、父親を起点として、家庭からコミュニティへ、さらには国家へと放射状に広がっていくと、当時もまだ考えられていた。

だが、そもそも男性がなぜそうした権力を握るようになったのかという疑問は残っていた。一九七九年、イギリスの社会学者ヴェロニカ・ビーチは、すでに数多く出版されていた、家父長制に関するフェミニストの書籍を調べたところ、あることに気づいた。それは、多くの場合、男性支配の根拠はセックスと生殖にあるとみなされていたことである。女性に対する抑圧の原因は、男性に女性の身体《からだ》を支配しようとする病的な衝動があるからだと考えられていた。「だが、何が男性を性的抑圧者にするのか。そして何より、ある社会形態がどんな特徴をもつ場合に、男性は女性を支配する立場に立つのか。それはまったく明らかになっていない」と彼女は書いている。

ビーチが指摘したように、家父長制という世界共通の理論を複雑にしているのは、性別による不平等や抑圧が場所や人が変わっても同じだとは決して言えないことだ。冒頭に書いたとおり、女神カーリーは結局のところ、女性が本来もつ力を象徴している。カーリーは伝説上の存在ではあるが、もし私たちが彼女に自分自身を投影していなければ、これほどの支持を得られなかっただろう。

私が以前暮らしていたインドでは、上流、中流階級の女性は、使用人を最低賃金で雇って、料理や掃除をさせることが多かった。使用人には、女性だけでなく男性もいる。二二歳の頃に一人暮らしをしていた私は、男性の使用人を二人雇っていた。カースト制度の最下層の人たちは、人間や動物の排泄物の処理など、この国の最も過酷で低賃金の仕事のほとんどを引き受けている。二〇二〇年の新型コロナウイルス・パンデミックの最中、初めてロックダウンが行われたときのことだ。家事をする使用人が自宅に戻ってしまい働けなくなったために、この国の富裕層の女性たちは突然、おそらく人生で初めて家事労働をせざるをえなくなった。その翌年の初めに、インドのタミル・ナードゥ州のある政党は（偶然かどうかはさておき）、主婦に月給を支払うべきだと訴える運動を始めた。

女性学の教授であるチャンドラー・タルパデー・モーハンティーは、「たとえば性別分業について、分業の中身が環境や歴史的状況によってめまぐるしく変化するとき、どうして『普遍的な』性別分業について語れるというのか？」と疑問を投げかけている。もし男女に根本的な性質の違いがあって、それに基づき男性が女性を支配し、男女できっちりと役割分担がされているとしたら、世界中の、そして歴史上のすべての人が同じ生活パターンや労働パターンを共有することになるはずだ。

だが、現実にはもちろんそうなっていない。同じ社会でも、低い地位に甘んじる女性もいれば、自分の力で巨大な富と権力を手に入れる女性もいる。人類の歴史には、何人もの女王、女帝、女性のファラオ、強い女性戦士が存在した。過去二世紀を見ても、イギリスでは、女性君主の在位期間のほうが男性君主よりも長い。奴隷や使用人を抱えてきた女性や、今でもそうしている女性が世界中にいる。母親のほうが優先される文化もあり、そういう文化では、子どもは父親と同じ家庭の一員とさえみなされない。

「同じ女性でも、属している階層が違えば、歴史のなかで違う経験をしている」と、アメリカで女性史という学問分野を切り開いた研究者の一人であるゲルダ・ラーナーは、こうした矛盾を突いて書いている。「歴史のなかで名もない存在の女性もいれば、昔も今も、支配層に属している女性もいる。女性は確かに抑圧されている。だが、人種差別や民族差別のように全員が抑圧されているわけではない。女性は確かに支配され、搾取《さくしゅ》されている。だが、下層階級の人たちのように全員が支配され、搾取されているわけではない」。

一九八九年、法学者のキャサリン・マッキノンは、わずかな例外を除いて「フェミニズムは男性の権力とは何なのかを説明せず、単に納得できない秩序として扱ってきた」と書いた。さらに、「フェミニズムは理論を探し求める壮大な告発のようになってきた。論文を書くための華々しい理論を常に探している」と述べている。男性支配から生じた結果については、権限のある地位に占める男性の割合が高いこと、世界の多くの国々で娘より息子が好まれることなどが、セクシュアル・ハラスメントの発生率や多くの統計データを用いて十分に説明されている。ところが、そもそもなぜ男性が支配するようになったのか、その理由は明らかになっていない。マッキノンは言う。「男性優位の社会がなぜ発展したかを説明するべきなのに、推測でしか語られていない。ただ描写しているだけで、きちんと説明していない」。

とはいえ、いざ説明するとなると、私たちは神話のような説に頼ってきた。女性が男性よりも搾取されているのなら、原因は物質的な条件よりも、むしろ女性の性質にあるとマッキノンは書いている。原因は私たちの外側にあるのではなく、内側にあるという。共産主義によって階級間格差をなくすことを夢見たカール・マルクスでさえ、性的不平等は人種や階級による抑圧とは異なるものであり、歴史ではなく生物学的な差異に起因しているという考えから逃れられなかった。

一時は、女性に対する抑圧の普遍的な根拠を見つけようとするあまり、ばかばかしいほどに問題を単純化する動きもあった。家父長制の起源について、単に女性は男性の支配に抵抗できなかったからだと結論づける説もあった。女性は力が弱すぎて、男性は力が強すぎたという理屈である。先史時代に大きな転換点があって、女性中心の平和な社会が突然、権力と性的支配への飽くなき欲望をもった、暴力的に略奪を行う男性たちに倒されてしまったと、鮮やかに描いてみせた説もあった。家父長的な神々が、優しく育む母なる女神に取って代わったとする説である。

フランスの社会学者、クリスティーヌ・デルフィは、こうした史実の想像に釘《くぎ》を刺してこう述べている。「つまり、そうした説は、私たちの社会の文化を想像上の社会の『性質』のせいにしている」。

アメリカの人類学者、ミシェル・ロサルドも懐疑的だ。「私たち女性は、伝統的な概念の被害者である。男性と女性の性質の違いに『本質』を見出し、女性の現状は『本質的に』女性が何であるかに由来するという考え方である」とロサルドは一九八〇年に書いている。世界中のさまざまな社会を人類学の手法で観察した結果、ロサルドは、男性支配が広く普及していることは認めていた。だが同時に、その現れ方は多岐にわたるため、世界共通の経験や原因があると考えるのは無意味だとして、次のように述べた。

「生物学的な性は、生物学的な人種と同様、性差別の原因ではなく言い訳だと考えたほうがいいだろう」

*

例外は、私たちの思い込みに疑いを投げかける。人間の本当の姿は、歴史を大まかに単純化して述べた説明ではなく、余白の部分にこそ見つかる。そこでは、人々は思いのほか異なった生き方をしているからだ。さまざまな文化を調べてみると、固定化した生物学的ルールや、直線的に進んだ歴史と思われているものが、決してそうではないことがわかる。私たち人間は、とても多様な生き方を選べるし、変化の余地も大きい。だから、男女の不平等を人間の有する不変性に根差したものだと考えてしまうと、その正体を見誤ってしまう。男女の不平等の根底にあるのは、もっと不安定なもので、人間はそれを常につくり変えてきた。

そして、私たちは今も、それをつくり変える作業を続けている。

かつて母権制のユートピアが存在し、それが一瞬で倒されてしまったことを示す、説得力のある証拠はない。また、女性に対する抑圧が家庭で始まったという証拠も見当たらない。むしろ当時の歴史の記録から見えてくるのは、初期の国家や帝国は拡大するにつれて、人口を増やし、国を守るための軍隊を維持しようとしていたことである。社会を動かしていた支配層は、若い女性にできるだけ多くの子どもを産ませ、彼女たちが育てた若い男たちに進んで戦士になってもらう必要があった。そこで、ジェンダーに基づくルールが登場し、個人の日常の行動や自由が制限されるようになった。この基本的な目標のために、忠誠心や名誉といった美徳が取り入れられるようになった。そして、そうした社会的規範を中心に、伝統や宗教が発展していったのである。

やがて、社会の圧力は家庭に浸透し、家庭内の人間関係や力関係に影響を与えた。世界を見渡すと、花嫁が生まれ育った実家を出て夫の家族と暮らす地域では、結婚制度は、捕虜や奴隷といった非人間的な慣習の広まりに由来していたように見える。妻はコミュニティのなかで部外者として扱われ、年を取ったり子どもを産んだりして初めて、地位が向上する。このように、女性の抑圧は家庭で始まったのではなく、家庭に行き着いたと言えるのではないだろうか。

過去の断片的な記録によれば、男性優位のイデオロギーや制度が登場しても、それは実際、すべての男性がすべての女性に対して一斉に権力を行使するような単純なものではなかった。むしろ、地域の事情に応じて、バリエーションがあった。社会のなかで、さまざまな人たちがいろいろな形で、支配権を行使した。そして、そのあいだもずっと支配に対する反発があり、常に抵抗と妥協があった。私たちが時とともに経験する変化は、緩やかで断続的で、たいていは何世代もかけて人々の生活に入り込み、気づくとほかのやり方を考えられなくなっている。社会の変化は、通常こうして起こる。以前は考えられなかったことが、いつの間にか当たり前になる。

結局のところ、これは世界で最も貴重な資源とも言える「他者」を支配するために戦う個人と集団の物語なのだ。男性が支配権を握る社会のあり方が、たまたま地球の反対側の地域と奇妙なほどに似通っていたとしても、それは社会が魔法のように（あるいは生物学的に）同じ時期に出来上がったからではない。また、世界中の女性たちが、抵抗せずに服従を受け入れたからでもない。権力を握ること自体はさほど難しいことではない。ジェンダーに基づく抑圧は、社会のなかでつくり出され磨き上げられたが、それだけでなく、何世紀もかけて、布教活動や植民地主義を通じて意図的に他国に輸出されていた。

そして、そのなかで人間の本質に関する私たちの考えの大部分が形づくられてきたのは、なんともやるせないことだ。インドの女神カーリーが私たちの過去について何かを物語っているとしたら、それは人間による世界の描き方が常に変化してきたことである。権力者は、自分がつくり出したジェンダー規範やヒエラルキーを確固たるものだと錯覚させるために、長いあいだ懸命に努力してきた。いまや、私たちはこうした神話のような説を信じ込んで、それに従って生きている。カーリーが生まれた頃のルールは現在と異なるかもしれないというのに、カーリーを女らしさのルールに反する過激な存在だと感じることに、あえて疑問を抱こうとはしない。

私たちは、自分たちがつくり出した社会に何世紀も暮らした結果、目の前にある状況を「家父長制」と呼ぶようになった。こうして見ると、家父長制はあたかも最初から巧みに計画された陰謀のように思えるが、そうではない。実際には、絶えずゆっくりと変化しつつ、人々に特定の思い込みを植えつけてきた。家父長制が今も私たちの生活に触手を伸ばそうとしていることを見れば、それがわかるだろう。アフガニスタンではタリバン政権が復活し、ロシアや東ヨーロッパでは女性の自由が弾圧され、アメリカ合衆国では人工妊娠中絶の権利が再び脅《おびや》かされている。それは、すでに完成された起源の物語ではない。私たちは物語を今も精力的に紡《つむ》ぎ出しているのだ。

私は何年にもわたる調査と取材を経て、この本を書いた。最も難しかったのは、このテーマをめぐる泥沼のような、膨大な思い込みを解きほぐすことだった。それらは一見、客観的な知識のように見えて、じつは意味のない憶測にすぎないことが多い。先史時代にさかのぼるほど、根拠は曖昧《あいまい》になる。神話や伝説が事実と絡み合い、ほとんど区別不能となる。本書のなかで私は、男性による支配と女性に対する抑圧が、社会的にもイデオロギー的にも最初に萌《きざ》した兆候を突き止め、それが現代に至るまで、徐々に拡大してきた過程をたどり、できるだけ細かく書き記そうとした。もちろん、説明には不完全で不十分なところもある。しかも、私たちはその過程を理解できたとしても、自分の経験や信念に縛られている。家父長制の起源を探し求めていながら、過去についてより、むしろ現在について多くを語る可能性もある。

だが、それもいいだろう。私たちが本当に理解したいのは、現在のことなのだから。

第一章 支配

世界をゼロからつくり直すことを想像してみてほしい。
それがまさに、数十億ドル規模のハリウッド映画『猿の惑星』シリーズのストーリーだ。

『猿の惑星』は、ディストピアを描いたSFファンタジーである。フランスの小説家であり元秘密諜報《ちょうほう》部員のピエール・ブールが一九六三年に発表した作品を原作としている。チンパンジー、ゴリラ、オランウータンの集団が、無防備な人間たちから世界最強の生き物の座を奪い、独自の文明を築き、独特な政治・社会制度をつくり上げる。私たち人間は突然、下等動物に成り下がった。これほど根本的な革命はない。

一九六〇年代にチャールトン・ヘストン主演でつくられた第一作に始まり、その後五〇年にわたって続編やリメイク作品がつくられてきたこの映画は、いかにも挑発的だ。戦争、動物の権利、さらには人間の優越性に対する確信がいかに脆《もろ》いかなど、さまざまなテーマが描かれ、興味をそそられる。背景には明らかに、公民権運動を反映した人種差別の問題があり、それが批評家に攻撃的な印象を与えてきた。だが、『猿の惑星』には、観客が見過ごしてしまいがちな点がある。それは、人間であれ猿であれ、物語の中心にいるのがほとんどオスだということだ。

第一作では、たくましい女性の登場人物が一人いた。だが、二〇一四年の作品では、最も目立つメスのチンパンジーで、猿の主人公シーザーの妻であるコーネリアは、わずか数分しか登場しない。しかも、彼女は性別ステレオタイプを完全に体現していた。戦いが終わるやいなや、彼女は良き伴侶として甲斐甲斐《かいがい》しく家族の世話を焼き、髪にビーズの飾りをつけて、赤ん坊を抱き、頼りない姿を見せるようになる。

SFの魅力は、既成概念にとらわれないことだ。このジャンルは基本的に、現在の世界に抵抗する力を私たちに与えてくれる。アメリカのSF作家である故アーシュラ・K・ル＝グウィンはかつて、大好きな推理小説と同様、自分の小説が「想像上のものであれ、説得力のある別の現実を示すことで、今の生き方しかありえないという退屈で弱気な考え方から、私自身の心と読者の心を解き放つものであってほしい」と述べている。

とはいえ、想像力にも限界はあるようだ。私たちはストーリーへの疑いを払拭《ふっしょく》するために、馴染《なじ》みのある要素を探さずにはいられない。だから、『猿の惑星』の製作者は、あえてほかの霊長類を実際よりもヒトらしく描いたのだろう。チンパンジーはもともと、進化の系統樹でヒトとさほど離れているわけではないが、もう少し近くなれば、実際にヒトを圧倒できるかもしれないと思うことも可能になる。チンパンジーのなかに、世界の覇権を握ろうとする人間の姿を見ることができる。

では、すべてがゼロからスタートするこのすばらしい新世界の幕開けに、社会はどんな姿をしているのだろうか。奇妙なことに、それは現在の社会とほとんど変わらない。私たちはチンパンジーによる反乱が起きる可能性には納得しても、映画のなかでなぜオスが主導権を握るのか、疑問を抱くことはない。別の種《しゅ》がなぜ当然のように異性婚の習慣を取り入れ、メスはなぜすぐに家庭の陰に隠れてしまうのか、疑問を投げかけることはない。

この映画の猿たちはどういうわけか、ヒトと似たような家父長制らしきものをつくり出した。社会を別の姿にするためには、私たちは自分で考えるしかなく、そうなれば別のサイエンス・フィクションの筋書きが必要になるだろう。つまり、新たな革命が必要になるのだ。

*

以前、私がカリフォルニアのサンディエゴ動物園を訪れたときのこと。攻撃を受けたばかりだというボノボ［チンパンジーと並んでヒトに最も近縁な霊長類］の檻《おり》に居合わせたことがある。檻のなかを覗《のぞ》き込むと、手に傷を負って、群れに背を向けてしゃがみ込んでいるボノボが見える。怯《おび》えているのか、困惑しているのか、私の目をじっと見つめる姿に、痛々しさを感じずにはいられなかった。南カリフォルニア大学の霊長類学者で、ボノボから顔を覚えられてしまうほど長年ここで研究をしてきたエイミー・パリッシュは、こう話してくれた。「オスのボノボは普通、母親を頼りにします。守ってもらうことで、群れのなかで地位を築きます」。母親が周りにいなかったので、このボノボはたちまち年上のメスから攻撃されてしまったという。

あの日、私が動物園にパリッシュを訪ねてから五年が経つうちに、ボノボに関する彼女の研究によって、「この種ではメスによる支配が一般的」だという科学的コンセンサスが確立した。ボノボのメスは、オスを追いかけて攻撃することで知られている。そして、この事実は人間にとって重要な意味をもつ。なぜなら、ボノボは進化においてチンパンジーと同じくらい私たちヒトに近く、動物界で遺伝的に最もヒトに近い種の一つだからである。霊長類学の専門家で、エモリー大学で心理学の教授を務めるフランス・ドゥ・ヴァールは、飼育下でも野生でも、オスが率いるボノボの群れは見たことがないと断言する。「二〇年ほど前までは、これは少々疑わしいと思われていました。でも、もうそんなことを言う人はいません。メスが支配していることが明らかになったのです」。

確かに、オスによる支配は動物界でも一般的で、たとえばチンパンジーも同様だ。「多くの人は家父長制を当たり前だと考えています」とパリッシュは言う。だが、それは決して揺るぎないルールではない。研究が進むにつれて、さまざまなバリエーションが明らかになっている。メスによる支配はボノボだけでなく、シャチ、ライオン、ブチハイエナ、キツネザル、ゾウの群れでも見られる。

支配権がどうやって生まれるのかを理解するうえで、「ボノボから学べることはたくさんある」とパリッシュはつけ加える。少なくともこの種では、体格の大小は関係ない。ボノボのメスは平均すると、オスよりもわずかに小さいが、オスが支配するチンパンジーでも同様に、メスのほうがわずかに小さい。ボノボのメスがチンパンジーのメスと違うのは、メス同士に血縁関係がなくても強い社会的絆《きずな》を結び、互いの性器をこすり合わせることでその絆を強化し、緊張関係を和《やわ》らげることである。こうした親密な社会的ネットワークが権力を生み出すと、個々のオスは群れを支配するのが難しくなる。

「オスは生まれつきメスより上の立場にあり、オスはメスより優れたリーダーになれるという物語に私たちはとらわれています。でも、この説は成り立たない、根拠がないと思います」とドゥ・ヴァールは続けた。だが、彼自身もパリッシュも経験してきたように、人にそれを納得させるのには必要以上に時間がかかる。「男性にとって、女性が支配権を握ることを受け入れるのはとても難しいのです」とドゥ・ヴァールは言う。動物行動学の研究は、こうした性差別主義者の神話によって、何世代にもわたって壁にぶつかってきた。映画『猿の惑星』でオスとメスの関係が見過ごされていたとしたら、それはこうした神話のせいなのかもしれない。

「ジェンダーとボノボについて書くのは、男性として興味深いことです。私が書いていることを女性が書いたとしたら、おそらく無視されるでしょうからね」と彼はつけ加えた。仲間の霊長類学者でさえも、明らかにメスが支配する種が存在するということをなかなか認めようとしなかった。以前、ボノボの群れを支配するメスの力についてドイツで講義をしたときのことを、ドゥ・ヴァールはこう振り返った。「ディスカッションの最後に、年配のドイツ人の教授が立ち上がって言ったのです。『このオスたちには何か問題があるのか？』」。

だが、そこにあるのは性差別だけではない。私たちはほかの種を観察するとき、ヒトと共通するものを探そうとする。ヒトの社会が家父長制であるのなら、人間に最も近い霊長類の親戚、つまりヒトの祖先と考えられる種でも、同じような社会が見られるはずだ、というわけだ。男性支配の進化のルーツについて、そこから何かがわかるはずだと考える。

一九六八年に『猿の惑星』の第一作が公開された五年後、ニューヨーク市立大学の社会学教授であるスティーヴン・ゴールドバーグが、著書『家父長制の必然（*The Inebitability of Patriarchy*）』を出版した。彼はそのなかで、男女の根本的な生物学的差異は非常に根深いため、人間社会では最終的に必ず家父長制が勝利を収めると主張した。人々がどんな方法でパイを切り分けても、生まれつき力が強く攻撃的な男性が、最後には必ず大きいほうのカットを手に入れるというのだ。

ゴールドバーグは科学的事実、とりわけ信頼できる生物学的データを重視したと述べている。だが実際には、彼の主張は、男女の地位について人々がどう感じているかを彼自身が評価したものに基づいていた。そして彼は、「男性支配とは、男女双方が、女性の意思よりも何となく男性の意思が優先されると感じている感覚［彼の強調点］を意味する」と説明し、「どんな社会もそうした感覚の存在を受け入れ、子どもたちを社会に順応させることでその感覚に従っている。そうするべき理由があるからだ」とも書いている。この行動は考えようによっては、思い込みによって現実がつくられ、文化が何世代もかけて私たちの行動に影響を与えたと解釈することもできた。ところが、彼はそれを生物の本能であり、自然のシナリオに沿った必然だと解釈した。

現在の私たちからすれば、彼の説明は言い逃れのように聞こえるかもしれない。しかし、ゴールドバーグの結論と何世紀にもわたる科学者や哲学者らの主張のあいだには、ほとんど違いがない。自然科学者のチャールズ・ダーウィンは、進化の末、「男性は最終的に女性よりも優秀になった」と考えた。生物学者のエドワード・O・ウィルソンは一九七五年に、人間の基本的なパターンとは男性が「女性より優位に立っている」ことだと書いている。

大衆文化でも、この考えは繰り返し現れる。SFのテレビドラマ・シリーズ『新スタートレック』の一九八八年のエピソードで、乗組員たちは、女性が男性を下等な人間として扱い、女性が統治している惑星にテレポート移動する。この女性優位の惑星の謎は、視聴者にとっては、単純な見た目の手がかりで解決されている。この世界の男性は、女性と比べて見るからに背が低く、小柄な体格をしている。もちろん、女性は男性よりも大きいからこそ、支配権を握ったのだ！

だが、ボノボの例からわかるように、大きさや強さといった、男女間の平均的な身体格差は、社会全体での権力の不均衡には必ずしもつながらない。生物学的なルールはそこには存在しない。

では、なぜ私たちはいつも「そうに違いない」と思い込むのだろうか。社会学者のクリスティーヌ・デルフィによると、フェミニストでさえ、女性の地位を説明するために生物学的な議論に頼ってきた。家父長制のルーツは、男女間の自然な分業や女性のセクシュアリティを支配しようとする男性の強い本能にあると考えてきた。「自然的要素の重視は、もちろん反フェミニズムの考え方にはっきりと表れる。だが、フェミニズムのなかにも大いに存在するのだ」とデルフィは書いている。

*

スティーヴン・ゴールドバーグはその後、ニューヨーク市立大学で社会学部長の地位に就いた。『家父長制の必然』の出版から五〇年近く経った今、彼と話をしてみると、自説に対する彼の信念は、わずかに揺らいでいるだけのようだった。数十年前にこのテーマを研究し始めた当初から、政治的な関心はなく、観察結果を中立的に解明しようとしただけだとゴールドバーグは主張する。

「好奇心……それが私の基本的な動機です」と彼は電話で私に言った。「社会学を研究していると、社会が非常にとらえどころがないことに不安を感じます。社会がすべて家父長的であるという事実に出会って、それに魅了されました」。

彼の主張の中心にあるのは、単純な事実だった。それは、一九七三年に彼の著書が出版された頃、アメリカ合衆国、中国、ソビエト連邦など世界の大国の多くは男性の指導者に率いられていたことだ。インドの首相はインディラ・ガンディーだったし、イスラエルにはゴルダ・メイア首相がいたと反論する人がいるかもしれない。もちろんゴールドバーグは、一九七九年にマーガレット・サッチャーがイギリスの指導者になることを当時は知らなかった。これは、彼にとっては認めたくない事実だったが、一方で、男性の権威はそう簡単には崩れなかった。女性が指導者の国でさえ、その配下の政治家のほとんどは男性であることが多い。典型的な例はサッチャーだ。一一年の在任期間中、彼女が大臣の役職に任命した女性は一人だけだった。「家父長制は普遍的なものです」とゴールドバーグは言う。「すべての社会が家父長的だという事実は、何か生物学的な要因があり、それがある程度必然であることを強く示唆《しさ》しているように思えます」。

ニューヨーク市立大学シティカレッジの人類学の主任教授だったエレノア・リーコックは、当時「アメリカン・アンソロポロジスト」誌に寄せた書評のなかで、ゴールドバーグの説に対して怒りをあらわにし、人体で測定可能な何かと結びつけて導かれたものではなく、科学が欠如していると批判した。男性支配に関するゴールドバーグの結論は、イライラするほど同じ言葉の繰り返しだった。「それが自然であり、自然であるがゆえにそうなった」というのだ。「私にウィットがあれば、率直な書評ではなくパロディを書いただろう。もっともゴールドバーグの主張そのものがパロディだが」と彼女は書いている。

確かにゴールドバーグの本が出版された当時は、指導的地位にある女性は少なく、その説は正しいように見えた。しかしそれから数十年が経ち、世の中の流れは変わった。一九六〇年、スリランカで、世界で初めて女性が首相に選ばれた。シリマヴォ・バンダラナイケは最終的に、首相を三期務めている。そして一九六〇年以降、行政のトップを女性が務める国の数は、時には減少するものの着実に増加し、二〇一九年には一八カ国に達した。国連のデータによると、二〇二〇年の初めまでに、閣僚の半数以上を女性が務める国は、スペイン、フィンランド、ニカラグア、コロンビア、オーストリア、ペルー、スウェーデン、ルワンダ、アルバニア、フランス、アンドラ、カナダ、コスタリカ、ギニアビサウと一四カ国に上る。

「科学が語るのは事実と、数学的な確率の範囲内で事実に違いないことだけである」とゴールドバーグは一九七三年に書いていた。自説の正しさが将来明らかになると、完全に確信していたのだろう。だが、五〇年間の社会の変化がおおむね逆方向に動いたことを踏まえて、彼は「現実は私の説から遠ざかる傾向にはあります。ある説を唱える場合、常に間違うことを覚悟しておかねばなりません」と認める。だがそれでも、長期的には自説が正しいことが証明されると、彼は今でも信じている。「現状はやや混乱していると思います。一〇〇年前のままだったら、私の説はもっと説得力があったでしょうね。今でも説得力はあると思いますが」と私に言った。

そして、「社会から家父長制が完全になくなることは決してないでしょう」とつけ加えた。彼にとって、男性による支配は生物学的な潮流であり、文化的な圧力で食い止めても限界が来るものらしい。男女平等は、私たちの生まれながらの本能に反するため、抗《あらが》わなければならないものだという。

結局、ゴールドバーグの主張は、またしても彼の個人的な感情に戻ってしまう。彼は、女性の力は馴染みのないもので、時代を超えた普遍的な秩序に対する現代ならではの干渉だとほのめかした。家父長制こそが、昔から続く人間の生き方だという。だが、確固たる根拠があるかという問題はやはり残る。昔からずっとそうだったという証拠はあるのだろうか。家父長制が時代を超えた普遍的なものであるのなら、少なくともほかの種、とりわけ進化の系統樹でヒトに最も近い種のなかに、ヒト同様の家父長制のパターンが見つかるはずだ。

ところが、霊長類学者のフランス・ドゥ・ヴァールによると、動物学研究者が言う「オスによる支配」とは、オス同士が互いに支配的立場を主張することを指す場合がほとんどだという。メスに対する支配ではない。「オスが支配するチンパンジーの社会にさえ、メスのリーダーはいます」と彼は言う。

メスに対する性的強制は、確かに起きる。だが、それがどれくらい暴力的でどの程度のものであるかは、種によって大きく異なる。また、オスのあいだでも、身体の大きさや攻撃力は、必ずしも決定的な強みにはならない。群れのボスは、仲間を打ち負かして服従させるだけでなく、仲間と戦略的な同盟関係を結んで勝利を収める。霊長類は威圧的な相手に支配されたり、不当に扱われたりするのを好まない。優しさ、社会性、協調性なども、支配に関わる重要な特質になる。身体がとても小さいチンパンジーであっても、信頼と忠誠を集める能力を示せば群れのボスになれる、とドゥ・ヴァールは言う。ブリストル大学の生物学者、エイミー・モリス＝ドレイクによると、平和を維持するための紛争管理の戦略は、カラスや飼い犬でも見られる。コビトマングースも仲間に喧嘩を仕掛けてきた相手を覚えていて、あとからその相手に冷たい態度を取るという。ドレイクはこの研究結果を二〇二一年に発表したグループの一員だった。

動物の何が「生まれつき」の行動で何がそうでないかを見極めるのは、口で言うほど簡単ではない。二〇一〇年、マックス・プランク研究所の研究者らはザンビアの野生動物保護施設で、あるチンパンジーが特に理由もなく、片方の耳に草の葉を差し込んでいるのを見つけた。まもなく、ほかのチンパンジーも真似《まね》をするようになり、その傾向は最初のチンパンジーが死んだあとも続いた。科学者らはこれを「伝統」と呼んだ。だが、ここにジレンマが生じる。ほかの霊長類が伝統や社会習慣のようなものを新しくつくり出せるのなら、ヒトのように文化的に複雑な種で、決して変わらない普遍的な性質をどうやって見極めればいいのだろうか。ドゥ・ヴァールによると、西アフリカには群れのまとまりが強いチンパンジーのコミュニティがいくつかあり、それは東アフリカの群れとは異なるという。そうした社会では、メスの影響力が大きい。この違いもある程度は文化的なものかもしれないと彼は考えている。

「人類にとって家父長制が自然なことであり……男性による支配や暴力は必然であるというのは、言い過ぎだと思います。それが人類にとって自然の状態だとは必ずしも言えません」と彼は話す。

ほかの霊長類と比べると、父親を頂点とするヒトの「家父長的」な家族は、かなり奇妙に見える。イギリス王立協会の二〇一九年会報の特集号で、ニューメキシコ大学の人類学者メリッサ・エメリー・トンプソンは、「霊長類のなかに、ヒトとよく似た種はない」と述べた。それどころか、ほかの霊長類の血縁関係は、一貫して父親よりも母親を通じてまとまっていることがわかったという。この事実には何の意味もないかもしれない。ヒトがほかの霊長類と違うというだけかもしれない。だが、霊長類では母親との結びつきは一貫して見られる特徴だったため、人類を研究する科学者たちは世代を超えた母系の結びつきの重要性を過小評価してきたのではないか、とトンプソンは考えるようになった。人類の家父長制を生物学で説明できると固く信じていた専門家らは、母親が父親と同程度の権力をもつ可能性が目に入らなくなっていたのだ。

＊

一九六八年七月のモンスーンが吹く朝、ロビン・ジェフリーは、インドのケララ州をバスで旅していた。現在はインドの現代史と政治学を専門に研究するジェフリーは、当時はインド北部のパンジャブ州で、教師として働いていた。ケララの気候は湿度が高く、しばらくすると、バスの車内は蒸し風呂のような暑さになった。そこで、彼は最初のバス停で、換気をしようと窓の防水カーテンを開けた。ふと気づくと、数メートル先のベランダで、白い服を着た老女が、汗もかかずに気持ちよさそうに座っている。

彼女は分厚い眼鏡をかけて、何かを熱心に覗き込んでいる。片方の脚に立てかけた朝刊を読んでいるのがわかった。

その瞬間のことは非常に印象的だったので、今でもよく覚えているという。「心にしっかり焼きついています」とジェフリーは言った。彼にとって、少なくともパンジャブ州では、人前で現地語の新聞を読んでいる人を見かけるのは珍しかった。インド全土の識字率は、当時の世界の多くの国々と同じく低く、女性の識字率はさらに低かった。老眼鏡をもっている人はめったにいなかった。ところが、この女性はのんびりと新聞を読んでいた。「想像もしない光景だったので、今でも絵のように鮮やかに思い浮かびます」。

インドの成人の識字率は、現在では人口のほぼ四分の三と当時と比べてはるかに高いものの、多くの州では依然として男女格差が目立つ。だがケララでは、記録で見るかぎり、女性の識字率は男性とほぼ同じだ。現在は九五パーセントを超えている。草木に覆われたインド南西部の海岸沿いにあるケララ州は、女性が一人で出かけたり、比較的安全に心配なく通りを歩いたりできることで有名だ。これは決してささいなことではない。私は活気に満ちた、埃《ほこり》っぽい首都ニューデリーのインド系時事雑誌社で初めて職に就いたとき、夜は友人や親戚と一緒でなければ外出すべきではないとすぐに学んだ。女性や少女に対してあからさまな蔑視《べっし》の態度が見られ、それに対して、女性は現実的な対策を取るしかなかった。一方で、ケララは、男女の役割が逆転し、昔から女性が支配権を握り、息子よりも娘が大切にされる場所として、伝説のように語られていた。

現在も、ケララは外部の人々から母権社会だと言われることが多い。実際には、ほかの地域と同じように、ミソジニー［女性嫌悪／女性蔑視と訳されることが多いが、上野千鶴子氏は、〈男にとっては女性嫌悪、女にとっては自己嫌悪〉としている］の考え方や虐待が存在し、決して女性がすべての権力を握っているわけではない。まして低いカーストの女性たちには力はない。だが、この伝説にはいくらか真実も含まれている。この州の男女平等に関する記録の少なくとも一部は、古くから続くナヤール族に起因している。ナヤール族は、かつてこの地域の一部を支配していた、カーストに基づく有力なコミュニティで、父系ではなく母系で先祖までたどれるように組織されている。

彼らは例外として扱われることが多いが、母系の傾向が見られる社会は、アジアや南北アメリカ大陸に点在し、アフリカ中部には幅広い「母系地帯」が広がっている。母系的な社会が非常に珍しいのはヨーロッパだけなのだ。母系だからといって、女性が優遇されるとか、男性が権力や権威のある立場に就かないというわけではないが、社会が母系的であるかどうかは、ジェンダーについてどう考えるかをある程度示している。端的に言えば、母系社会では女性の先祖が重要で、女の子が家族のなかで重要な立場にあると子どもたちに伝えることになるからだ。また、女性の地位や女性がどれだけの財産や不動産を相続できるかも、母系社会なのかどうかで決まる。二〇二〇年、カリフォルニア大学サンディエゴ校の経済学者サラ・ロウズは、コンゴ民主共和国のカナンガで、アフリカの母系地帯に沿った都市部に暮らす六〇〇人以上を対象に調査を行い、その回答と国全体で行われた人口調査や健康調査を比べた結果を発表した。その結果、「母系社会の女性たちは、意思決定の自主性が高く、家庭内暴力への容認が低く、さらに重要なことに、家庭内暴力を受けた経験が少ない」ことが明らかになった。

また、母系社会の女性の子どもは、そうでない子どもに比べて、調査が行われた前月に病気にかかった割合が低く、平均して半年ほど長く教育を受けていたこともわかった。

研究者らの推定によると、世界のほぼ七〇パーセントの社会が父《ちち》方《かた》居《きょ》住《じゅう》だという。つまり、父親の家族と同居する傾向にあるということだ。一生を通じて母親の家族と同居や近居をする母方居住《ははかた》は、母系制と密接に関係していることが多い。そして、こうした母方居住の社会の少なくとも一部は、数千年も前から存在していたと考えられている。二〇〇九年、何人かの生物学者と人類学者が科学雑誌「プロシーディングズ・オブ・ザ・ロイヤル・ソサエティB」に寄稿し、このことを証明した。遺伝学的証拠と文化的データや家系図を使って、たとえば太平洋地域の母系コミュニティの起源が五〇〇〇年もさかのぼる可能性があることを、彼らは明らかにした。当時と生活習慣は変化していても、母系制と母方居住という「スタイル」は、その地域の人たちのあいだに現在も息づいていた。

ジャーナリストのマドハヴァン・クティは、一九九一年に現地語のマラヤーラム語で執筆した回顧録のなかで、自身が生まれ育ったケララの母系社会の日常を詳しく描いている。この回顧録はのちに『かつての村（*The Village Before Time*）』という題名で英語に翻訳された。ナヤール族では、結婚すると小さな核家族に分かれるのではなく、数十人規模の大きな母系大家族《タラヴァード》で一緒に暮らしていた。全員が一人の女性を祖先にもつ大家族だった。兄弟姉妹は一生、一つ屋根の下に暮らした。女性は複数の性的パートナーをもつことを認められ、必ずしも性的パートナーと一緒に暮らしていなかった。つまり、父親は子育てで大きな役割を期待されておらず、むしろ自分の姉妹の子どもを育てる手伝いをしていた。巨大な母系大家族《タラヴァード》に生まれたクティは、彼の家の家系図には娘だけが記されていたと述べている。

クティの祖母、カルティヤヤニ・アンマはやがて、一家の家長になった。現地の習慣に従って、彼女は乳房を隠そうとはしなかった。「彼女の深い意識の底には、豊かな歴史が刻まれていた……この大家族の女家長は、不屈の精神と知性をもち、女性の自由について深く憂慮していた」という。

ナヤール族は、小さな取るに足らないコミュニティではなかった。社会的地位への関心が高いこのインドという国で、ナヤール族は高い地位を築いていた。ケララ生まれの作家であるマニュ・ピライは、二〇世紀の中頃まで二〇〇年以上にわたってケララ南部に広がっていたトラヴァンコール王国の歴史を追い、「ナヤールの女性は、生まれた家に一生を通じて守られ、夫には依存しなかった」と著書『象牙の玉座（*The Ivory of Throne*）』で書いている。「夫を亡くしても、悲惨な状況にはならない。性的権利は男性と事実上同等で、女性たちは自分の身体を完全にコントロールできていた」。

もちろん、内部の人たちにとって、これはまったく驚くことではなかった。世代を超えて続いてきた家族の生活だった。だが、ヨーロッパから来た人たちは、ケララのナヤール族に出会って驚愕《きょうがく》した。目の前の現実に驚いただけでなく、彼らが「普通」だと思っていた社会がひっくり返るかもしれないという創造的な可能性に、強い興味を抱いたからだった。だが、ジャワハルラール・ネルー大学の女性学の研究者であり、ケララ歴史研究評議会の理事であるG・アルニマによると、一七世紀に、あるオランダ人旅行者は、ナヤールを憤慨《ふんがい》した人もいた。「すべての東洋諸国のなかで最も好色でみだらな国」と書いている。一方で、感激した人もいた。一八世紀の末頃に、イギリスの若い小説家で奴隷所有者の息子であるジェームズ・ヘンリー・ローレンスは、『ナヤールの帝国（*The Empire of the Nairs*）』という恋愛小説を出版した。

そして、ケララの例を挙げて、ヨーロッパの女性たちにも高い教育を受けさせ、複数の恋人を認めるべきだと主張した。結婚制度の廃止も訴えた。

しかし、どちらの反応を取ろうとも、外部の人たちはたいていナヤール族を変わった人々とみなし、父系制こそが普通の生き方だという考えを示した。母系社会は「野蛮」で「不自然」だと言われた。解明しなければならない存在だった。

今日でも、欧米の研究者は、戸惑いと驚きが入り交じった気持ちで母系制を論じている。最近の人類学の論文にも、母系制は矛盾であり、本質的に不安定な状態だと書かれている。ケララのナヤール族のような社会を研究する学者たちは、七〇年ものあいだ、「母系の謎」という言葉を使ってきた。なぜ父親は自分の子どもではなく、甥《おい》や姪《めい》の世話に時間とエネルギーを注ぐのか。なぜ夫である男性は、自分の子どもや妻に対して義理の兄が影響力をもつのを許すのか。なぜ男たちは何世紀ものあいだ、変化を起こそうともせず我慢できたのか。

ケララに変化が訪れたのは、一九世紀のことだった。それは皮肉なことに、好奇心をそそられつつも苦々しく感じていた外部の人たちの考え方によるところが大きかった。この地域を占領したイギリスの入植者らは、現地人のキリスト教への改宗を目指す宣教師らとともに、母系制を守るケララの人々に対して、ヴィクトリア時代のジェンダー規範に従うよう強制した。「植民地主義は、現地人よりも心理的に優位に立とうとするあまり、支配国の道徳的な優位性をさりげなく、あるいは少々あからさまに主張せざるをえなかったようだ」と歴史家のウマ・チャクラヴァルティは書いている。

もともと、母系大家族《タラヴァード》のなかで年長の男性は、家族内の女性と権力を分かち合っていたが、一九世紀のあいだにそれは徐々に変わっていった。状況や年齢によって違いはあるものの、男性は単独で、揺るぎない権力を握るようになる。植民地時代の裁判の判決は、母系社会を「文明化」することを意識していたため、母系大家族《タラヴァード》で最年長の男性の地位を引き上げようとした。それに伴い、家庭内の紛争が相次いだ。一八五五年の裁判で、ケララ最大の都市で当時はイギリス直轄下に置かれていたカリカットの判事は、「女性だけに権限があるというのは……じつに乱暴な考え方である」と述べたという。

女性が本来どのくらいの力をもつのが自然なのかという問題は、一八一〇年にトラヴァンコール王国［ケララ州南部に存在したヒンズー王朝］の女王ガウリー・ラクシュミーが即位した頃には、すでに持ち上がっていた。女王は息子を出産すると、王位を息子に譲るよう求められたとマニュ・ピライは説明する。だが、女王は王位を譲ろうとせず、息子が統治できる年齢になるまで一時的に「摂政」という名の地位に就いた。それはほとんど意味のない称号だった。イギリス当局が女王の権威を弱めようとしても、現地の人々は、彼女を正当な君主として当然のように受け入れ、女王の権威はなんら制限されなかった、とピライは指摘する。そして、それは女王の死後、その妹が王位を継いでからも続いた。女王は公文書のなかで、通常はインドの藩王《はんおう》に与えられる称号である「マハラジャ」と呼ばれたほどだった。

父系制よりも男女が比較的平等な母系制のもとでは、「君主の性別はあまり意味をもたなかった」とピライは書いている。「重要なのは立場とその威信であって、国家や王家で最高の権威を振るう者がマハラジャとみなされた」。

とはいえ、数十年が経つうちに、ナヤール族の家族観の変化を求める圧力が狙いどおりの効果をもたらすようになる。教育を受けた若い改革者たちは、過去との決別を望むようになった。どうやら自分たちの伝統が、外部の人から見ると、後進的な恥ずべきものに見えるらしいことに気づいたからだった。一夫一婦制の結婚や小規模な家族は、近代的なものとして徐々に受け入れられていった。文学や芸術にも、社会での女性の立場についての考え方の変化が表れるようになった。文化が変容し、それに合わせて、人々の自己認識が変わっていったのだ。

＊

インド北東部のメガラヤ州の草深い丘陵地帯に、人口一〇〇万人ほどのカーシ族のコミュニティがある。そこには、「すべての人間は女性から生まれた（Long Jaid na ka Kynthei）」ということわざがある。カーシの社会は母系制だが、ケララのナヤール族とは異なり、この部族社会は今日に至るまで母系制を維持している。子どもは母親に帰属するとみなされ、母親自身は同様にその母親に帰属し、次々とルーツとなる先祖までさかのぼる。女の子がいないと家系を受け継ぐ者がいなくなるため、娘の誕生は喜ばれる。

「男性には、財産に対する権利も子どもに対する権利もありません。子どもは母親の一族、母親の家族に帰属するからです」とジャワハルラール・ネルー大学の元社会学教授で、カーシ丘陵で育ったティプルット・ノンブリは私に話してくれた。結婚すると、カーシ族の夫は妻の家族の家に移り住む。だが、彼の先祖伝来の土地はそれでも彼自身の母親の氏族が所有し、彼が亡くなると遺骨は実母の家族の元に送られることもある。「伝統的に、カーシ族の相続は母親から娘へと行われ、末娘が財産の大部分を手に入れます」とノンブリは言う。両親や未婚の兄弟姉妹の面倒を見るのは末娘の責任になる。末娘は一家の保護者になるわけだ。

とはいえ、カーシの社会は完全に母権制というわけではない。家庭内の権力者は、形式的には母親の兄弟である（ただし、その権力は絶対的なものではない）。また、地域政治でも、女性はわずかな役割しか果たしていない。それでも、カーシの女性は平均すると、インドのほかの地域の父系制コミュニティの女性より恵まれている、とノンブリは言う。カーシの女性は、インドのほかの女性たちよりも頻繁に離婚と再婚をする。比較的自由に、主体的に行動できる。母系社会の内と外との両方の生活を経験したノンブリは、両者は比べものにならないと言う。「そういう社会に生まれてよかったと思います」と彼女は語る。

だが、カーシでもケララと同様、変化を求める圧力はあった。現代のカーシ族をめぐる状況には、ナヤール族の歴史と重なる部分がある。一九世紀、カーシ丘陵にやって来たウェールズ人のキリスト教宣教師らは、カーシ族の結束に役立っていた宗教儀式を廃止させ、親族関係に関する現地の習慣を根底から変えようとした。その結果、母系家族の中心にいた兄弟姉妹の絆が弱まった。さらに最近では、世界との結びつきが強まるにつれて、カーシの男性たちは、インドのほかの地域の家父長制社会を目にするようになり、娘だけでなく息子も相続に加われるように、相続法の改正を求める声も上がっている。

「母権制ではない社会の男性が享受するのと同じ権限、特権、権威を求めているのです」とノンブリは説明する。「外の世界に触れた男性たちは、家父長制社会の男性と自分たちとを比べるようになりました。家父長制社会の男性は子どもや財産に対して権利をもち、核家族のすべての物事を支配している。それなのに、自分たちは多くの点で不利益を被《こうむ》っている。そのことに気づいたのです」。そして、こうつけ加えた。「彼らは劣等感を感じるようになりました」。

国際的な報道機関は、男女平等を求める逆さまの戦いとして、このニュースに飛びついた。「タイムズ・オブ・インディア」紙では、「メガラヤの男性解放活動家を紹介」という見出しが躍《おど》った。カーシの男性は見くびられ、軽んじられ、子づくりのためだけの種馬のように扱われている、と報じるジャーナリストもいた。BBCニュースは、ここは「女性が支配し、男性がサフラジェット［一九世紀末から二〇世紀初頭のイギリス女性参政権運動の活動家］になる場所」だと報じた。

このようにマスメディアが面白おかしく報じたことは、カーシの男性たちの自己認識にも影響を与えた。「市場にも、官庁にも、あらゆるところに女性がいます」とドイツの国際公共放送機関ドイチェ・ヴェレは、男性の権利保護団体「Synkhong Rympei Thymmai」（意訳すると「家族構造改革協会」）の元会長であるキース・パリアットの言葉を引用して伝えた。パリアットは伝統に逆らって、娘に自分の姓を名乗らせた。彼によると、母系社会で生きるカーシの男たちは、不快感を覚えるあまり、酒やドラッグに溺《おぼ》れたり、浮気をしたりする者も多いという。

だが、パリアットは異端児だ。ほかの男性たちは、コミュニティの伝統に従った。母系制への支持は、今も依然として根強い。さかのぼること一九三六年、カーシの避暑地シロンで生まれ、コルカタで教育を受けた作家のデイヴィッド・ロイ・ファンワールは、外国人はカーシ族のコミュニティを無知で迷信的だと決めつける一方で、最近の女性参政権運動については進歩的だとみなしていると指摘し、その偽善に次のように反発した。「カーシの女性たちは、非常に威厳ある重要な立場を与えられている。……女性が夫の家族の単なる所有物として奴隷のような立場に置かれているとして、世界各地でフェミニズム運動が起きているが、カーシの女性は賛美され、自由に行動できる」。

新しい家父長制の勢力と伝統を重んじる勢力との対立、つまり現代的とみなされるものと古いからこそ尊重されるものとの対立は、ほかの母系社会でも見られる。インドネシアの西スマトラ州にあるミナンカバウ族のコミュニティでは、伝統的に女性とその子どもを中心に家族が構成されている。結婚すると、夫は妻の家族に加わる。男性も自分の母親から土地を相続できるが、その所有権は生存中に限られ、男性は自分の子どもへの遺産の承継を認められていない。この地域が一九世紀にオランダの支配下にあったとき、植民地の統治者はいつも、「年長男性が首長や指導者に違いない」と思い込んでいたと、パデュー大学の人類学者エヴリン・ブラックウッドは書いている。だから、オランダの支配強化のための協力者として、彼らは男性を選んだ。やがて、オランダ当局は、男性だけが土地を登記し、争いが起きたときに一族の代表を務められるという法令を制定した。

これは短期的には、ミナンカバウの家族観に大きな影響を与えなかったかもしれない。だが、ブラックウッドによれば、こうした異なる世界観の存在は、「オランダの学校で教育を受けたミナンカバウのエリート男性に強い印象を与えた」という。さらに、イスラム教が同地域に入ってきたときにも、今度は宗教指導者として、男性は新たな権力の座に就けるようになった。最終的に、インドネシアはイスラム教徒が多数を占める国になった。現在でも、新しい生き方を望む人々と、古い慣習（現地の言葉でadat《アダット》）を守ろうとする人々とのあいだで、争いが続いている。

ミナンカバウの社会の変化を記録したことで知られるインドネシアの人類学者、故モフタル・ナイムは、問題は、父親が実子の家族のなかで客人とみなされていたことだと言う。未婚の若い男性も、成人すると母親の家庭内でのしっかりした足場がなくなり、かといって妻がいないので移り住める家庭もなく、疎外感を抱いていた。そんな社会では、別の生き方を取り入れたいと考える者がいても不思議ではない。財産と富を求めて移住する者もいた。独立した生活を望む夫婦は、核家族に分かれたり、古い結婚の伝統に妥協点を見出したりした。

彼らは母系制を否定していたわけではない。むしろ、ほかの生き方のほうが幸せかもしれないと考えたのだった。

一九世紀のケララの話に戻ろう。現在、存続をかけて試行錯誤しているさまざまな母系社会と同様、当時のナヤールの母系大家族《タラヴァード》では、変化は激しい嵐のようにやって来たわけではなかった。変化はゆっくりと忍び寄ってきた。

一八八九年にマラヤーラム語で出版されたある有名な小説には、新しいタイプの女性が登場するとマニュ・ピライは書いている。「彼女は自信に満ち溢《あふ》れた女性として、あらゆる資質を持っていた。だが（ここが肝心なのだが）、一人の男性に驚くほど献身的に尽くし、英国淑女の気品を備え、貞操が疑われるとショックをあらわにした」。その四年後、インドの著名な画家のラジャ・ラヴィ・ヴァルマは、伝統的な服装を身にまとったナヤールの若い女性の立ち姿を描いている。上流階級のその女性は、片方の腕に赤ん坊を抱きかかえ、足元に犬を従えて、遠くにいる謎に包まれた人物がやって来るのを待っている。絵のタイトルは『パパが来る』。謎の人物の素性がこれでおわかりだろう。それまで母系大家族《タラヴァード》では決して重要な存在ではなかった父親が、絵の中心として描かれているのだ。

家庭内で誰を権力者と見るのが自然なのかについて、考え方が少しずつ変わっていった。植民地の支配層や熱心な宣教師の努力だけで変わったわけではない。現地の人たちの支持もあった。新しいやり方のほうが有利になると考え、共同世帯の終焉《しゅうえん》を、家族の権限、財産、富の

*

一部を手に入れるチャンスだと歓迎する者たちがいた。

ジェンダー規範の変化には、法律の後押しもあった。アルニマによると、一九一二年には、トラヴァンコール王国で新しい法律が制定され、母系的な要素が薄まる。これは、今までは簡単に終わらせることができた男女のパートナーシップを、一夫一妻制の法律婚の枠に当てはめようとするものだった。新たに夫という立場を得た男性は、それまでは自分の母親の家族と共有していた財産を、自分の妻や子どもに譲ることができるようになった。妻は離婚後に養育費を受け取ることができたが、それは「不貞行為」をしていない場合に限られる、とアルニマは言う。つまり、従来女性に認められていた性的自由は、事実上なくなったのだ。変化はゆっくりと少しずつ起こったが、それが次第に積み重なっていった。

やがて、インドがイギリスの支配から独立して数十年が経った一九七六年に、母系大家族《タラヴァード》にとどめが刺された。その年、ケララ州議会は母系制を完全に廃止したのである。

二〇世紀の末になると、かつて母系家族が暮らした広大な家屋は、荒れ果ててしまった。状態のよいものは売却され、取り壊されたものもあった。デリー大学の社会学者で、ケララでフィールドワークを行ってきたジャナキ・アブラハムは、その頃には母系大家族《タラヴァード》がほぼ完全に崩壊したと指摘する。高齢の人たちは、昔は子どもを含む大勢の家族が同居していたと懐かしみ、「時にはクリケットチームができるくらいの人数がいたんだ！」と言う。いまや現存する家屋には、「わずか数人の老人が暮らし、多くの家屋は施錠され、周りに草が生い茂り、荒れ果てていた」。

ケララにおける母系社会からの移行は、心の痛みを伴いながら、一世紀以上をかけてゆっくりと進んだ。原因は一つではなく、必然でもなかった。移行が終わりを迎える頃、人々は初めて、失ったものの大きさに気づいたのである。

＊

母系制はどのような場合に繁栄し、衰退するのだろうか。何十年ものあいだ、生物学者と人類学者はその条件を説明しようと、いくつもの仮説を立ててきた。

たとえば、母系制は、狩猟採集社会や単純な農耕社会でのみ存続し、大規模な社会では成り立たないと主張する者もいた。あるいは、男性が戦争でほとんど不在で、女性が責任を負っている場合に、母系制はうまくいくと言う者もいた。また、人々が牛などの大型の家畜を飼うようになると、その家畜を男性が支配しようとするため、母系制は終わりを告げると多くの学者は主張した。同じような理由で、土地や財産の所有が自動的に家父長制を生み出すと主張する者も多かった。だが、ワシントン州立大学の人類学者リンダ・ストーンによると、こうした説明がされること自体に、母系社会が珍しいケースであり、「特殊な緊張にさらされて、壊れやすい希少なもので、いずれ消滅する運命にある」という思い込みがあるという。学問の世界でこの問題を「母系の謎」と呼ぶことからも、それがわかるだろう。

一方で、家父長制はまったく説明が不要と考えられている。単にそういうものだから、というわけだ。

二〇一九年、ヴァンダービルト大学の研究者らが「母系の謎」を解き明かそうとし、世界各地の母系で知られるコミュニティを分析して、何か共通点があるかを探ろうとした。共通する進化の傾向と、それらを関連づけるパターンを見つけ出そうとしたのだ。調査対象である一二九一の社会のうち、五九〇は伝統的に父系社会で、一六〇は伝統的に母系社会だった。さらに三六二の社会には、父系、母系両方の要素があり、両親双方の血統が認められていた。研究に参加した生物学者のニコル・クレンザによると、母系制に関して人類学でよく知られている考えを検証してみたが、すべてのケースに当てはまるものはなかった。

「さまざまなパターンを世界規模に拡大すれば、重要なパターンだけがいくつか見えてくるだろうと考えたのです。それで、基本的なことがわかると思ったのです」と彼女は言う。「でも、私たちが文献から集めた仮説の多くは、世界規模の進化の分析に耐えうるものではありませんでした」。

社会が母系制から家父長制へと変わっていくのはなぜか。この変化に影響を与えたと思われる唯一の要因は、「人々が土地ではなく、動産をもったことでした。子孫が受け継いだ場合に、それまでよりも裕福になるような財産です」とクレンザは言う。とはいえ、この相関関係も常に当てはまるわけではなかった。結局のところ、どんな社会も非常に複雑なため、生物学的なものであれ、環境上のものであれ、ほかの何であれ、単純な要因に帰結させるのは難しい。「社会は細かく見れば見るほど、複雑になっていきます」と彼女は言う。

欧米の人類学者は長いあいだ、「母権制」を「家父長制」の対義語だとするならば、世界には真の母権社会は存在しないと主張してきた。だが、イギリスの政治思想家ロバート・フィルマーが『家父長論』で数世紀前に書いたように、家父長制が父親による家族の支配から始まり、統治者による臣民の支配に広がっていったのだとしたら、母系社会や母方居住の社会にもじつは家父長的な側面があったとは主張しにくい。たとえ兄弟やおじに大きな権限があったとしても、その権限はフィルマーの言うような絶対的なものではなく、もっと不完全なものだったからだ。リンダ・ストーンが言うように、母系社会の特徴は、「男女間の権限、権力、影響力」に「かなりのバリエーションがある」ことなのだ。

現在の社会のバリエーションの幅がそれほど大きいのだとしたら、昔はもっと大きかっただろう。先史時代には、社会規範は常に変化していた。人類学者の故デイヴィッド・グレーバーと同僚の考古学者のデイヴィッド・ウェングローは、農業が広まる以前の人類の生活は、「大胆な社会実験のようだった。さまざまな政治形態が次々と現れては消えていった」と書いている。彼らは先史時代に男女が制度的に不平等だった痕跡は、世界に点々と見られるだけだとし、次のように述べた。「それを痕跡のばらつきのせいにするとしても、なぜ痕跡がそれほど散在しているのかを疑問に思うべきだ」。

ジェンダーや権力について考える唯一の手段が女性と男性の二項対立であるとすると、男性が地位や権力を女性と分かち合うとは想像しにくくなる。あるいは、状況によってパワーバランスが変化していくとも考えにくいだろう。だが、母系社会では、しばしばこのようなことが起きる。たとえば、ガーナのアシャンティ族では、指導者の役割は、王母と（男性の）首長で分担されていた（王母は誰かの母親や妻だからではなく、彼女自身の権利としてこの地位に就き、首長を選ぶことができた）。一九〇〇年に、大英帝国の植民地支配に対する反乱軍を指揮したことで有名なのは、大きな権力をもつアシャンティの統治者である王母、ナナ・ヤァ・アサンテワァだった。

「『母系の謎』が謎として立ち上がってくるのは、男性から男性への継承を基本と考えるからでしょう。家父長制を『父系の謎』と呼ぶ人はいません」とクレンザは言う。

人類の歴史は変遷を繰り返してきた。社会の組織形態や運営方法は劇的に変化してきた。母系制から父系制への移行のように不安定な状態が解消されたように見える変化も、見方によっては、逆に比較的安定した状態が失われたとも考えられる、とクレンザは言う。家父長的な社会で起きるフェミニズム運動を見て、現在の社会が不安定だからだろうかと考える研究者はほとんどいない。おそらく、本当の謎は、数少ない母系社会の存在ではなく、家父長制社会がこれほどまでに広く普及していることなのだ。

＊

曹《チユウ》恵虹《ワアイホン》にとって、母系社会での経験は人生を一変させた。

企業弁護士だった彼女は、自身の回顧録『女たちの王国（*The Kingdom of Women*）』のなかで、中国南西部にある女神を崇拝する社会、モソを訪れたときのことを詳しく語っている。モソ族は、遅くとも一三世紀頃には、四川《しせん》省と雲南《うんなん》省の境界地域に暮らすようになったと考えられている。近隣の民族は漢民族の家父長的な文化に吸収されてしまったが、モソ族はそれに抵抗してきた。モソの子どもたちは、母親の家で暮らす。男性の居場所は自身の母親の家にあり、そこで自分の姉や妹の子育てを手伝う。若い女性は成人しても結婚せず、自室を与えられ、夜になるとそこに恋人を招き入れる。恋人は朝になると部屋を出ていくことになっている。

シンガポールという資本主義的な大都市で暮らし、働いてきた曹恵虹の目には、モソの生活様式はじつに解放的に見えた。実際、彼女はそこを単なる母系社会ではなく、「フェミニストのユートピア」と呼んでいる。そして、モソ族と暮らすことを決心した。

「自分が女であったから女の世界に歓迎されたのだと、私は心の底から信じている」と彼女は明らかに胸を弾ませて書いている。「モソの女性は自信に満ち溢れている。それは強気の自信ではなく、心の奥底からわき上がる確たる自信だ。その自信を私は凜《りん》と胸を張った彼女たちの姿に見てとっている」。温泉に入れば、肉体労働で腹筋が見事に鍛えられた六六歳のおばあさんに感服した。酒場では、若い女性が男たちのグループにビールをおごろうとつかつかと歩み寄っていく。曹がモソの年配の男性と仕事の話をしようとしたときには、彼は孫娘のオムツ替えに忙しく、終わるまで待たされた。

さまざまな別世界が集まる銀河系には、SFで見られるような想像上の世界が存在するかもしれない。だが、現実の世界ほど斬新《ざんしん》なものはない。この女性の王国は、「別のモデルが可能なことを証明している」と曹恵虹は書いている。別の状況がありうるという生きた記憶とも言えるだろう。

だが、どんな社会も努力なくしてはつくられない。小規模な狩猟採集コミュニティをはじめとする平等主義の社会を研究してきた人類学者のジェイムス・スーズマンとクリストファー・ボームは、社会の平等は簡単には生まれないことを明らかにした。平等を実現するためには、権力、嫉妬《しっと》、欲望を抑え、時には権力者を批判や嘲笑《ちょうしょう》の対象にしながら、複雑な話し合いを継続していく必要がある。それでも、私たちは世界中で平等の実現に向けて努力を続けている。スーズマンが書いたように、「現代の人類史は富や地位、権力の追求によって形づくられ、人々は固定化されたヒエラルキーの序列を平らにするために運動を起こした」。

人々は世界中で、虐げられる人たちに自由と権利を与えるために、社会をつくり変えようと動いている。「少しでもチャンスがあれば、誰もが不平等や不正よりも平等や正義を好むだろう。……一般的に言って、服従は人間にとって自然なことではない」と政治思想家のアン・フィリップスは書いている。人間は抵抗せずに権力や攻撃に屈することはない。

すでに書いたとおり、社会学者のスティーヴン・ゴールドバーグが一九七三年の著書『家父長制の必然』で述べた主張の核心は、ある行動パターンが普遍的に見られるのであれば、そこにはおそらく生物学的な根拠がある、というものだった。生物学の研究も、何世紀にもわたってこの論法を使ってきた。種《しゅ》を理解するのに最適な方法は、その行動を観察することだと彼らは言う。だが、このアプローチに従って、ある性の構成員は全員、ほかの性の構成員よりも生まれつき立場が下で、男女は生まれつき違っていて、女性と男性は平等な立場で同じ権限をもつことができないということを科学的事実として受け入れるのであれば、なぜ女性は権利を求めて闘うのだろうか。その理由も説明できなければならない。服従が私たちの身体と心に刻み込まれているのなら、なぜ私たちはそれに抵抗するのか、理解に苦しむ状況だ。ゴールドバーグの主張を反論のために使うとすると、なぜこれほど多くの人が性別による期待や抑圧に苦しんでいるのだろうか。生物学的に避けられない、自然な生き方が一つしかないのなら、なぜ私たちはさまざまな生き方をするのだろうか。

「女性に対する抑圧はシステムのようなものだと思います」と社会学者のクリスティーヌ・デルフィは話す。「今日存在する社会の仕組みは、それが過去にも存在したという単純な事実だけでは説明できません。たとえその過去が最近のことだとしても――」。置かれている状況を運命として受け入れてしまえば、私たちはそれがどのようにして生まれたのかを理解できなくなってしまう。はるかに複雑で不確かな現実を示す証拠があるというのに、「家父長制」の根拠を生物学的な差異という単純なものに求めてしまえば、それがいかに不安定なものかを理解できなくなってしまう。それがどう機能しているか、どう再構築されているかを考えようとしなくなる。いま現在、家父長制がもつイデオロギーの力を弱めるのに役立ちそうな要因を調べようとしなくなる。

どんな抑圧であれ、その最も危険な点は、ほかに選択肢がないと人々に信じ込ませてしまうことだ。人種、カースト、階級に関して古くからある誤った考えを見れば、それがわかる。だとすれば、なぜ男女の不平等だけを例外として扱わなければならないのか——男性支配の理論の問題点はそこにある。

第二章

例外

絵のように美しい湖とブドウ園に囲まれたニューヨーク州北部の町、セネカ・フォールズ。三月の凍えるような寒い日に私が訪れたとき、この小さな町は、不安になるほど静まり返っていた。

フォール通りの角にあったウェズリアン教会の元の建物は、ずいぶん前に取り壊されてしまった。わずかに残された部分は、特別な計らいで博物館になり、現在は女性の権利獲得を目指す活動家の巡礼地となっている。だが、そうした活動家でさえ、冬には来るべきではないと知っているのだろう、見学者は私だけだった。腰を下ろして、むき出しのレンガの壁を眺めながら、一八四八年の夏にこの場所で起きた出来事を心に思い浮かべてみる。支援者や反対者、さらには歴史上初めての女性の権利に関する会議をひと目見ようとする人たちで、さぞ賑《にぎ》わっていたことだろう。

歴史家たちはその瞬間を、アメリカの女性参政権運動の夜明けとして振り返る。会議に参加した著名な講演者のなかには、奴隷制度廃止論者のフレデリック・ダグラスがいた。一八三八年に奴隷の境遇から脱出した黒人の社会改革者である。会議の主催者側にはもっぱら、広い人脈をもった、中流階級に属するキリスト教徒の白人女性が名を連ねていた。そのなかには、三二歳のエリザベス・キャディ・スタントンもいた。彼女は会議の初日、「男性と同様に自由に生きる権利を宣言するために」女性はここに集まった、と大胆な宣言をした。スタントンはのちに、女性の権利獲得の道を切り開いた先駆者となり、影響力のある記事や本を執筆した。著書『女性の聖書（*The Woman's Bible*）』は、女性は男性よりも劣っていて男性に従うべきだという宗教的な前提に異議を唱え、大きな議論を呼んだ。

現在、スタントンの写真はセネカ・フォールズのいたるところに飾られている。彼女の名前にちなんで名づけられた小学校もある。この町の物語は、彼女のような女性たちを中心に語られてきた。すべて、彼女たちが積み重ねた努力と闘いを通じてつくり出した伝説のおかげだと言えるだろう。彼女たちは自分のためだけに闘ったのではない。あらゆるところにいるすべての女性たちのために闘ったと言われている。

だが、そうした歴史の陰には、顧《かえり》みられない物語がある。女性の権利にとってのセネカ・フォールズの重要性は、じつは一九世紀半ばよりもかなり前にまで及ぶ。アメリカ合衆国が建国されるはるか以前にさかのぼるのだ。

＊

「歴史《ヒストリー》とは、西洋文化の愛好家が語り合う物語《ストーリー》である」とフェミニストの研究者であるダナ・

ハラウェイは書いている。

セネカ・フォールズから南東に約五時間、ニューヨーク市にあるアメリカ自然史博物館の薄暗いホールを歩きながら、私はそのことを考えていた。一九三九年、ここに「オールド・ニューヨーク」というタイトルで、あるシーンを描いたジオラマが設置された。一六六〇年にヨーロッパから入植者が初めてこの州に定住し始めた頃の、町の誕生までのストーリーを伝えるジオラマだ。これは現在も展示されている。ガラス越しに、オランダ人入植者のリーダー、ピーター・ストイフェサントの実物大の模型が見える。現在ニューヨークがある場所で、アメリカ先住民のレナペ族の代表団を歓迎しているのだ。背景にはオランダ式の木製の風車、その向こうには、ヨーロッパの帆船の船団が輝いている。このシーンでオランダ人は全員、服を着ている。ストイフェサントは帽子とマントを身に着けていた。一方、レナペ族は、指導者であり立派な代表者である首長のオラタミンを含めて、全員が質素な赤い下帯《したおび》を締めているだけだ。少し離れたところでは、アメリカ先住民の女性たちが裸の上半身に重い荷物を背負ってうつむいている。服従を感じさせる姿だった。

二〇一八年、博物館の学芸員は、前代未聞の決断をした。そのジオラマが史実に忠実ではないことを認めたのだ。しかも、ジオラマを撤去するのではなく、正面のガラスに大きな説明ラベルを貼ることにした。ストーリーは撤去も差し替えもされず、まるで赤ペンをもった教師がするように、観覧者の目の前で訂正された。ジオラマの当初の作成者たちが史実を間違って解釈していたこと、植民地化の複雑な現実が誤解を招く固定観念に置き換えられていたことが、いまや一般の人の目に明らかになった。ここには、事実を訂正するとともに、歴史がいかに権力者の目を通して語られてきたかを明らかにするという、二つの学びがあった。

あらためて考えてみると、このシーンは全体としても奇妙に感じられる。動物の剝製《はくせい》や恐竜の化石で有名な自然史の博物館に、政治的な出来事を描いたジオラマがあること自体が十分におかしい。だが、展示がつくられた一九三九年当時、この出会いは、ある「人種」が別の「人種」との生存競争に陥《おちい》ったとして、ある種の自然史と考えられたのかもしれない。実際、この博物館のいたるところで、人間は動物と同じように扱われ、私たちの文化的特徴は羽毛や毛皮と同等なものとして説明されている。これが当時のアメリカ合衆国の考え方だった。

もともとのジオラマにストイフェサントの名前は、はっきりと書かれている。それに対して、オラタミンの名前はどこにも書かれていない。前方にいるレナペ族の男性二人のうちの一方がオラタミンのはずだが、名前は書かれていない。ガラスに新たに貼られたラベルには、レナペ族の二人の顔がなぜかそっくりなことについて謝罪が書かれている。確かに、彼らの顔はいくらか誇張して描かれている。一方、ヨーロッパ人のほうは、明確な特徴をもった本物の人間の顔に見える。さらに、これが本当の歴史上の出来事で、実際にこんなふうな出会いだったのであれば、レナペ族の代表団はおそらくこんなに質素な着衣ではなく、華やかに装《よそお》っていたのではないだろうか。それなのにジオラマでは、レナペ族に下帯を着用させることで、征服者のヨーロッパ人と土着の先住民とのあいだに文明格差が認められることを強調した。その意図は明らかだ。一方がもう一方よりも優れていると言いたいのだ。

ラベルからわかるように、このジオラマには多くの誤りがあった。だが、おそらくなかでも最も史実と異なるのは、先住民の女性たちの姿だった。

一七世紀のレナペ族の女性は、指導的な役割を担い、知識人として活動していたことがわかっている。それは、現代のレナペ族でも同様だ。ところがジオラマでは、後方に、重荷を背負い獣のようにうつむいて歩く無名の女性が三人見えるだけである。それは、彼女たちがコミュニティで奴隷のように扱われていたことを示唆するものだった。これほど真実からかけ離れた描写はないだろう。当時は、女性の首長だったママヌクアが条約の交渉に積極的に関わっていた。しかし、彼女はここに描かれていない。

ここに至るまでの歴史の道のりは、複雑なものだった。ヨーロッパの入植者とアメリカ先住民とのあいだには、必ずしもジオラマが示したような大きな格差があったわけではない。植民地時代の最初の数十年間は、先住民の軍事力は入植者と同じくらいで、両者のあいだには絶えず交流があった。「一五〇〇年以上ものあいだ、ヨーロッパ人は毎日のように先住民とやり取りをしていた」と、ニューヨーク州立大学ビンガムトン校の考古学者であるランドール・マクガイアは、過去の民族間の力関係を調べた著書で書いている。それが変わったのは、一七八三年にアメリカ独立戦争とそれに続く戦いが正式に終結した頃のことだった。少なくとも北アメリカの東海岸では、白人コミュニティと先住民コミュニティとの密接なつながりは薄れていった。

その隙間を埋めるように入り込んできたのが、ハリウッドの古い西部劇に見られるような、「インディアン」と「インディアンの女たち」という人種差別的な民族の固定観念だった。ヨーロッパ人のなかには、アメリカ先住民を未開人とみなす者もいれば、彼らの文化の強さと美しさを評価する者もいた。だが、見る側の考え方によって彼らを気高い未開人と見るか粗野な未開人と見るかは違っても、彼らがそもそも原始的だという見方は共通していた、とマクガイアは説明する。一九世紀までの考古学者にはこの考え方が染みついていたため、彼らは一貫してアメリカ先住民を原始的な存在、あるいはその消えゆく名残《なごり》ととらえていたという。

「一八七〇年までに、この見方は定着し、当たり前と考えられるようになった」と彼は言う。ヨーロッパ系アメリカ人は西に向かって領土を拡大する運命にあると主張する「マニフェスト・デスティニー（明白なる使命）」の神話に従って、過去が書き換えられたのである。リベラル派の人々でさえ、「アメリカ先住民の人間性を認めながらも、彼らが先住民としての生活を放棄した場合にのみ、国内に居場所を認めた」とマクガイアは述べている。

また、人類学者のアダム・クーパーは、「原始的」な社会という考えがどのように「発明」されたかを明らかにし、これは一九世紀の教義のようなものだったと私に語った。どこの先住民もそうであるように、アメリカ先住民は過去の遺物であり、進歩の連鎖のなかの下等な存在で、原初の状態に近いとヨーロッパ人は考えていた。人類が進歩を重ね、野蛮な状態を脱して文明を築いたのなら、西ヨーロッパはその階段を上り詰めたところにいる。ほかの人々はみな、下のほうにいるというわけだ。

こうした世界観においては、優位に立っているのは特定の「人種」だけではなかった。支配的な性としての地位を築いていた男性も同様だった。ヨーロッパの多くの自然主義者や哲学者らは、女性は自然に近い存在で、それに対して、男性はより理性的な存在で自然を手なずけることができると強く信じるようになった。ヨーロッパの知識人たちは、人間は自然に支配された状態から自らを統治する社会へと移行するにつれて、野蛮から文明へ、非理性的な存在から理性的な存在へ、反道徳的な社会から道徳的な社会へと移行していくと想像した。だから、男性が権力を握るのは、人類の進歩の証《あかし》と考えられていた。

「いわゆる啓蒙《けいもう》主義です」とクーパーは続ける。「歴史には方向性があるという考え方です」。これが、アメリカ合衆国建国の哲学的な基盤であり、のちにアメリカ自然史博物館の展示を生み出した価値観だった。人種やジェンダーに関するヨーロッパ人の考え方は、一八世紀末にアメリカ独立宣言と合衆国憲法を制定したトーマス・ジェファーソン、ジョン・アダムズ、ジョージ・ワシントンといった建国の父たちによって、新世界に持ち込まれた。彼らは「啓蒙主義を信じる洗練された紳士だった」とマクガイアは書いている。「彼らは自然の重要性を認めたうえで、学者が自然の法則を明らかにすることで、世界を理性で理解できるようになるという理論を受け入れた」。

第三代大統領のジェファーソンが、女性は立場をわきまえるべきだと考え、「家父長的な怒り」に駆られていたとまで指摘する研究者もいる。ジェファーソンが育った社会は、タバコのプランテーションと奴隷制を土台とし、妻のサポートを得たエリートの白人男性に支配されていた。そんな社会に影響を受けたジェファーソンは、このモデルを自分の家族で実現したいと願い、同時に自分がつくり出そうとしていた新たな国家でも実現したいと望んでいた。女性は

「家庭生活を通じて、高い潜在能力を発揮し、憧《あこが》れの幸せを手に入れることができる。一方、男性は社会生活で幸せを追求する」と彼は考えていたのだ。アラバマ大学バーミンガム校の歴史学者、ブライアン・スティールはそう語った。

「建国の父の多くは、ジェンダーに関するそうした考え方を前提としていました。社会はどうあるべきかという前向きな宣言の根底には、この考え方がありました。欧米のほとんどの政治思想には、同様のことが当てはまると思います」とスティールは続ける。ジェファーソンは、女性は「男性の喜びの対象」としてつくられたと考えていた。女性は男性に楽しんでもらうために、そして男性に依存するために存在する。こうした家父長的な考え方は、間違いや見落としによってではなく意図的に、合衆国の法律や価値観に織り込まれた。

ところが、この規範をつくった人々は、自分たちがしていることは当時としては先進的で、反家父長的ですらあると感じていた。非民主的に権力を握ったエリート男性が社会を支配するという側面が家父長制にあるとしたら、建国の父たちはそれを拒否した、とアイオワ大学でジェンダーとアメリカ法史を研究するリンダ・カーバーは言う。新世界では、ヨーロッパの享楽的な古い貴族社会のような不自然なヒエラルキーに基づくのではなく、生物的に自然と考えられる規範に基づく社会を築こうとしていた。民衆が選んでいない王や女王が国家レベルで権力を振るう君主制には、背を向けた。アメリカ合衆国は、すべての自由人が平等な共和国となった。人間性によって導かれた、人間がつくり出した法律が支配する国になった。そういう点で、トーマス・ジェファーソンやジョン・アダムズのような人たちは、過去の不平等を打ち破ったと言える。

一八四〇年、フランスの政治学者のアレクシ・ド・トクヴィルは、著書『アメリカのデモクラシー（*Democracy in America*）』の第二巻で、アメリカで目にした状況に歓喜したと書いている。そこでは、フランス革命の理想だった自由が実現し、特定の階級の女性に重要な立場を与えるという点で、ヨーロッパのどこよりもはるかに進んだ社会が構築されているように見えたからだ。アメリカの共和制は、「女性をなお下においたままだが、知性と道徳の世界では男性と同じ水準に引き上げるのに力の限りを尽くした」と彼は書いた。また、こうも言う。「合衆国では女性が家庭の枠の外に出ることは少なく、家の中でも、いくつかの点では非常に従属的だが、この国ほど女性の地位が高く見えるところはどこにもないように思われる」。

女性が投票も、仕事も、社会生活もできないのが幸運だと言われても、今の時代からすれば奇妙に聞こえるかもしれない。だが、建国の父たちにとっては、それはきちんと筋が通っていたのだろう。トーマス・ジェファーソンは、女性は夫の完全な保護下にいれば、さまざまなことから解放され、生まれながらの役割である子育てや家事に専念できて幸せだと考えていた。つまり、これは一種の解放だった。女性を解放し、その資質にふさわしい平等を実現したと考えられていた、とスティールは言う。それを「女性の昇進」と表現する者さえいた。

「女性の柔らかい乳房は、政治の混乱に悩まされるためにあるのではない」とジェファーソンはかつて言ったという。彼は若い頃から、こうした家父長的な考え方を固く信じていた。バージニア州の支配階級のプランテーション経営者として、そうした空気のなかで育ったからだ、とスティールは言い、さらにこう述べている。「白人男性については、ジェファーソンは奪うことのできない権利を強調したが、白人女性のことになると、生まれながらの役割と社会の幸福に目を向けた」。その役割とは、あくまで妻や母としての家庭内の役割だった。

現代の私たちが振り返れば、問題は明らかだ。彼らが女性に与えた自由は、あくまで制限つきのものだった。アメリカの民主主義は、革命的ではあったが、女性と奴隷の手前で一線を引いた。なぜなら、どちらに属する者も本来、投票権をもつに値しないと考えられていたからである。先住民はそもそも市民とみなされていなかった。アメリカ自然史博物館の展示になぜ性差別と人種差別の両方が表れていたのか、その理由は、こうした世界観から説明がつく。先住民の女性はコミュニティのなかで下の立場にいなければならないと、ジオラマの設計者は考えたのだろう。自然の摂理として、女性は男性より下の地位にあり、先住民は自然に近い存在と思われていたからだ。歴史を記録する人たちは、それ以外の秩序に基づく世界を想像できなかったのである。

＊

そんな初期のアメリカにも、自由な白人男性の妻として、民主主義の根幹にあるダブル・スタンダードに悩んだ女性たちがいた。その一人が、のちにアメリカ合衆国の第二代大統領となるジョン・アダムズの妻、アビゲイル・アダムズだった。思慮深い知的な妻だったアビゲイルは一七七六年、夫への手紙のなかで、「女性たちのことを忘れないでください。先人たち以上に、女性に寛大で好意的な態度を示してください」と訴えている。自由と平等が一部の人のものので、万人のものではないとしたら、意味があるのかと尋ねたのだ。

妻の問いかけに、アダムズは一瞬考えた。だが結局、女性はすでに家庭で夫を通して間接的に権力を行使しているとあらためて思い至り、女性が家庭の外でも政治的な存在感を示す必要はないと彼は考えた。そして、「ペチコートの専制政治」のために「男性主義を廃止するような愚かなことはしない」と答えたという。

だが、一九世紀の半ばになると、平等に関する法律や道徳の議論が世界中で高まった。「原理原則と実態とのあいだに矛盾があって、説明がつかない」と、イギリスのフェミニストで哲学者だったハリエット・テイラー・ミルは、一八五一年のエッセイ『女性の解放（*Enfranchisement of Women*）』で述べている。皮肉なことに、やがて合衆国で奴隷制度廃止運動や女性参政権運動を生み出し、その勢いを加速させたのは、自由と平等に関する崇高《すうこう》な言葉の数々だったと言えるだろう。一七七六年のアメリカ独立宣言では、すべての人間は「生まれながらにして平等」であることを自明の事実としている。この宣言を読めば、なぜそれが自分に適用されないのかと疑問を抱く人が出てくるのは当然だった。

一八四八年にセネカ・フォールズで開かれた女性の権利会議では、彼女たちの要求の根拠は、まさにアメリカ独立宣言だった。「女性たちは、独立宣言のジェファーソンの言葉のエッセンスを取り入れ、それを明確かつ率直に女性に当てはめた感情宣言を発表した」とブライアン・

スティールは説明する。活動家たちは、建国の父の言葉を書き直した。新たな宣言では、すべての男性そして女性は生まれながらにして平等だと謳《うた》われていた。

しかし、その道のりは長かった。女性は投票権がなかっただけではない。一九二〇年に合衆国憲法修正第一九条が可決されるまで、女性は父親、兄弟、夫の所有物であり、自分の子どもに対しても何の権利も与えられていなかった。コモン・ロー［慣習法］のもとでは、夫は妻を殴り、レイプすることが認められていた。これはヨーロッパ各国の法律を反映したものだった。「女性は訴訟を起こすことも、起こされることも、契約を結ぶことも、遺言書を作成することも、賃金を得ることも、自分の財産を管理することもできなかった。既婚女性は、市民としては死んだも同然だった」と弁護士のレネ・ジェイコブスは書いている。

歴史学者で法律の専門家でもあるリンダ・カーバーによると、こうした法律は、既婚女性は夫の法的な身分によって「カバーされる」という原則をもとに導入されていた。女性は夫を通じてのみ、市民として存在していた。そのため一九二二年までは、アメリカ人女性は、市民権をもたない外国人男性と結婚すると、市民権を失う可能性があった。たとえ夫婦でアメリカ国内に住んでいたとしても同じだった。一九五〇年代になっても、アメリカ生まれの女性が「一九二二年以前に外国人と結婚していたことを理由に」、パスポートの発行を拒否されていたという。こうしたルールのある国は、アメリカだけではない。じつは現在でも、ネパール、サウジアラビア、マレーシアなど多くの国には、女性は自分の子どもや国籍をもたない配偶者に、自動的に国籍を継承させることができないと定める国籍法がある。

一九世紀になり、女性に男性と同じ権利を与えないのはなぜか、そこに本質的な理由があるのかと人々が問うようになるにつれて、家父長的な考え方も、さまざまな方面から疑問視されるようになった。ヨーロッパの科学者、人類学者、哲学者らは、人間のヒエラルキーに関する基本的な前提に疑いをもつようになった。人類が本当に近代化と文明化に向かって歩みを進めているのなら、それはどのように始まったのか。人間は生物としてどのような存在なのか、それが明らかになるような単純で原始的な状態が過去にあったのか。そういう疑問をもとに、「原始的」な状態で暮らす「未開人」を調べることで、人類共通の過去を理解し、人間社会の起源を説明できるのではないかと考える者たちが現れた。

また、初期のジェンダー関係［男性と女性のあいだに生じる社会的関係］の起源が見つかるかもしれないと考える者もいた。過去を調べれば、男性支配の正当性を示す決定的な理由が見つかるかもしれないと考えたのだ。

ところが問題が生じた。明らかになった答えは、彼らが期待したものとは違っていた。一つには、人類が文明に向かって進む歩みは、単一の普遍的なパターンに従っていたわけではなかったからだ。世界を見渡し、ヨーロッパ以外の歴史や文化を調べた結果、明らかになったのは、人間社会は原始的な社会から高度な社会へと秩序あるモデルに沿って進歩したわけではないということだ。むしろ、数千年にわたって栄枯盛衰を繰り返し、技術が発展したかと思えば暗黒の時代に突入した文明もあれば、何万年ものあいだ、息の長いシンプルな形で存続してきた文明もあった。驚くほど平等主義が根づいたコミュニティもあれば、女性が強力なリーダーとして率いたコミュニティもあった。人間の文化的な変遷を説明できる単一のモデルは見つからなかった。

人間のコミュニティはどこでも同じように構築されるわけではないことが明らかになったのだ。この事実は、女性の従属という生物学的な前提を揺るがすことになった。世界は例外ばかりだった。例外が多すぎて、ルールが意味をなさないほどだった。

アメリカでは、先住民の文化を間近で観察した研究者たちが、ジェンダー関係を理解するための欧米の方法が根底から覆《くつがえ》されることに気づいた。一部の先住民の社会では、未開人とされる人たちが伝統的に母系家族で暮らしていた。家族は共通の女性の先祖によって結びつき、家族の名前は母親を通じて代々伝えられていた。「何よりも確かなのは……女性の優位性だった」と、フランス・イエズス会の宣教師ジョゼフ＝フランソワ・ラフィトーは書き残している。一八世紀にカナダのモントリオールからほど近いアメリカ先住民のコミュニティで暮らしたラフィトーは、次のように述べている。「部族を維持し、尊《とうと》い血統と家系を保ち、先祖代々の秩序を守り、家族を保護するのは女性である。すべての権限と権威は女性にあった」。

南北アメリカ大陸の先住民のなかには、財産を所有し、管理する女性もいた。そういう女性たちは、娯楽としても競技としても、球技や格闘技などの肉体的にハードな屋外スポーツを行っていた。ナバホ族の若い女性は強《きょう》靭《じん》な精神力を証明するために競走をし、メキシコのソノラ州に暮らすセリ族の女性は一晩で七〇キロメートル以上も走る、とヨーロッパのある民族学者は言う。

当時は、アメリカ合衆国が西洋文明の頂点に立つ社会を築き上げ、世界のほかの国々の先導者を自任していた時代だった。ところが、ジェンダー関係に関しては、より平等で民主的なモデルがすぐ身近なところに存在していた。これには、一八四八年にセネカ・フォールズの会議に参加した者たちを含めて、一九世紀に女性の権利獲得を目指した活動家たちも驚いたようだ。男性優位の社会は自然の摂理ではないのかもしれないと気づき、彼らは世界がひっくり返るような衝撃を受けた。世の中のルールを書き換えられるかもしれない。そんな可能性が、すぐそばにある社会から感じられたからだ。

セネカ・フォールズは、そうした女性たちの物語が交錯する場所だった。

*

「私はこのオノンダガ族の居留地に住んでいます。とても暮らしやすいところです。ほかの場所には住みたくないですね」と、コミュニティの管理者であるアウェンジオスタ・マイヤーズは私に言った。彼女が生まれ育った土地は、ホデノショニ連邦のなかにあった。ホデノショニ連邦は、かつては外部の人々からイロコイ連邦と呼ばれていた、アメリカ先住民の六部族から成る部族国家集団である。内部に調理スペースのある巨大で細長い木造家屋にいくつかの家族が一緒に暮らしているため、「長い小屋の人々《ロングハウス》」と呼ばれていた。

彼女たちの現在の土地は、かつて先祖が暮らしていた頃とは様変わりしていた。「悲しくなります。もともとの土地は地平線の彼方《かなた》まで広がっていたのに、今はわずか五マイル［約九キロメートル］四方しかありませんから」と彼女は言う。ヨーロッパ人の入植によって、彼女たちの世界は小さくなった。「ヨーロッパ人は、私たちを善《よ》きアメリカ人にするために、先住民の伝統を消し去ろうとさまざまな制限を課しました。そのなかで、私たちはできるかぎり伝統を守ってきました。もちろんすべてではありませんが、言語、儀式、文化、生活様式といったものはできるだけ守ってきました」。

マイヤーズが言うように、彼女たちの生活は、女性が男性と対等だとみなされるという点で独特だった。「私はここで育ったので、女性の役割が男性よりも小さいと感じたことはありません」。彼女の母親には、女きょうだいが一人、男きょうだいが八人いた。「母は男きょうだいと同じように薪《まき》割りができました。男きょうだいと同じように、料理もできました。平等に育ったのです」。そして、こうつけ加えた。

「女性として立場をわきまえなければいけないと感じたことはありません」

奇《く》しくも現在のセネカ・フォールズの町は、かつて彼女の先祖が暮らした土地にある。そして、ホデノショニの女性たちの物語は、この町のどの建物よりもはるかに古いものだった。フォール通りのウェズリアン教会で女性の権利に関する有名な会議が開かれる二五〇年以上も前の一五九〇年に、セネカ族、モホーク族、オナイダ族、オノンダガ族、カユーガ族の女性たちが、部族間の争いが激化するなか、平和を訴えるために集まった。彼女たちは、男性支配を激しく非難する非力な活動家ではなかった。それどころか、彼女たちは当時すでに、コミュニティに対して大きな支配力をもっていた。それは何世代にもわたって受け継がれてきた力であり、彼女たちはそれをさらに強固なものにしつつあった。一六〇〇年代には、女性たちは将来の戦争に対して拒否権をもつようになった。

要するに、一八四八年に平等を求める闘いのためにセネカ・フォールズに集まった中流階級の白人女性たちは、同じ地域のアメリカ先住民の女性が何世紀も前から当たり前のように享受してきた権利のごく一部を求めていたにすぎないのだ。アメリカ合衆国の女性参政権を求める闘いは、長く苦しいものだった。それに対して、ホデノショニでは、完全な民主主義がすでに日常生活の一部になっていた。こうした慣習は、現在に至るまで、先住民のあいだにしっかり根づいている。この社会が母権制のユートピアだったと言っているわけではない。長いあいだ、仕事は男女間で役割分担されてきた。たとえば、男性が狩りをするあいだに、女性は伝統的に農作業に従事し、しかも農作業はきつい仕事だった。だが、食料の生産を管理することで、女性は経済的に自立し、それによって社会的な自由を手に入れた。離婚の自由も得たのである。

ホデノショニの起源の物語は、現在まで続く時代ごとに分けて語られるが、生命の始まりには女性がいる。オハイオ州のトレド大学に所属し、アメリカ先住民の歴史と文化を専門とする研究者のバーバラ・アリス・マンによると、ホデノショニの社会がもつ女性優位のイデオロギーの根拠がそこに見えるという。この物語にはいくつかバージョンがあるが、その一つに、世界が誕生する前、空に島が浮かんでいて、そこに〝空の民〟が住んでいたというものがある。あるとき空の民の女性が穴に落ちてしまったが、鳥に導かれて、大きなカメ《グレート・タートル》の上に無事に着地した。やがて、ほかの動物たちが海から泥を汲み上げると、カメの上に島ができ始め、こうしてホデノショニの最初の時代が始まった。さまざまな説があり、空の民の女性が天空の世界から種子を両手にもってやって来たのが農業の基礎になった、というものもある。

空の民の女性は象徴ではなく文字どおりの先祖とみなされており、すべての人の血統はこの女性から始まり、母親を経由して受け継がれると考えられている。

起源の物語の第二期は、一一世紀から一五世紀あたりを舞台とし、そこには民族の母、ジゴンサセが登場する。ジゴンサセはグレート・ピースメーカーと、オノンダガ族の伝説的な首長のハイアワサという二人の男たちとともに、三人でホデノショニ連邦を形成した。現在でもクラン・マザー（氏族《クラン》の女性リーダー）たちは、地方政府の運営を手伝っており、そこから連邦政府へも政治的な影響力を与えている。この女性たちこそが、一族を率いる男性の首長を選び、その意思決定に影響を与え、首長の働きが悪ければ追放するほどの権力を握る。マイヤーズは、首長は王や独裁者とはほど遠いと言い、こうつけ加えた。「首長は民のために働きます。民の上にいるわけでも下にいるわけでもなく、民とともに働くのです」。

数十年のあいだに伝統が変化しても、女性は現在もコミュニティのリーダーとして、ホデノショニの社会生活の中心にいる。ジゴンサセは今も、最初のクラン・マザーとして、あとに続く者たちの原型とみなされている。アメリカ建国の父よりはるか以前に、クラン・マザーという女性たちがいたのである。

「ジャーナル・オブ・アメリカン・フォークロア」誌の一九〇〇年発行版で、一時期ホデノショニで暮らした民族学者のウィリアム・マーティン・ボーシャンは、この地の哀悼歌の一つを記している。そして、男性が亡くなったときよりも女性が亡くなったときのほうが、コミュニティの悲しみが大きかったことを明らかにした。「その女性の血統が途絶えてしまう」ため、首長の死よりもはるかに大きな出来事として見られていたのだという。また、ヨーロッパ人の入植後に、先住民の人々は英語を学ぶようになると、決まって「男性のことをshe、女性のことをheと言った」と彼は書いている。英語ではheのほうが重要な性を表しているため、彼らは意識的にせよ無意識にせよ、代名詞を入れ替えたのだ。先住民の子どもたちが聖書を学ぶときにも、〈モーセの十戒〉の第五戒で「あなたの父と母（を敬え）」ではなく「あなたの母と父」と、必ず順番を入れ替えることに気づいた教師もいた。

アメリカ先住民の社会は、それぞれ異なる方法で組織されている。たとえば、アメリカ中西部のオマハ族の社会は家父長制である。それに対して、ニューメキシコ大学でアメリカ学の教授を務めるジェニファー・ネズ・デネットデイルによると、ナバホ・ネイション［ネイションとは先住民の各部族が居留する準自治領を意味する］に暮らすナバホ族では、母と祖母を通じて家系をたどることができ、家族の物語を伝えるのは女性たちだ。デネットデイルは自分の高祖父については、一八六六年にさかのぼるアメリカ軍の報告書を通じてしか知らない。ナバホ族がアメリカによる占領に抵抗する際に活躍したことでその名を知られていたからだ。「自分たちは夫婦から生まれたと母から聞いていましたが、そのことがようやく理解できたのは、二〇代も後半になってからでした」とデネットデイルは言い、さらに、「私たちは今も母系社会の民です。母は家族の「家母長《マトリアーク》（matriarch）」でした。母系社会で生きてきた私は、女性のリーダーシップや女性の権力、権威といったものを強く認識しています」と語った。

多くの母系社会と同様、ナバホ族の社会も、単に父系制の逆というわけではない。先住民の伝統のなかでジェンダーがいかに複雑なものかを欧米の研究者が理解するようになったのは、比較的最近のことだ。「民族創生の物語には、第三の性が登場します。第三の性を意味する〝ナドレ〟と呼ばれる存在です。ナドレは交渉人のスキルや才能を発揮した人物で、男性と女性のあいだを取りもつ仲介者でもありました。女性的な服装をしていることが多かったようです」とデネットデイルは説明する。自分の先祖が四つ、五つ、あるいはもっと多くの性を自認する、いわゆるゲイ、レズビアン、「女らしい」男性、「男らしい」女性のような存在にあたるのではないかと考える人もいる。最近では、性別二元論を超えた流動的な概念をとらえ直すために、「トゥー・スピリット（Two Spirit）」［個人が男性と女性の両方の精神を保持していることを意味する］という先住民の言葉も一般に使われるようになった。

「アメリカ先住民の一部の部族では、女性が性別を超えた役割を果たしていた。そのため、男性の役割を長期的に引き受けたり、女性と結婚したりすることがあった」と人類学者のエヴリン・ブラックウッドは書いている。こうした文化的な慣習は、ジェンダーに関する欧米の考え方と相容《あいい》れないため、外部の人による記録はほとんど残っていない。ブラックウッドによれば、平等主義が根づいたアメリカ先住民のコミュニティでは、男女がそれぞれ重要と評価される役割を担っていたため、性別を超えるのは難しいことではなかった。地位に格差がないため、乗り越えるべき障壁も小さかった。

彼らのあいだでは、男女間の微妙な関係性はほとんど失われていたかもしれない。だが、ホデノショニが平等な政治体制を取っていることを、ヨーロッパの初期の入植者が気づかないわけはなかった。「外からやって来た入植者は、私たちから多くを学びました。民主主義自体もホデノショニから学んだのです。彼らの政府のシンボルの多くは、私たちの民族から盗まれたものです」とアウェンジオスタ・マイヤーズは言う。一九八八年一〇月、そのことは公式にも認められた。合衆国上院は、一八世紀に初期の植民地が共和国にまとまり代議制民主主義が形成されたとき、ホデノショニの政治制度がアメリカ建国の父らに影響を与えたことを認める決議案を可決したのである。

オノンダガ・ネイションとセネカ・ネイションのタートル・クラン［カメを信仰の対象となる表象（トーテム）とする氏族］の信仰守護者であるオレン・リヨンズは、二〇〇七年のインタビューで、クリストファー・コロンブスがスペインから新世界に向けて船出した頃、ホデノショニは「すでに数百年にわたる民主主義の経験があった。組織化された民主主義を確立していた。平和に基づき、公平と正義に基づき、団結と健康に基づく憲法をもっていた」と語っている。

こうして見ると、アメリカ民主主義の矛盾はさらに複雑になる。一九世紀の半ばに、セネカ・フォールズの女性たちは選挙権を求めて闘った。だが、その同じ国に、すでに女性が大きな権力をもつ先住民の母系社会があった。そして、そこから民主主義の原則の少なくとも一部を引き継いだのであり、その事実を国として自ら認めている。それなのに、アメリカ合衆国の拡大を正当化するイデオロギーでは、その先住民を原始人、過去の遺物、さらにはいずれ絶滅する運命にあるとさえみなしていた。ヨーロッパやアメリカの女性と比べて、ホデノショニの女性は社会ではるかに大きな権利をもち、はるかに自立していることを知りながら、男女の平等こそが近代化や進歩を示していると主張した。

矛盾としか言いようがないではないか。

こうして、家父長制の起源がどこにあるのかは、当時の重要な問題となった。イギリスの自然科学者のチャールズ・ダーウィン、ドイツの政治思想家のフリードリヒ・エンゲルス、アメリカで初めて女性の権利を主張した活動家たちなど、欧米社会で大きな影響力をもつ思想家たちが、この問題に注目するようになった。

*

マティルダ・ジョスリン・ゲージは、女性参政権運動の活動家から見ても、過激な人物だった。

一八二六年にニューヨーク州のリベラルな家庭に生まれたゲージは、奴隷制度廃止運動に積極的に参加したのち、女性の権利獲得運動に身を投じ、やがて運動のリーダーだったエリザベス・キャディ・スタントンに並ぶ重要人物となる。一八四八年のセネカ・フォールズ会議には参加しなかったが、その四年後、第三回全米女性の権利会議で最年少の講演者となった。

彼女がどんな活動家だったかを物語るエピソードがある。一八八六年一〇月、のちにリバティ島と呼ばれる島で、フランスから贈られた自由の女神像の除幕式が行われた。ゲージはそこに抗議に現れた。その日、女性は島への立ち入りが認められていないことを知り、仲間とともに抗議の意を示すために、蒸気船を借りて港に押しかけたのだ。「自由の象徴を女性とするのは一九世紀の皮肉です。政治的自由を手にしている女性など、まだこの国のどこにもいないのですから！」と彼女は主張した。

ゲージは自分と同じくニューヨーク州に暮らすホデノショニの女性たちに関心をもち、そこで別世界に出会った。彼女たちのコミュニティでの立場が自分たちとは大きく違うことに驚いたのだ。ホデノショニの若い女性が結婚すると、夫となった男性は、妻の家に移り住み、義理の母と同居する。狩りで捕らえた獲物はすべて妻に差し出さなくてはならない。夫婦が離婚すれば、子どもは母親が引き取る。ゲージにとって、これはまさに天からの啓示のようだった。自分の人生のダブル・スタンダードが浮き彫りになった。

彼女はニューヨークの白人男性について、「今この瞬間も、人道主義という点で文明の水準はイロコイ族よりも低い」と書いている。先住民の社会では少なくとも、夫婦が離婚した場合に、子どもが父親ではなく母親に帰属することを認めているからだという。

一八七五年、ゲージはニューヨークの「イブニング・ポスト」紙の記事で、女性がこれほど大きな権限をもつ社会を発見したことに興奮を抑えきれないといった様子で、こう書いている。

「この先住民の共和国では、男女がほぼ平等に権力を分け合っている」。彼女はホデノショニと非常に親しい関係を築いたため、一八九三年にはある一族の養女となり、カロニエンハウィ(Karonienhawi)という名前を与えられた。彼らの言葉で「空を支える女性」という意味である。

しかし、解決しなければならないジレンマがあった。ゲージも含め、女性の権利獲得を目指す当時の白人活動家の多くは、男女平等は未来を象徴するものだと主張し、その実現を訴えていた。それは成熟した高度な文明の証《あかし》だった。選挙権を女性に拡大することで、アメリカは世界のほかの国々の先頭に立ち、手本を示すことができると彼女たちは主張した。だが、だとすると、はるか昔から続くアメリカ先住民の社会で、平等な母系制が根づいていることをどう説明するのだろうか。これら先住民の社会は、アメリカ合衆国のように近代的なはずの国家をどうやって飛び越えたのだろうか。

その頃、同じ疑問を抱いた人たちがいた。たとえば、ニューヨーク出身の民族学者で、弁護士だったルイス・ヘンリー・モーガンは、仲間とともにホデノショニの伝統を研究した。モーガンは、アメリカ先住民に代わって土地の所有権を求めるロビー活動を行ったほか、自分をインディアン事務局の長官にするようエイブラハム・リンカーン大統領に嘆願したという(だが、失敗に終わった)。一八四七年には、セネカ・ネイションを代表する四つのバード・クランの一つであるホーク・クランに養子として迎えられ、「あいだに横たわる者」を意味するタヤダワカ(Tayadawahkugh)という名前を与えられている。おそらく、モーガンが両方の世界に足を踏み入れていること、両者をつなぐ架け橋になることを意味していたのだろう。

アメリカ先住民の習慣に対するモーガンの興味には、ゲージとは異なる特徴があった。彼は先住民の人々に政治的な刺激を求めていなかった。それどころか、彼の考えでは、アメリカ先住民は未開人だった。当時のヨーロッパのほかの植民地主義者がそうであったように、彼は「アーリア人こそが人類の進歩の中心にいる」と都合よく考えていた。むしろ人類学的な興味から、人間社会の共通のルーツのようなものを理解しようとしていた。彼にとって、先住民は過去を調べるための手段だった。

モーガンは一八七七年の著書『古代社会(*Ancient Society*)』で、ホデノショニの社会が家族関係をもとに組織されていることについて、自分の考えを説明している。親族関係を中心に社会を構築しようとすれば、女性が主役になる必要があった。なぜなら、子どもはどんな場合も確実に母親にさかのぼることができるからだ。父子関係を確認するのは、母子関係よりも難しかった。モーガンは、「原始的」な人々が母系で継承を行ってきたのは、子どもの父親が誰かを確実に知るためのよい方法が見つかっていなかったからだと考えた。よい方法があるなら、父系制にしたに違いないと考えた。

要するにモーガンにとって、ホデノショニの伝統は、人類が共通してもつ遠い過去の一例であった。人間が今より性的に奔放《ほんぽう》で、共同で暮らし、赤ん坊がどの男性の子どもかわからないような、発展の初期段階の社会であるというわけだ。この推論からすれば、こうした古い社会は、女性を優先するしかなかった。彼の考えでは、女性中心のアメリカ先住民の社会は、優れていたわけではなく、ただ単純なだけだったのだ。

人類の家族の最も初期の形は「家母長制」だったかもしれないという説は、スイスの人類学者で法学者だったヨハン・ヤーコブ・バッハオーフェンが、すでに一八六一年に唱えていた。彼は女系による継承について、「母権」を意味するMutterrechtという言葉で説明している。このバッハオーフェンの説を踏まえて、モーガンは男性による支配を生殖と結びつけて考えた。それは、進化論の父と呼ばれ、モーガンの文通相手でもあったチャールズ・ダーウィンなど、当時の思想家の考えと同じだった。モーガンの考えでは、ヨーロッパのような「先進的」な社会では、男性優位となるはずだった。それは男性が知恵と理性によって徐々に女性の性を支配するようになり、生まれた赤ん坊がほかの男性ではなく、確かに自分の子どもだと確信するようになるからだった。一夫一婦制の結婚を考え出し、それを厳しく強制することで、家族を父系で組織できるようになる。その結果、男性は所有財産を真の継承者に譲ることができるようになった。女性を管理することで、モーガンが理想とする父親から息子への相続が可能になったのだ。

「モーガンはそれを自然な本来の姿だと考えていた」と人類学者のアダム・クーパーは書いている。こうした知識人らしい巧みな理屈によって、モーガンは男性支配や一夫一婦制の異性婚を進歩や近代化と同一視し、西洋の家父長制をめぐる矛盾をうまく説明したのである。

モーガンの説をどう受け取るかは、人によって違った。特に、その人の政治的信条に左右された。モーガンは著書のなかで男女の平等を認めていなかった（逆に反対していた）。にもかかわらず、彼の説は、マティルダ・ジョスリン・ゲージのような女性活動家にとっても魅力的で新鮮だった。モーガンのような男性たちは、過去の母権社会を性的に堕落した、遅れたものとみなしていた。それに対して、女性参政権運動の活動家は、女性が権力をもてることが証明されたと受け取った。ホデノショニは文化的に異質なのではなく、自然に近い原始的な状態で暮らしていたため、過去に広く共有された母権社会の名残をとどめているのだと彼女たちは考えた。だとすれば、社会を支配していたのは最初から男性だったという主張は、根本的に疑わしくなる。アメリカ合衆国は、男女の性質は異なるとして、女性に男性と同じ権利を与えなかった。だが、それは女性にそもそも備わっていた権利を無理やり否定してしまったのかもしれない。

そう考えると、家父長制を打ち砕くことは、自然の冒瀆《ぼうとく》ではなく、自然への回帰だった。モーガンの説は、アメリカで急成長しつつあった女性の権利獲得運動にとって、原点となる理想的な物語となった。そして、カール・マルクスとともに『共産党宣言』を著した、ドイツの社会主義思想家フリードリヒ・エンゲルスがその説を取り上げたことで、その動きはさらに勢いを増した。

*

フリードリヒ・エンゲルスは、ルイス・ヘンリー・モーガンの『古代社会』に大いに刺激を受け、一八八四年、野心的な持論を発表した『家族・私有財産・国家の起源』。これは国家そのものの起源を論じたもので、近代社会のなかで、家族がどのように組織され、私有財産がどのように生まれてきたかを説明する壮大な理論だった。バッハオーフェンやモーガンと同じく、エンゲルスは、「母権」は原始的なもので、文明化された一夫一婦制の結婚による家父長制家族の到来によって終わりを迎えたと主張した。ただし、モーガンと違っていたのは、この「家母長制」から家父長制への移行を女性の自由の悲劇的な消滅、つまり「女性の世界史的な敗北」の瞬間ととらえたことだった。

この「女性の世界史的な敗北」という言葉は、その後一世紀以上にわたって、フェミニストの文献のなかで繰り返し使われるようになる。何世代にもわたって、人々の家父長制に関する考え方を方向づける役割を果たした。

エンゲルスの語り口は、芝居がかっていると同時に心を揺さぶるものだった。男性が父系による相続を推し進めたことは、女性を赤ん坊の器にすぎない存在に追いやっただけでなく、男性の所有物に変えたとエンゲルスは書いている。さらに、「男性は家のなかでも舵をにぎり、女性は品位をけがされ、隷属させられて、男性の情欲の奴隷、子供を生むたんなる道具となった」と述べた。現代の男女間の法的不平等は、この「経済的抑圧」がもたらしたものであり、女性は結婚という制度のなかで、家庭内で従属的な立場に追いやられたと彼は指摘する。夫と父親は家庭の長となり、「妻は筆頭女中となった」。

エンゲルスは、平等主義に基づく、階級のない社会をつくることで、女性が救われると考えた。彼はモーガンの言葉をそのまま引用しながら、すべての人に富を平等に再分配し、階級制度をなくせば、人々は古来の母権制の「自由、平等、友愛をよりよい形で復活させる」ことができると期待した。だからといって、現代の先住民の人々のような暮らしを提唱したわけではない。それはモーガンと同じだった。エンゲルスもモーガンと同様、先住民の人々を原始的で、過去に属するものとみなしていた。だが、先住民の社会には男女平等の萌芽《ほうが》が見られ、人々が資本主義に反旗を翻《ひるがえ》せばそれをいつか取り戻すことができると信じていた。

エンゲルスの理論は、すべてを結びつけているように見えた。彼の主張に心を奪われる人は多く、その主張は実際、家父長制や女性の抑圧に関する人々の考え方に長く大きな影響を与えることになる。しかし、この理論にも根本的な問題があった。

*

人類は本当に進歩の階段を上っていて、理想郷のような完璧な場所を目指しているのだろうか。すべての社会はスピードに違いはあっても、文明の同じ段階を経て進歩すると考えていいのだろうか。

人類学者のアダム・クーパーが著書『未開社会の捏造《ねつぞう》（*The Invention of Primitive Society*）』で指摘しているとおり、一八六一年にヨハン・ヤーコブ・バッハオーフェンが提唱し、そのすぐ後にルイス・モーガンとフリードリヒ・エンゲルスがたどった論理の道筋には、ある問題があった。それは、人間社会をその起源までさかのぼっても、誰もが同じように暮らしていた時代が見つかるわけではないということだ。いくつか共通点は見つかるかもしれないが、「社会組織の化石」のようなものは見つからないとクーパーは書いている。南北アメリカ大陸では、先住民の慣行、風習、言語は、国によって、場所によって、時代によって異なっており、それは世界のどんな場所でも同様だ。どんな文化も同じではないし、変化しないわけでもない。一九世紀のホデノショニの家族が、数千年前のヨーロッパ人と同じような生活をしていたとする根拠はない。

建国の父であるベンジャミン・フランクリンでさえ、アメリカ先住民の社会について考えていた際に、視点の問題に直面した。「私たちは我々のやり方こそが完璧な礼節だと考えて、違うやり方をする彼らのことを未開人と呼ぶ。だが、彼らもまた同じように考えているのだ」とフランクリンは一七八三年から八四年頃にかけて書いている。

こうした偏見は、エンゲルスやモーガンなどの一九世紀の思想家が、人類の発展を「家母長制」から家父長制への進歩だとする、単純でわかりやすい物語で説明した際にも表れていた。彼らはホデノショニを、今この瞬間も息づいている人間のコミュニティとしては見ていなかった。ほかの社会よりもいくつかの点で女性に有利な習慣をつくり出した人たちとしてではなく、生ける骸骨《がいこつ》のように扱っていた。彼らから見て、ホデノショニは過去の名残にすぎなかった。アメリカ先住民の生活をつぶさに調べたのは、ただ現代に生きるすべての人間がどこから来たのかを理解しようとしたからだった。先住民はかつての私たちの姿ではなく、周りの世界と織り成す、独自で豊かな、変わりゆく歴史をもった、今を生きる人々だという明らかな事実を忘れていた。

ニューヨーク州立大学オルバニー校の人類学者で、一九世紀の女性参政権論者の著作を研究するゲイル・ランズマンも、同様の注意を呼びかけ、政治体制の代替モデルとしてアメリカ先住民を持ち出す人々が何を意図しているか、それを意識する必要があると言う。ランズマンによれば、マティルダ・ジョスリン・ゲージでさえ、新鮮な刺激を求めて先住民の社会を眺めながら、あくまで未開の文化を観察しているのだと考えていた。ゲージは完全にヨーロッパの啓蒙主義の伝統のなかに生きていた。すべての人間は進歩の階段を上っていて、自分たちはいちばん上の段にいると思い込んでいた。ホデノショニのような生活を望んでいたのではなく、自国の法律を変えたいと願っていた。彼女の未来はあくまでアメリカ合衆国にあった。「アメリカ先住民はもっぱらアメリカの白人の歴史を前進させるという点で価値があり、興味の対象だった」とランズマンは書いている。

ゲージは、新しいアメリカ合衆国のモデルに先住民の考え方や慣習を取り入れるきっかけとして、ホデノショニの社会を受け入れることもできたはずだ。アメリカ先住民を軽んじるのではなく、その権利や文化を十分に評価することもできたはずだ。ところが、ゲージの視線は常に自分自身に向けられていた。彼女のような活動家は、先住民の女性たちを平等を求める闘いの仲間として見ようとはせず、理論武装に役立つ駒《こま》として利用した。ホデノショニの人々は、政治的理想を追求するうえで役立つツールとなった。ルイス・ヘンリー・モーガンのような男性にとっては、ホデノショニは堕落した過去の母権社会の名残であり、男性支配がなぜ「文明開化」なのかを確認させてくれるものだった。フリードリヒ・エンゲルスのように、革命によって平等主義に回帰できると描いてみせる者もいた。そして、ゲージにとっては、ホデノショニのような「未開」の社会でさえ女性が権力をもっていたのだとしたら、それが本来の姿なのだということをまぶしいほどに再確認させてくれるものだった。

誰もが自分の望みだけを叶《かな》えようとし、先住民コミュニティの本当の姿を見ていなかった。生きている人たちはいつしか過去の遺物へと追いやられてしまった。そうなると、一部の女性の権利と自由が、ほかの女性の権利のために犠牲にされてしまうことになる。

*

アメリカ合衆国の建国において、家庭の主婦は非常に重要な役割を果たした。その事実はどんなに強調してもしすぎることはない。

独立宣言が書かれる何世紀も前に、ヨーロッパ人は、家父長制を万物の神聖な秩序と考えるようになった。父親は家族に権力を振るい、君主は臣民に統治権を振るい、その権威はさらに高く、神にまで行き着く。ロンドン大学クイーン・メアリー校の歴史学者であり、ヨーロッパ帝政時代のジェンダー意識を研究するデイヴィッド・ヴィーヴァーズは、一六世紀以降、イギリスの「国家機関や社会は、この家父長制の原則を家族、地域、国家のレベルで強化しようと躍起《やっき》になっていた」と書いている。一七〇〇年代には、家庭の運営・管理に関する手引書が数多く出版された。それらはすべて、ジェンダー関係をあるべき姿に維持するためのもので、そうした適切な関係が「政治の安定の基礎にもなる」と考えられるようになった。

家族を管理下に置き、すべての人がジェンダー規範を忠実に守れば、国家は安泰だと考えたのである。合衆国の建国の父は、その考え方を引き継いだ。「女性が家庭に留《とど》まるかぎり、アメリカの共和制は安定すると考えたのです」と歴史学者のブライアン・スティールは説明する。一九世紀の半ば、セネカ・フォールズで女性の権利会議が開かれた頃には、この考え方はニューヨーク市の階級社会にしっかりと根を下ろすようになった、とシカゴ大学の歴史学者クリスティン・スタンセルは言う。裕福な中流階級の人々は、伝統的な家族観を守ることが自分たちの仕事だと考えた。それは自分の家庭内だけに留まらない。スタンセルによると、特に女性は「家庭や家族に関する道徳基準を広める者として大きな役割を担うようになり」、家庭的な母というアメリカの理想に従わない女性を批判した。

女性同士で互いを監視したのだ。ニューヨークの中流階級の社会改革者たちも「女性の自立は貧困と同義」だと考えていた、とスタンセルは言う。有名な女性参政権論者でさえ、女性の選挙権を求めながらも、家庭的な妻と母という理想に従っていた。たとえば、この時代の道徳改革を担った人物のなかには、エリザベス・キャディ・スタントンやマティルダ・ジョスリン・ゲージと同時代に活躍し、女性やアメリカ先住民の権利を求める活動家として知られたリディア・マリア・チャイルドがいた。ニューヨーク市の路上で貧しい子どもたちを目にしたチャイルドは、「このみすぼらしい哀れな子どもたち」はむしろ母親のいない孤児になったほうがいいのではないかと考えた。そうして彼女のような改革者たちは、こうした子どもたちを救うための保護施設や学校を設立した。

問題は、これらの施設に入った少女たちが結局、本来必要な有給の仕事に就くためではなく、将来の妻や母になるための教育を受けたことだった。少女たちは完璧な主婦という型にはめ込まれた、とスタンセルは言う。改革者たちは善意で動いたにもかかわらず、労働者階級の女性たちが働いていたのは、完璧な主婦という理想を拒否するためではなく、ほかに選択肢がないからだということに気づいていなかった。一八五五年の人口調査によると、ニューヨークの二つの地区で抽出された女性のうち、およそ三分の二は世帯に男性がいなかったという。彼女たちは賃金を得られる仕事に就けなければ、貧困に陥り、ホームレスになるしかなかった。

家庭の主婦という存在はもともと、裕福な人々の憧れでしかなかった。奴隷制が廃止されるまで、裕福な白人女性がまったく労働をしない贅沢《ぜいたく》を享受できていたのは、奴隷の男性や女性、それに子どもの労働のおかげだった。二〇世紀の半ばまで、家庭の主婦が中流階級のステイタスの象徴だったのも不思議ではない。「ずっと主婦になりたいとばかり思っていました。ダンサーでもハリウッドの映画スターでもなく、幸せな結婚をして、主婦になりたかったんです」と女優のドリス・デイは語ったと言われている。男性は妻が家にいられるだけの稼ぎがあれば、成功していると評価された。雇用主は、女性は結婚すると当然仕事を辞めると考えていた。こうして、一九五〇年代に教育を受けた女性たちは、家事にエネルギーを注ぎ、現在私たちが認識しているような、手入れの行き届いた郊外の家に暮らす、明るい妻と母のステレオタイプを形成したのである。

　この理想は、歴史学者のリンダ・カーバーが「共和国の母」と名付けた概念をつくり出すことにもなった。国家のために尽くす、健康で丈夫な息子を育てるのが、女性の仕事だとされた。バージニア州のジョージ・メイソン大学で建国初期のアメリカを研究する歴史学者ローズマリー・ザガリは、この矛盾した取り決めを一種の「アングロサクソン系アメリカ人の女性像」と言い表している。家族という単位を政治的になくてはならないものだと認める一方で、女性を独立した政治的主体とは認めなかったわけである。女性は社会で尊敬され、目に見える立場を得たが、それは子どもを産み育てる能力によってのみ得られるものだった。家庭の外で政治的、経済的な権利を行使しようと思えば、夫や息子を通じて行うしかなかった。

　ある意味で、それはトーマス・ジェファーソンが抱いた女性像だった。彼は女性を男性より劣っていると見ていたわけではない。だが、妻であり母であることを超えた立場を女性に与えようとはしなかった。「古い伝統と新しい考えのどちらも取り入れたやり方だった」とザガリは書いている。

　その点で、フェミニズムに反対する作家で弁護士だったフィリス・シュラフリーほど、共和国の母であることを全面的に受け入れた人物はいないだろう。彼女は二〇一六年に亡くなるまで、アメリカの主婦の役割を奨励するために心血を注いだ。また、ドナルド・トランプの大統領選挙戦を初期の頃から支援していた（シュラフリーの葬儀で、トランプは「真に偉大なアメリカの愛国者」と彼女を称《たた》えている)。一九七〇年代、彼女は志を同じくする主婦たちを動員し、合衆国による男女平等憲法修正案の批准《ひじゅん》を阻止するキャンペーンを展開し、成功に導いた。この修正案は、それまで超党派で政治的な支持を得ていて、成立が確実だと見られていたものだった。彼女は人工妊娠中絶権や働く女性を激しく非難していた。

だが同時に、シュラフリーは生涯にわたって、家庭という夢に制限をかけた生き証人でもあった。彼女は男女平等に反対するロビー活動をしながら、学び、働き、ついには国政に進出しようとした。本人は決して認めなかったが、シュラフリーのキャリアは、彼女が守ろうとして闘ったルールそのものと矛盾していた。

もっとも、家庭の主婦という理想には常に限界があった。トーマス・ジェファーソンが生きていた頃でさえ、多くの平凡な女性にとって、それはほとんど意味がなかった。貧しい家庭や移民の家庭では、農村と都市のどちらに暮らしていようと、生きるためには女性が家庭の外で働くしかなかった。もちろん黒人女性は労働で搾取され、そうした理想とは無縁だった。家庭に専念する妻と社会で働く夫という固定された役割は、奴隷を働かせておいて骨の折れる労働をしないで済む豊かな人たちだけに幸せをもたらすものだった、とブライアン・スティールは言う。

ホデノショニの女性にとっても、まったく意味がなかった。もともと女性が働き、土地を管理するという長い伝統があったからだ。ジェファーソンの時代の彼女たちは、屋外での労働のせいで、アメリカの白人女性よりも明らかに体力があったと民族学者は言う。アメリカの白人女性と比べて子どもの数も少ないことが多く、出産を制限するために何らかの方法で中絶のような処置をしていたようだ。もちろん、家庭内と同様に、家庭の外でも権限のある地位に就いていた。彼女たちの存在そのものが、建国の父の理想を否定し、それを打ち砕くものだった。

ところが、その彼女たちの生活も、女性を家庭に専念させるという目標のために犠牲にされてしまう。女性は家にいるべきだという家父長的な考えをもつ人々は、先住民の伝統を完全に無視した。アメリカの政治指導者、善意の社会改革者、キリスト教宣教師らは、屋外労働は女性に向かないと考え、女性に家庭内の役割を、男性に農作業と責任ある立場を与えることが、先住民を自分たちの「近代」社会に同化させるために不可欠だと考えた。「宣教師らが説く教えによって、性役割への理解が進み、結果として、白人中流階級のアメリカ人女性の地位が高まった」とローズマリー・ザガリは書いている。彼らの目的は常に、西洋文明の優位性をあらためて確認することだった。

要するに、白人アメリカ人は、なんとしてでも先住民を文明化し、家父長制を植えつけようとしたのである。

＊

「インディアン女性として、私は自由でした」

人類学者のアリス・カニンガム・フレッチャーが一九世紀、アメリカ先住民の女性にインタビューをしたときに言われた言葉である。一八八八年、国際女性評議会の第一回大会で、彼女は聴衆を前に、さらに続けて読み上げた。

「私は家を所有していました。愛する人がいて、仕事もありました。子どもたちは私を決して忘れないでしょう。白人の法律に従うよりも、インディアン女性であるほうが幸せでした」。フレッチャーが話を聞いた男性たちも、まったく同じように語ったという。「あなたがた白人の法律では、男性は女性を大事にしません。妻は個人としては何の価値もありません。一人の男が一六〇エーカー［約〇・六五平方キロメートル］の土地を維持する手伝いをするだけの価値しかないのですから」。

すでに、先住民の家族には、植民地化の傷が刻まれていた。

人類学者のゲイル・ランズマンによると、白人中流階級の女性参政権論者は一九世紀、性別による抑圧に反対して団結するようになった。だが同時に、ほかの多くの女性がもっていなかった権力を握った者もいた。彼女たちは「たいていの場合、人種や階級という点では、一般社会のなかで有利な立場にいた」とランズマンは書いている。こうした立場の違いが、誰に最初に権利を与えるべきかを決める際に分断を生んだ。

「インディアンの友人を自称した人たち、あるいは政府の方針を改革しようとした人たちでさえ、先住民を本質的に子どものような存在、つまりアメリカ文化に新たに生まれた、発展の遅れた未開人とみなしていた」と、ニューヨーク州のアルフレッド大学でアメリカ文学における人種、階級、ジェンダーを研究するメリッサ・ライアンは言う。たとえば、アメリカ先住民の権利を支持したマティルダ・ジョスリン・ゲージは、母系の伝統を重んじるホデノショニの社会を称賛すると同時に、彼らを発展の遅れた民族とみなしていた。これが白人女性参政権論者の考え方であり、それはアフリカ系アメリカ人や移民に対する見方にも及んでいた。選挙権に関するゲージの言葉には、「選挙権をもつ未開人と選挙権をもたない白人女性を並べて語るのは、女性に対してだけでなく、文明の原則そのものに対する侮辱だという意味合いが感じられた」とライアンは書いている。

セネカ・フォールズ会議で初日の朝に有名な演説をしたエリザベス・キャディ・スタントンも、「選挙権を与えるなら、解放奴隷や無知な移民ではなく、教養ある白人女性に与えるほうが安全でよい」と考えていた、と歴史家のエリザベス・グリフィスはスタントンの伝記に書いている。実際、女性参政権運動を当初から積極的に支持した社会改革者であり、奴隷制度廃止論者であるフレデリック・ダグラスが一八六九年の会議で、「一部の州では、黒人男性が惨殺されたり迫害を受けたりしているため、黒人参政権が急務だ」と語ったとき、スタントンはこう言って偏見をあらわにした。「選挙権を国民全員には与えないのなら、まずは最も知的な者に与えるべきでしょう」。

ジャーナリストのルビー・ハマドは、著書『白人の涙・有色人種の傷痕（*White Tears Brown Scars*）』のなかで、女性が人種や階級などを理由にほかの女性を裏切ってきた不愉快な歴史について、記録を残している。「女性が力をもつ幸せな世界という理想に向かう取り組みを、白人のために利用するのだということを隠すために、見せかけの連帯を喧伝《けんでん》し、都合のいいときだけ有色人種の女性と手を組む」のはよくある手だ、とハマドは書いている。白人女性参政権論者の多くは、奴隷制に強く反対し、奴隷制度廃止運動に積極的に参加していた（スタントンはロンドンで開かれた奴隷制度廃止を訴える会議で、自分のような白人女性が軽んじられていると感じて、セネカ・フォールズ会議を計画したという）。だが、彼女たちは黒人や褐色人種や移民の女性を自分たちと対等だとは見ていなかった。女性に選挙権を与えれば黒人や移民の票を「薄める」ことができると主張して、白人女性に選挙権を与えようと訴える者もいた、とランズマンは言う。合衆国の北部でも南部でも、白人女性参政権論者のあいだでは奴隷制や人種をめぐって意見の相違があり、結局のところ、黒人女性が犠牲になった。一九一三年の女性参政権を求めるデモ行進では、何千人もの女性がワシントンDCを行進したが、このような混乱から、黒人の活動家は後方にいるようにと指示が出された。全米黒人地位向上協会（NAACP）の設立メンバーでジャーナリストであるアイダ・B・ウェルズ＝バーネットは、この指示を拒否したと言われている。

一九二〇年に合衆国憲法修正第一九条が批准され、アメリカの女性はついに選挙権を勝ち取った。だが実際には、すべての女性が選挙権を得たわけではない。一部の州は、投票税や検査、隔離などによって、黒人の女性と男性が投票できないようにした。一九二四年のインディアン市民権法によって、アメリカ先住民も投票が可能になったものの、投票権を実際に拡大するかどうかは各州に任され、実現までに数十年を要した州もあった。また実現されてからも、黒人の投票者と同じく、先住民の投票を阻《はば》む壁はなおも残っていた。

根底にあるのは、一部の人々は他の人々よりも権利を得るにふさわしいという信念である。それはその後もさまざまな形で、先住民の女性に影響を与えることになった。たとえば、一九世紀半ばのセネカ・ネイションには非嫡《ひちゃく》出子《しゅつし》という概念はなかった、とコネチカット大学を拠点にアメリカ先住民の歴史を研究するナンシー・シューメーカーは指摘する。セネカ族の母親から生まれた子どもはすべて自動的に正当な市民になった。「セネカの社会で、未婚の母が社会的な不名誉を被ったという記録はない」とシューメーカーは続ける。ところが一八六五年の国勢調査で、合衆国当局はセネカの女性に対して、父親にちなんだ名前を子どもにつけるようにと強制した。母親らは仕方なく、子どもに祖父や母方の一族の男性親族にちなんだ名前をつけようとした。

セネカ族はその後、父系制の命名法を導入したが、部族の母系制を維持することにはなんとか成功した。セネカ・ネイションの男性も女性も、女性の社会的権利、相続、財産権、結婚や離婚の自由を守ろうとした。だが、男性に指導的役割を担わせようとする外からの圧力は依然として強かった。

「宣教師や政府職員はいつも男性を家長として扱い、それ以外の家族のあり方を無視した」とシューメーカーは書いている。やがて、「コミュニティのリーダーを男性と定める憲法のもとで、セネカの政治体制は白人のものと似てきた」という。人類学者のエレノア・リーコックも、ヨーロッパ系アメリカ人は先住民のコミュニティと政治や軍事の取引をするとき、男性と話をするのを好んだと指摘する。だが、家父長制は一夜にして導入されたわけではない。何世紀にもわたって繰り広げられた闘いの産物だった。一九世紀にインドのケララ州で母系のナヤール族に起きたのと同様、家父長制は、既存の法律や慣習をゆっくりと少しずつ壊していった。「経済や政治のさまざまな施策によって、農業や商業での女性の経済的役割は小さくなり、女性の土地所有権は廃止され、女性は経済の世界から追い出され、法的立場も弱くなった。植民地化とともに、男性に対する女性の立場は急激に弱くなった」とリーコックは書いている。雇用パターンも変わった。女性は家庭にいることが奨励された。夫の収入に依存する女性が増えていった。

カナダのアルバータ州にあるレスブリッジ大学でジェンダー研究に携わるジョー＝アン・フィスクによれば、こうした女性の地位の低下は、チムシアン族でも見られた。チムシアン族とは、カナダのブリティッシュ・コロンビア州の北西海岸で、漁と狩りをして暮らす人々である。この地域が植民地化されるまで、チムシアンの人々は家庭生活と社会生活を区別していなかった可能性が高いとフィスクは考えている。ところが、女性は次第に、収入と自立の手段だった手工業から締め出されてしまう。貴重な毛皮などのヨーロッパ人との取引は、男性が独占するようになった。「最も苦労したのは夫を亡くした女性だった」とフィスクは言う。報酬を得られる仕事に就けなければ、「もはや部族のなかで権利を主張できなくなったからだ」。

歴史学者のデイヴィッド・ヴィーヴァーズは、帝政時代に絶大な権力を誇ったイギリスの在外企業が、男女を厳格に区別して植民地支配を行ったのは間違いないと主張し、次のように言う。「地中海東部沿岸地方からアメリカのバージニア州まで、さらにはマサチューセッツ州からインドネシアのスマトラ島まで、家父長制に基づくジェンダー秩序は世界中に広まり、各地に移植されていった」。

このようなジェンダー秩序の広まりは、過去二、三世紀のあいだに世界の人々にどんな影響を与えたのか。それを明らかにする研究は始まったばかりだ。ヨーロッパ人がイメージする理想の家庭を再現し、正しいとされる性行動を取るべきだとする圧力があった。それが「先住民の女性にとって制約となり、女性は政治に加えて、家族の財産や仕事に関する決定といった重要な問題に参加できなくなっていった」とコーネル大学の歴史学者、ドゥルバ・ゴーシュは書いている。植民地主義は「近代化」の名の下に、女性にかつてないほど厳しい束縛を課し、女性から徐々に権利を剝奪《はくだつ》し、財産、収入、権威を男性の手に移していった。

二〇世紀になると、アメリカ先住民の女性の手には、明らかに小さな権利しか残されていなかった。彼女たちの先祖が一五九〇年にセネカ・フォールズのような場所で享受していた権利よりも、はるかに小さなものだった。彼女たちが自らの社会で地位を失っただけではない。植民地化によって、先住民の社会そのものが地位を失った。先住民を白人のキリスト教社会に同化させ、彼らの文化や言語を奪うために、寄宿学校がつくられ、多くの子どもたちがそこに送られた。「母は文明社会を生き抜き、結局亡くなった」とアメリカ先住民のジャーナリスト、メアリー・アネット・ペンバーは書いている。彼女の母のバーニスは、ウィスコンシン州の寄宿学校に送られ、大人になってからもずっとその精神的な影響に苦しんだという。寄宿学校の教師は、生徒に何時間も激しい肉体労働を強制し、生徒を「汚らしいインディアン」と呼んだ。

北米各地のこうした学校でいかに残酷な虐待が行われていたかが、報告により最近ようやく明らかになってきた。

この不当な行為が引き起こした痛みは根深い。「彼ら植民者たちはもっぱら自分たちの利益のために、私たちのコミュニティから多くを取り上げました」とナバホ族の学者、ジェニファー・ネズ・デネットデイルは私に語った。彼女のコミュニティは、文化の変容に抵抗を続けてはきたけれど、意識的に思い出し、取り戻すべきことはまだたくさんあるという。「植民地化政策のもとで他文化を押しつけられ、今日の私たちはすっかり変わってしまいました。先住民の知恵も失われつつあります」。

近年、ナバホ・ネイションでは、おもにキリスト教徒の男性が指導者となり、アメリカ国内のほかの地域で見られる異性愛による家父長制を強化しようとしている、とデネットデイルは言う。一九九八年に、ある女性がナバホ・ネイションの大統領選への出馬を思いとどまるようにと言われた。女性は指導的な立場に就くべきではない——ナバホ族の女性、レノラ・フルトンは、コミュニティの男性からも女性からもそう言われたという。

＊

セネカ・フォールズのウェズリアン教会に隣接する博物館。新たに展示された三枚のバナーで、ホデノショニの女性たちのことがわずかに紹介されている。だが、彼女たちが本来助けてくれるはずの人たちに裏切られたことは、詳しく書かれていない。植民地主義のもとで彼女たちが受けた残酷な仕打ちについては、まったく説明されていない。ここは、アメリカの女性の権利獲得をめぐる物語の中心地ともいえる町だ。そんな町でも、事実が十分に語られることはない。女性の勝利がことさらに強調され、美しく彩《いろど》られる女性参政権の歴史には、ほとんどの人が認めたがらない厄介な側面がある。それは、家父長的な考え方は国家や制度に埋め込まれ、女性自身もそれに参加し、そこから恩恵を受け、それをしっかり守ってきたということだ。

こうした歴史を振り返ると、家父長制の誕生は、記録が残っていないはるか昔に世界のどこかで起きた大惨事などではなかったことがわかる。家父長制が自らのコミュニティに対してどのように強制されたかを思い出せる人が現在も生きているのだから、それはありえない。家父長制の侵略に抵抗している母系社会が今もあるのだ。

フリードリヒ・エンゲルスは「女性の世界史的な敗北」という言葉を口にしたとき、世界全体の家父長制ではなく、自分が暮らすヨーロッパの家父長制だけを見ていた。そのヨーロッパとは、誰もが覚えているかぎりずっと、男性が生活のほとんどすべての領域で大きな権力を握る社会だった。そんなヨーロッパの家父長制が一九世紀、世界各地に輸出されていったのである。だが、それでも依然として大きなジレンマが残る。社会はどうして男性優位の原則を中心に組織されるようになったのか。このように大きく歪《ゆが》んだ、性別に基づく抑圧の仕組みに、人々はどうやってたどり着いたのか。家父長制は、生物学的な必然ではなく、神聖な秩序でもないとしたら、いったい何なのだろうか。

ヨハン・ヤーコブ・バッハオーフェン、ルイス・ヘンリー・モーガン、フリードリヒ・エンゲルスは、死後も長いあいだ、この問題に影響を与えた。家父長が権力を握るまでは世界中の人々が女性をリーダーとし、母権社会を築いていたとする説は、決して消えることがなかった。消えるどころか、この説は、西洋のフェミニストや社会主義者の言説のなかで何十年も生き続け、さらに確かな歴史的裏づけが見つかるのを待っていた。

そして一九六〇年代、考古学者はついにそれを発見したと考えたのである。

第三章 起源

ピスタチオの木が点在する、土埃が舞う道を私は進んでいる。スーフィー［イスラム神秘主義者］の詩人ルーミーの廟《びょう》のある、トルコの古い大都市コンヤから、世界最古の都市と言われるチャタル・ヒュユクの遺跡に向かっているのだ。

この遺跡は理解するのが難しい場所でもある。集落のほとんどは、はるか昔に、アナトリア南部の乾燥した平原にある丘の下に埋もれてしまった。そのわずかな一部が発掘されて現れたのは、私たちが期待するルールに何一つとして当てはまらない社会だった。遺跡の端はふいに、洞窟《どうくつ》のように地中に広がる複数の層のなかに消えてしまう。「分岐した丘」を意味するチャタル・ヒュユクという名前は、発掘される以前のこの場所の形状から名づけられた。この集落では、四角い箱のような家々が隙間なくきっちり並んで建てられている。家の屋根は平らで、窓もドアもない。人々は天井に開けた穴から梯子《はしご》を使って出入りをし、建物のあいだを通るのではなく、建物の上を歩いていたらしい。古い住居の上に新しい住居が何層にも重なって建てられていた。

チャタル・ヒュユクが特別なのは、とても古い時代の遺跡であるからだ。この遺跡は旧石器時代の末期より後、少なくとも紀元前七四〇〇年以降のもので、新石器時代と呼ばれる時期のなかで、人類が文字を使うようになったとされる時期以前の居住跡である。つまり、エジプトで最初のピラミッドが建設される五〇〇〇年ほど前、イギリスでストーンヘンジがつくられる四〇〇〇年以上前ということだ。インダス文明のハラッパー遺跡よりもさらに古い。チャタル・ヒュユク遺跡は、中東の「肥沃《ひよく》な三日月地帯」、つまり世界初の農耕社会が生まれた地域にほど近いところにある。今では乾燥した土地のように見えるが、かつては魚や鳥が棲息《せいそく》する湿地があったのだろう。人々はベリー類を採取し、近くでヤギを放牧していた。家を建てるのには、粘土や葦《あし》が役立った。だが、人類史上、想像を絶するほど古い時代にもかかわらず、チャタル・ヒュユクはその社会も芸術も、複雑な様相を呈している。

何千人もの人がここで暮らしていた。家の壁には繰り返し漆喰《しっくい》が塗られ、その真新しい表面には生き生きとした壁画が描かれた。鮮やかな赤いフレスコ画には、小さな棒状の人物が巨大な動物を狩っている様子が描かれている。また、翼を広げたハゲワシが舞い降りてきて、頭のない死体を餌食《えじき》にしている場面もある。壁にはウシの頭部が埋め込まれ、カウボーイがいるアメリカの大牧場のインテリアのように角《つの》が突き出ている。

「周りに何もない平原の巨大な丘に、九〇〇〇年も前から、このように豊かな物質文化があったのです」とカリフォルニア大学バークレー校の人類学教授で、新石器時代のヨーロッパ考古学を中心に研究するルース・トリンガムは話してくれた。一九六一年五月に発掘が始まるやいなや、チャタル・ヒュユクは、地球最古と言われる集落で人類がどんな社会を築いていたかを理解しようとする人たちの関心の的になった。一九九七年、トリンガムはチームを率いて遺跡に向かい、そこでの生活の全貌《ぜんぼう》を明らかにするために調査を行った。

考古学者らの興味を惹《ひ》いたのは、建物やフレスコ画だけではなかった。それよりもはるかに小さなもの、私の手のひらほどの大きさの彫像に注目が集まった。それは今、アンカラのアナトリア文明博物館でガラスケースのなかの特等席に飾られ、〈チャタル・ヒュユクの座った女性〉として知られている。

チャタル・ヒュユクには、先祖を崇拝する儀式のようなものがあったと専門家は考えている。人々が暮らした住居の床下には、亡くなった先祖の遺骨がいくつも安置されていた。頭蓋骨《ずがいこつ》は時に取り外され、漆喰を塗り色づけまでして、人々のあいだを行き来していたようだ。この集落では、数百体の小さな彫像が発見されており、そのなかには明らかに人間の形をしたものもあれば、動物の形をしたもの、動物を擬人化したようなものもあった。だが、この地域や少し離れた場所にある新石器時代の遺跡で出土したものには、丸みを帯びた女性と思われる彫像が間違いなく多い。アナトリア文明博物館には、バーバラ・ヘップワース［二〇世紀のイギリスの現代彫刻家。抽象彫刻の先駆者］の作品のような小さな粘土像が何十体も収蔵されている。胴体は妊婦のようで、背中には骸骨の胸郭《きょうかく》が突き出ている像もある。だが、出土品のなかで〈座った女性〉ほど印象的なものはなかった。

この彫像をひと目見れば、その魅力がわかるだろう。頭は発見時に欠けていたので、復元しなければならなかったが、胴体の部分が多くを語っているため、ほとんど問題はない。一部の研究者は、この彫像を多産のシンボルと見ている。だが少なくとも私には、彼女が妊娠しているようには見えないし、特に挑発的とも感じられない。とても豊満で、身体の周りには肉のかたまりが滝のように流れている。両膝とへその部分には深いくぼみがある。これらは長い年月を生きてきたしるしのようにも見えるため、年齢を重ねた女性かもしれない。非常に際立っているのはその姿勢だ。背筋がしっかりと伸びている。座った腰の両脇では、ヒョウだろうか、二頭の大きなネコのような動物がまっすぐ前を見つめていて、彼女はそのうえに両手を休めている。

こうして見ると、〈チャタル・ヒュユクの座った女性〉の最も興味深い点は、すばらしく豊満な肉体ではない。二頭の生き物を従えているそのポーズである。動物や狩猟や死といったものにとらわれていたはずの社会で、彼女の姿からは驚くほど権威が感じられる。見方によっては、「家母長的」とさえ言えるかもしれない。

＊

チャタル・ヒュユクは一九六〇年代に発掘が始まるとまもなく、そこで発見された女性像に感激したニューエイジ信奉者や女神崇拝者にとって、巡礼地となった。はるか昔に平等な社会が存在した証拠が見つかったと信じて、アメリカやヨーロッパから人々が熱心に遺跡を訪れるようになった。女らしさを称賛し、「大女神《グレート・ゴッデス》」と呼ぶさまざまな形の女神を崇《あが》める人たちである。こうした訪問者は、少なくとも本人たちとしては、女性を最優先に扱う有史以前の都市を覗き見るための手段を見つけたと考えていた。昔は母権社会が一般的だったとする一九世紀の神話が復活しようとしていた。

アナトリアの女神ツアーに参加すると、必ずこのチャタル・ヒュユクに立ち寄る。最近、そうしたツアーの多くを主催しているのがトルコの経済学教授、レシト・エルゲネルである。エルゲネルは一九八〇年代に、この地を訪れたアメリカ人女性らとの出会いをきっかけに、女神の歴史に興味を抱くようになった。そして、数千年前にこの地域で崇拝されていた地母神《ちぼしん》のキュベレーなどの伝説を調べて、『地母神の国、アナトリア（*Anatolia, Land of Mother Goddess*）』という本を出版した。一九九〇年からは自らツアーを主催している。

「すっかり魅了されてしまいました」と彼は言う。「なぜそんなに興味をもったかというと、私のこれまでの人生が影響していると思います。私は子ども時代に強い女性に囲まれて育ちました。祖母も、母も、姉も、みんなとても強い女性でした」。

この地域の人々が伝統的に女神を崇拝してきたことは疑う余地がない。証拠はあちこちにあり、特に古い時代の証拠が数多く発見されている。ギリシャやローマの古い文献には、女神キュベレーが登場する。だが、ここで大きな疑問が浮かぶ。これらの女神は、はたして過去の日常生活における人々の社会関係を反映しているのだろうか。何が本当の歴史なのかという議論が生まれるのだ。ある社会が女神を崇拝し、多くの女性像をつくっていたからといって、女性が支配する社会だったとは必ずしも言えない。

チャタル・ヒュユクが母権社会だったという説を最初に唱えたのは、オランダ系イギリス人の考古学者、故ジェームズ・メラートだった。この説は今日まで根強く生き続けている。メラートのチームは、一九六〇年代初期の最初の発掘で、女性像を発見した。そこで、メラートはさっそく、人類学者のヨハン・ヤーコブ・バッハオーフェンや哲学者のフリードリヒ・エンゲルスが提唱したような古い神話をめぐるストーリーを構築した。メラートから見て、チャタル・ヒュユクは、彼らの説を考古学の面から裏づける確かな証拠だった。人類最古の社会は女性を中心に据え、女神を崇拝し、母系相続が行われていたと考えたのである。

メラートはすでにすばらしいキャリアを築いてはいたものの、「チャタル・ヒュユクはメラートの最も重要な発見だった」とのちに死亡記事に書かれている。チャタル・ヒュユクは彼の貴重な遺産となった。そして、彼にはそうなることがわかっていたのだろう。この集落は、古いだけでなく複雑だ。新石器時代の人々は割と単純な生活をしていたというそれまでの仮説を、ほとんど一挙に覆してしまった。そして、メラートはさらに踏み込んで、チャタル・ヒュユクは農村というにはあまりにも規模が大きく、洗練されており、都市と呼ぶべきだといい、その歴史的な重要性を強調した。

人類学者のルース・トリンガムによれば、一九六〇年代には、建築関係のあらゆる本の冒頭に、世界最古の都市チャタル・ヒュユクという記述があったようだ。そういう位置づけにしたのはメラートだった。いくつかの建物は、日常の住居というにはあまりにも凝った装飾が施《ほどこ》されていると彼は主張した。寺院や聖堂のようにも見えるという。「メラートにとっては、名を揚げるチャンスでした。この題材に大いに興奮していました」とトリンガムは言う。メラートは、壁画には雄牛や雄羊を出産する女神が描かれており、ハゲワシを連れた女神の姿も見えると解釈した。

そして、「最上位の神は大女神《グレート・ゴッデス》だ」と結論づけた。

メラートはこの遺跡をあたかも神聖な場所であるかのように扱い、その歴史的価値を一段と高めた。「たちまち、『聖堂』『寺院』『女神』といった刺激的な言葉が出てくるようになり、それは今でも続いています。ここはある種の宗教的な中心地のようになり、それらが流行語のようになりました」とトリンガムは言う。やがて噂《うわさ》が広まり、世界中から熱狂的な関心が集まるようになった。「女神の聖地のように思われるようになりました……とても有名でした。女神によって有名になりました」とトリンガムは言い、彼女がチャタル・ヒュユクで発掘作業を行った一九九〇年代になっても、崇拝者が時折やって来ては、礼拝や瞑想《めいそう》をしていたと語った。そして、「そういう訪問者には丁寧《ていねい》に接して、自由に踊りや儀式をしてもらいました」と苦笑いを浮かべた。

人が押し寄せたのも無理はなかった。さまざまな発見に関するメラートの説明は、極めて魅力的だった。一九六四年の「サイエンティフィック・アメリカン」誌の記事で、彼は発掘作業を始めた頃を振り返って、誇らしげにこう書いている。「一〇日後、人工の壁に描かれた新石器時代の壁画が初めてあらわになった。チャタル・ヒュユクが普通の遺跡でないのは明らかだった」。さらに、彼はこの遺跡について、「大規模に経済が発展し、特殊な工芸品がつくられ、宗教が豊かに開花し、驚くほど芸術性が高く、優れた社会組織をもったコミュニティ」だと評している。

記事には〈チャタル・ヒュユクの座った女性〉の写真が掲載され、そこには大文字で「女神の像」とはっきり書かれていた。

次々と発見があった。一九九〇年代、トリンガムと同僚らはチャタル・ヒュユクで一軒の住居を発掘するのに七年もかかった。それに比べて、メラートは一九六〇年代に、わずか三シーズンで一〇〇軒以上の建物を発掘したという。「発掘のスピードは相当なもの」で、メラートは細部ではなく、とにかく全体像を把握しようと考えていたようだ。「集落のパターンだけを知ろうとしたのでしょう」とトリンガムは言う。そのためには、できるだけ遺跡の多くの部分を俯瞰《ふかん》的に眺める必要があった。

ところが、こうした考古学における熱狂は、始まったときと同様、あっという間に消えていった。一九六五年に入るとまもなく、メラートの発掘は終了した。工芸品の紛失と偽造の容疑で、トルコ政府が彼に遺跡への立ち入りを禁止したのだ。二〇一二年、メラートが亡くなると、彼は自分の発見を誇張《こちょう》し、自説を裏づける証拠を捏造していたのではないかという噂が広まった。だが、彼の最終的な評価にかかわらず、チャタル・ヒュユクでの彼の発掘には真の発見があり、それが過去を塗り替えるきっかけとなったのは明らかだった。この遺跡は、新石器時代の人々に関する研究者の思い込みに大きな変革をもたらした。これほど豊かで複雑な集落が存在したのなら、もはやこの時代を単純で原始的と見ることはできなくなった。

だが、メラートの影響は考古学に留まらない。チャタル・ヒュユクをめぐって、女性の歴史に関する物語全体が構築されることになった。メラートは、先史時代に母権社会が広く存在していたという説を支持していた。彼の説明は、人類のルーツにおけるジェンダーと権力に関する二〇世紀後半の人々の考えを形づくることになった。

やがて、メラートの研究は、考古学以外の分野でも著述家や思想家の注目を集めるようになる。それは、アメリカの歴史学者であるアン・ルーエリン・バーストウが、一九七八年に「フェミニスト・スタディーズ」誌に執筆した記事によるところが大きい。彼女は記事のなかで、メラートと交わした会話の一部を紹介している。そして、メラートの発見によって、組織的宗教と都市文明が発祥したとされる時期が三〇〇〇年早まったと説明した。この新しい歴史のなかで、女性は主役として、中心的な役割を果たしていた。「新石器時代の社会で、女性がいかに高い立場にいたか。メラートはそれを論証した」とバーストウは書いている。チャタル・ヒュユクが攻撃され、そこに暮らしていた多くの人が虐殺されたり暴力を受けて死亡したりしたという痕跡はない。少なくとも、これまでの発掘ではそうした証拠は見つかっていない。つまり、この「女性崇拝」を特徴とする新石器時代のコミュニティは、その後の社会よりもはるかに平和だったとバーストウは考えていた。

しかし、こうした注目にもかかわらず、不安を募らせる専門家もいた。結論を急ぎすぎているように感じられたからだ。一九世紀に喧伝された母権社会をめぐる説は、すでに根拠が不十分だと考えられていた。チャタル・ヒュユクの発見だけで、それをよみがえらせていいのかわからなかった。

〈座った女性〉の像は女神を表しているのか、多産のシンボルなのか、実在の人物を忠実に表現したものなのか、それともまったく別の何かを表現しているのか。本当のところは誰にもわからない。ツアーガイドをしてくれたレシト・エルゲネルに、〈座った女性〉が何に見えるかと尋ねると、彼は笑ってこう答えた。「個人的には、私の祖母ですね！」——間違いなく、ほかのどの説明よりも正しいと言っていいだろう。チャタル・ヒュユクの住人がなぜ遺体から頭蓋骨を取り外して回覧したのかは、専門家にもわからない。住居のなかで、なぜウシの角を壁や台に埋め込んでいたのか、その理由もわかっていない。どんなに優れた研究者も、工芸品や埋葬のパターンから、昔の人が何を考えていたか、知識をもとに推測することしかできないのだ。「考古学上のデータを完全に解釈できることはめったにありません」とルース・トリンガムは釘《くぎ》を刺す。学者は自分が知らないことに謙虚でなければならない。「先史時代にさかのぼるほど、ますます難しくなります。文字で書かれた情報はありませんし、あったとしても曖昧です」。

限られたデータから意味を読み解く権限は、遺跡をいちばん深く理解している人物、つまり考古学者の手に委《ゆだ》ねられている。この場合、それはジェームズ・メラートだった。その彼がひとたび女神という説に焦点を合わせれば、ほかのすべては、それと同じ歴史の説明のなかにはめ込まれてしまう。一貫した物語のようなものをつくることが期待されてしまう。母権起源説は、こうして具体的な形を取っていったのである。

懐疑的な見方は常にくすぶっていた。だが一方で、そういう歴史の物語に命を吹き込みたいと考える人たちも大勢いた。一九七〇年代から八〇年代にかけて、関連書籍が次々と出版されベストセラーとなり、先史時代の社会は女神を崇拝し、女性が主役だったとする考えが大きなうねりとなって広がった。その頃には、それが真実かどうかは関係なく、フェミニストや研究者たちも同じくこの説に夢中になっていた。

*

男性神が生まれるより前に女神がいた——そう主張する人たちがいる。

美術史家で彫刻家だったマーリン・ストーンは、一九七六年の有名な著書『パラダイス文書（*The Paradise Papers*）』で、昔は女性の「儀式（rites）」が厳しく禁止されていたことと、現代になると女性の「権利（rights）」が失われたことを対比して描いた。紀元前七〇〇〇年頃の新石器時代初期から、紀元後五〇〇年頃に「最後の女神の寺院が閉鎖される」までは、「神聖な女性の先祖である大女神」が崇拝されていたとして、彼女は「そうした女神の記録は、シュメール、バビロン、エジプト、アフリカ、オーストラリア、中国に残されていた」と書いている。また、社会科学者のリーアン・アイスラーも、一九八七年に初版が刊行されベストセラーとなった著書『聖杯と剣（*The Chalice and the Blade*）』のなかで、フリードリヒ・エンゲルスの有名な言葉を借りて、遠い昔に「女性の世界史的な敗北」となった「激動の転換点」があったと述べている。

昔は母権社会だったという考え方は、一九世紀後半と同様、二〇世紀後半にも一部のフェミニストのあいだで広まった。ストーンやアイスラーのような著作家が語った壮大な説明は（少し極端すぎる面もあったかもしれないが）、平等な権利を求めて闘った先駆者を歴史のなかに求める女性たちにすんなりと受け入れられた。アメリカの活動家グロリア・スタイネムも、その説をすぐに支持した一人だった。「かつてこの世界の多くの文化は、すべて女性が支配していた」と彼女は書いている。スタイネムは、ニューヨークの民族学者、ルイス・ヘンリー・モーガンの意見に賛成し、こうした社会で男性の存在感が薄かったのは、父性がまだ認識されていなかったからだとつけ加えた。女性は出産能力をもつため崇拝され、優れていると考えられていた。

ストーンやアイスラー、スタイネムは、考古学と人類学を深く掘り下げて、広く散らばった人類の過去の証拠を丹念に調べている。いずれも普遍的な女性の力というものが単なる想像の産物ではないという主張を展開し、人気を集めた思想家だった。女性の力は、人類の先史時代を形づくった、現実的で具体的なものだった。彼女らの著書や記事は、〈チャタル・ヒュユクの座った女性〉のような古い女性像を大きく取り上げたほか、古代のクレタ島やエジプト、ギリシャの魅力的な出土品をいくつも紹介している。男性優位の文化がなぜ、どのように生まれたのかを欧米のフェミニストが解明しようとするなかで、一九世紀の論争が再び沸き起こったのである。

答えは太古の時代にあるはずだと彼女たちは考えた。そしてついに、確かな科学的証拠が見つかったと思われたのである。

この論争に加わった考古学者はほかにもいた。ジェームズ・メラートがチャタル・ヒュユクをめぐる壮大な物語を明らかにしたのに対し、同じく伝統的な考えを否定して物議を醸《かも》した研究者が、すべてを結びつける幅広い証拠を示した。彼女の名前はマリヤ・ギンブタス。一九二一年にリトアニアで生まれ、その後、西洋のニューエイジ思想の中心地、アメリカのカリフォルニア州に移住した研究者である。彼女はヨーロッパ南東部にあるドナウ渓谷《けいこく》で見られる、紀元前六〇〇〇年頃からの新石器文化を何十年もかけて研究し、この時代のこの場所を〈古ヨーロッパ〉と呼んだ。そして、考古学上の発見とヨーロッパの神話や言語から導いた証拠を結びつけて、母親と女神崇拝に焦点を当てた文化パターンのようなものを浮き彫りにした。

ギンブタスは、リトアニアの豊かな民話や超自然的な力をもつ女性に関する空想物語を聞いて育った。たとえば、ロシアの民話には、魔女と思われる〈バーバ・ヤーガ〉という女性が登場するが、これは死と再生をつかさどるスラブの女神だとギンブタスは言う。ケルト文化では、女性は比較的高い地位に就き、戦うことで知られていた。彼女が集めた物語の多くでは、女神や魔女、あるいは超自然的な力をもつ女性は、ハゲワシやカラス、ヤギなどの生き物に変身すると描かれている。バスク神話では、女性預言者とみなされる〈アンドレ・マリ〉は、たいてい鳥の姿をしていた。

長く失われていた過去のさまざまな痕跡が、ギンブタスの目の前で一つにまとまった。彼女の著書には、らせんやジグザグの模様が施された、ヒップの丸い女性像のイラストが数多く掲載されている。そうした模様や形は女らしさの象徴だと彼女は信じていた。神話の手がかりと考古学から得た根拠の両方を考え合わせると、先史時代には、女性の生活は現在とは大きく違い、厳しい家父長制はまだ存在していなかったように見える。そう考えるに至ったギンブタスは、女神崇拝の動きを知的側面から後押しする役割を担うようになった。

ギンブタスの最後の著書『生きている女神（*The Living Goddesses*）』は、彼女の死の七年後、二〇〇一年に出版された。同書は、考古学と神話に強い関心をもつ言語学者で、当時カリフォルニア大学ロサンゼルス校で教鞭《きょうべん》をとっていたミリアム・ロビンス・デクスターが編集したもので、ギンブタスがキャリアを通じて集めた考古学や神話のデータをまとめた本だった。それらのデータは、ヨーロッパがもともと母系社会だったことを示しているとギンブタスは確信していた。

「彼女はよく、自分はフェミニストではないと話していました」と、ギンブタスを一九六〇年代後半から亡くなるまで知っていたデクスターは言う。さらに、「マリヤは一九七〇年代までは、正統派と言われる考古学の研究をしており、証拠がすべてだと考えていました」と言う。

「私もそうですが、彼女が研究で意識していたのは、ほかの研究の一歩先を行くことです。そして、マリヤはこれら「〈古ヨーロッパ〉の母系的な文化」を発見して驚いたのです。ギンブタスは〈古ヨーロッパ〉の社会を、必ずしも母権社会とみなしていたわけではない。だが、女性を軸にした平等な社会だったのは間違いないと考えていた。「大きな存在感を放っていたのは、女性の力だった。古ヨーロッパ全体で、母親や母と娘のイメージが強く、のちの時代に広く見られる父親のイメージは見当たらない」と彼女は書いている。この解釈はまたたく間に受け入れられ、大衆に広がった。リーアン・アイスラーは著書『聖杯と剣』のなかで、次のように書いている。「新石器時代の女性中心の（ないしは〈女神〉を基礎とした）宗教の存在を立証する女性小像やその他の考古学的記録の発見が、ただそれらのカタログをつくるだけでも数巻の書物を要するほどにおびただしい」。

それは、フェミニストにとって魅力的な歴史だった。だがデクスターが言うように、ギンブタスにとって、これは決して政治的な問題ではなく、発見した事実にすぎなかった。それでも彼女は自分の研究が熱狂的な人気を得たことには、いささか驚いていた。「本のサイン会を開いたときのことです。二階建ての教会を借りたところ、満員になり通路にも人が座っているありさまでした。マリヤは自分の研究がそんなにも歓迎されていることを知らなかったのです。世間に受け入れられるかは気にせず、研究に没頭していましたから」とデクスターは話す。

彼女の考えが大きな人気を集めたため、「ニューヨーク・タイムズ」紙は一九九〇年、「素朴で美しい女神理論が旋風を巻き起こす」という見出しで記事を掲載した。その頃にはすでにがんを患《わずら》っていた六八歳のギンブタスは、女性の権利を主張する活動家のヒロインとして紹介され、近年まで証明されていなかった神話や漠然とした理論だったものに、「科学の刻印と歴史の保証」を与えた人物だと評された。彼女の著書を刊行した出版社は同紙に対して、ギンブタスは「フェミニストが真実であれと願ったことが実際に真実であること」を人々に証明したと語っている。

*

女性の歴史に関して新たに生まれた壮大な物語のなかで、女神は前半部分にすぎない。古ヨーロッパが平等で、平和で、神聖な女性を中心とする社会だったのなら、いつからすべてが変わったのだろうか。現在のような家父長制は、いつ始まったのだろうか。

これについて、ギンブタスは、フリードリヒ・エンゲルスの霊が乗り移ったかのように、はるか昔に「女性の世界史的な敗北」があったという彼の主張をそのまま繰り返し、実際に激動の転換点があったのだと主張した。三〇〇〇年前から六〇〇〇年前にさかのぼり、その頃、古ヨーロッパの平和な社会が、黒海の北にあるロシアのステップ［草原］地帯から来た侵略者に暴力で制圧されたと彼女は論じた。ギンブタスによれば、この侵略者は何よりも争いと戦いを好んだ。彼らがやって来たとき、まさしく文化の乗っ取りが起きた。これこそが、エンゲルスの理論による男性支配が始まった決定的瞬間だったと彼女は主張した。

ギンブタスは、ステップ地帯からやって来た侵略者は〈クルガン〉文化に属すると説明した。クルガンとは、死者が武器と一緒に埋葬された古墳のような墓を意味するロシア語である。考古学的には、彼らは遊牧民族で、馬に乗り、やがて一人乗りの二輪戦車にも乗ったことがわかっている。家畜も飼っていた。古ヨーロッパの特徴が平和と美しい陶器の製造だったのに対し、この人々は「支配者である戦士のカースト」をつくり出し、破壊をもたらしたとギンブタスは書いている。女性による相続が行われ、家族内で女性が尊敬された母系制は、家父長制に取って代わられ、女性は従属的な立場に追いやられた。

彼女の説によると、クルガン文化は、東はインド、イラン、東トルキスタン、反対側はヨーロッパを経由してはるばるイギリスやアイルランドにまで広がっていた。これらすべての地域で言語に共通のルーツが見られることから、そうした文化の存在がわかるという。言語学者は少なくとも一八世紀末以降、この広大な地域で数十億の人々が話す言語（スペイン語、フランス語、英語、ペルシャ語、ヒンディー語、ドイツ語など）に、共通の単語と文法があることに気づいていた。これらは「インド・ヨーロッパ」語族と呼ばれている。ミリアム・ロビンス・デクスターの説明では、それらの言語は共通の祖先にあたる言語をもち、その失われた言語の痕跡は、古代インドのサンスクリット語に、さらにはアナトリアやドイツの古い言語に見ることができるという。

ギンブタスによると、クルガンは自らの言語をステップ地帯からヨーロッパとアジアに広めただけではない。自らの家父長的な文化を持ち込み、拡大の過程で出会ったほかの文化を同化させ、破壊した。彼女はこの変動の証拠を、紀元前一六〇〇年前後に栄えた古代ギリシャ初期のミケーネ文明のなかに見出した。ミケーネ文明ではさまざまな女神が崇拝され、たくさんの女性像がつくられたが、それは社会的変化の幕開けの時代でもあったという。ユーラシア大陸のステップ地帯からインド・ヨーロッパ語族がやって来たことで、変化が生じたと彼女は主張した。紀元前五〇〇年頃、つまり現在、私たちが文学や芸術のなかに認める古代ギリシャの古典期には、そうした大きな変動はすべて終わった。その結果どうなったかは、古代ギリシャの伝説を見ればわかる。天の神々の最高位に就いたのは、ゼウスのような男性神だった。「男の主神であるゼウスは、インド・ヨーロッパ語族の典型的な戦士の神に由来していた」と彼女は説明した。

女神は完全に姿を消したわけではないが、家父長的な文化に即した姿に変化した。「ギリシャの女神は……妻や娘として男性神に仕えるようになった」とギンブタスは書いている。女神の存在は古代ギリシャ文化にも残っていたが、以前の姿は影を潜《ひそ》めた。女神は強い力をもった男性神に従い、性的な魅力を感じさせ、弱々しい一面さえあったと彼女は言う。「インド・ヨーロッパ語族の女性像は、とても自然主義的で、あまり擬人化されていませんでした」とデクスターは語り、一方で、「それ以前の像の多くは大女神でした。アプロディーテー、アルテミス、アテナのような大女神です。インド・ヨーロッパ語族の文化で見られる大女神は、すべてそれらに由来するもので、その力強い存在感は、明らかに時代とともに失われていきました」と話す。

天空の世界は、地上で起きていたことを反映していた。女神が男性神に押しのけられたのと同様、人間の女性は男性に権威を奪われていった。古代アテネでは実際、上流階級のギリシャ人女性は、家庭内に引きこもり、公《おおやけ》の場や知的生活から追放された。「ギリシャ神話では、ゼウスは数百人もの女神や妖精《ニュンペー》をレイプし、ポセイドンはデメテルをレイプし、ハデスはペルセポネをレイプしている。神の世界でのこうしたレイプは、家父長制社会への移行期に起こった古ヨーロッパの女性に対する残酷な仕打ちを表現していたのかもしれない」とギンブタスは書いている。

先に挙げた著作家のマーリン・ストーンも、一九七六年の著書『パラダイス文書』で、この宗教上のテーマを取り上げている。そして、ユダヤ教やキリスト教などの一神教の信仰が広まるにつれて、女神は自然崇拝、魔術、性に対する寛容と結びつけられ、異教の偶像として非難されるようになったと主張した。紀元前九〇〇年頃に書かれたと言われる旧約聖書の『創世記』にも、それがよく表れている。エデンの園で罪を犯したイブは罰せられた際に、「あなたは夫を求め、夫はあなたを治める」と言われた。この言葉は、家父長的な考え方が固まるにつれて、女性がいかにひどい扱いを受けていたかをよく示していた。

こうして眺めると、ギンブタスらが示した歴史の説明は、ある程度、筋が通っているように見える。少なくとも、さまざまな事実の整合性は取れていた。問題があるとすれば、少々整いすぎているように感じられることだ。現代でもそうだが、社会の変化がこれほど単純であることはめったにない。ギンブタスやアイスラーやストーンが描いた物語には、女性たちが抵抗や反撃をした可能性を含める余地がほとんどない。一九世紀から二〇世紀にかけて、アジアの母系社会が植民地支配によって支配者のジェンダー規範を押しつけられ、それに抵抗したように——。家父長制が広まった唯一のきっかけは本当に暴力だったのか。暴力によって達成されたのであれば、なぜ数千年もかかったのか。もっとさりげない方法で支配が行われたのではないか。女性はそれにまったく関与しなかったのか。女性だけが被害者で、男性だけが加害者だったのか。

穏やかで、芸術を愛し、女神を崇拝するコミュニティが、男性神を崇拝し、男性の家長が支配する軍国主義的な文化に、残酷なやり方で取って代わられた——そんな女性の敗北を描いた壮大な物語は、もし小説家が書いたのであれば、これほどドラマチックなものはないだろう。だが、この説に公然と疑問を唱える者たちは大勢いた。その一人が、チャタル・ヒュユクで発掘を行った人類学者、ルース・トリンガムである。彼女は、ジェームズ・メラートとマリヤ・ギンブタスが曖昧としか思えない証拠を使って物語をでっち上げていると批判した。ギンブタスの研究を利用したり、引用したりすることはもうほとんどないと彼女は言う。

とはいえ、トリンガムも、ギンブタスが意図的に人々を騙《だま》そうとしたとは思っておらず、「本当にそう信じていたのでしょう」と言う。ギンブタスが展開したのは、単なる考古学の理論ではなかった。家父長制がヨーロッパやほかの地域でどのように生まれたか、その歴史の一部始終をできるかぎり壮大な言葉で説明しようとするものだった。トリンガムは次のように語った。「彼女はチャタル・ヒュユクでの発見に注目し、それを変容させました。それは、メラートがしたこと以上に大きな影響をもたらしました。古ヨーロッパと呼ばれる社会が、母親と女神を中心としていたと位置づけ、それが単に変化したのではなく、別のものに取って代わられたと主張したのです」。

「神話の観点から物事を考えるのは有効だ」と、文学の教授であり神話学者だった故ジョーゼフ・キャンベルはかつて言った。「神話と夢はもともと同じものである。ある種の認識が象徴的な形で表れたもの、それが神話であり、夢なのだ」。

*

カリフォルニア州のクレアモント大学院大学に所属する宗教学者、シンシア・エラーによると、神話に科学的根拠や物質的根拠が乏しいからといって、それにまったく価値がないということにはならない。私たちはそれでも、神話というレンズを通じて、人間の夢や希望を見ることができるからだ。エラーの著書『母権的な先史時代という神話（*The Myth of Matriarchal Prehistory*）』は、キリスト教徒が大部分を占める欧米諸国で女性たちのあいだに見られる、現代の女神崇拝の現象を掘り下げて論じている。エラーは、新石器時代に女性が支配権を握り、女神を崇拝する社会が存在したとは考えていない。一方で、女性中心の社会が存在した可能性がどんなに低くても、そうした過去を想像する余地があることには意味があると認めている。「それはミソジニーに対する一つの反応であり、止めるべきではありません。男性が支配する、家父長的社会に育った女性にとって、別の社会を鮮やかに思い描けるというだけでワクワクするものです」と彼女は言う。また、何が可能だと考えるか、その新たな境界線を引くうえでも、こうした神話は役立つだろう。既成の宗教が、根拠がないけれど感動的なたとえ話をするのと同じである。教訓となる話が言葉どおりの事実ではないとわかっていても、私たちはその教訓とそこから湧き起こる感情を大事にする。

母権神話の登場は、現代になってからのことだ。それがどこから生まれたのか、起源をたどることは可能であるため、ほかの神話と比べれば誤りを指摘しやすい。だが一方で、母権神話には人の心に訴えかける力がある。「感情を揺さぶる力があることを理由に、そうした物語は重要だと言う人たちがいます。私自身、それはすばらしいことだと思います。さまざまな社会を幅広く選択できる可能性を示すのは重要です。家父長的な狭苦しい社会に暮らしているのなら、なおさらです」とエラーは言う。「多くのフェミニストにとって大きな価値があります。たくさんの希望を与えてくれましたし、前例があるという感覚をもてました」。

このように、私たちは歴史に前例を求めている。今とは違う社会が存在しうると信じられる確かな根拠を求めている。だからこそ、昔は女性優位な社会が一般的だったという神話のような説が、今でも根強いのかもしれない。逆に言えば、今より平等な未来を思い描くことがいかに難しいかを物語っているとも言えるだろう。こうした歴史が真実だとすれば、女性はリーダーになれない、ジェンダー平等は不可能だという性差別主義者に対するわかりやすい答えになる。だから、マティルダ・ジョスリン・ゲージのような女性参政権論者は一九世紀、母権社会が存在したという説を大いに歓迎した。だがエラーから見れば、神話が安心感を与えてくれるとしても、根拠が曖昧だったり、一部の学者がマリヤ・ギンブタスの研究に関して主張するように、根拠がないも同然だったりするのなら、それを明らかな真実とするにはやはり問題がある。

「それをあたかも歴史のように装い、歪んだ歴史をもとに世界を変える計画を立てる。それが問題なのです」とエラーは言う。

さらに、女神を崇拝する女性中心の先史時代があったという説を支持する女性には、そうするだけの理由がある、とエラーは続ける。事実でないかもしれないと素直に認める人もいるが、「何とかして世界を変えたいと思い、政治的な理由でこの説を支持する人にとっては、歴史の前例を手放すのは難しいでしょう。重要な拠《よ》り所《どころ》がなくなりますから」と彼女は言う。先史時代に母権社会が存在しなかったとしたら、将来、女性が権力を握ることができるという彼女たちの信念が揺らいでしまうのだ。

神話には、ほかにも厄介な側面がある。ジェンダーに関する特定の考え方と深く結びついていることだ。エラーによると、女神崇拝に関する欧米の書籍の多くは、女性は自然とつながりの深い養育者、それに対して男性は自然を破壊する者、ひいては女性を破壊する者だと強調している。男女は正反対か、あるいは互いに補い合う性だとされ、重なり合う特徴をもった多様な個人としては決して描かれない。西洋の女神崇拝の神話には、ヒンズーの女神カーリーのような、血に飢えた乱暴な女神が入り込む余地はほとんどない。女性には男性にない長所があるため、女性が率いる社会には強みがあり、反対に、男性には女性にない暴力性があるとする。

たとえば、リーアン・アイスラーは著書『聖杯と剣』で、女性を「聖杯」、男性を「剣」にたとえて対比させ、女性を豊かな杯《さかずき》のような「生命の源泉によって象徴される、生み育て創造する自然の力」だと言い表している。そして、先史時代の女神崇拝の社会は、平和を愛し、戦いを嫌う、調和のとれた社会だったと説明したうえで、女性は本質的に平和と平等を大事にするため、現代の社会は女性が実権を握ればもっとよくなるはずだとほのめかす。マリヤ・ギンブタスが主張した、ステップ地帯からやって来た男性優位の侵略者は、女と「優しく『女々しい』男」を奴隷にしたとさえアイスラーは指摘する。彼女のストーリーは、男女に関する狭いステレオタイプに基づいていた。

「こうした考え方は、欧米のフェミニストを魅了してきた神話や物語に大きな影響を与えたように思います。根底にあるのは、男女を完全に対立するものだとみなす二元論です」とエラーは指摘する。マティルダ・ジョスリン・ゲージやエリザベス・キャディ・スタントンなど、一九世紀のアメリカで女性の権利獲得を目指した活動家たちも、「男女は異なる性質をもつという見方を理論の拠り所としていた」とエラーは書いている。さらに、女性らしさを、「男性らしさよりもとにかく優れていると考えていた。そのため、新しい社会秩序をつくるには、女性が支配したほうが道徳的に好ましいと彼女たちは考えていた」とも言う。

アメリカのジェンダー論の理論家であるジュディス・バトラーの考えもエラーと同じだ。先史時代は母権社会だったと信じる人々は、女性とその経験を単純化して説明しようとするあまり、男女の違いが本当はいかに複雑かを見過ごしていることが多いという。単純化によって、世界中の女性は「女性とはこうあるはず」という型にはめ込まれ、個人が必ずしもその定義に当てはまらないことが明らかになると、不快な緊張を強いられる。フェミニズムを研究するほかの学者らも指摘してきたとおり、このようなジェンダー本質主義は、女性にも残酷さや暴力性があることには目を向けようとしない。男性にも子どもを育て、創造する力があるのに、それには目を向けない。「フェミニストは想像上の過去に頼りがちだが、そこは慎重になるべきだ」とバトラーは言う。私たちが「男らしい」「女らしい」と定義する性質は、社会や文化の力によって形づくられる。だとすれば、ジェンダーに関して一九世紀の欧米で信じられていたいささか疑わしい考え方を、数千年前にまったく異なる社会で暮らしていた人々が同じように信じていたとする根拠はない。

ところが、フェミニズム運動が押し寄せてくるたびに「女性ならではの特性」という概念が生まれてくる、とエラーは言う。女性が軽んじられていた社会では、それも無理はない。それが誇りと自信を取り戻す方法だった。それこそが女性に権利を与えることと同義だと言う人もいる。だが、そうした「特性」が、女性を「男らしさ」とされる性質から遠ざけ、「女らしさ」という窮屈な規範をつくり出し、新たな束縛を強いることがわかると、亀裂が生じてしまう。結局のところ、「大女神《マザー・ゴッデス》」という概念の背後には、献身的に養い育てる女性の原型がある。女性のおもな役割は出産と人の世話をすることだという期待がある。そして今、この一連の期待はすべての女性に当てはまるわけではなく、多くの女性にとって重荷であることが明らかになっている。

*

マリヤ・ギンブタスの説に対する懐疑的な見方は、ますます強まっていった。彼女の研究が女性の権利活動家や女神崇拝者、ニューエイジ信奉者のあいだで流行すればするほど、学者仲間のあいだでの彼女の評判は落ちていった。

彼女の研究は、現実ではなく願望に基づいているのではないかという疑いがあった。チャタル・ヒュユクの小像を研究したスタンフォード大学の考古学者であり、人類学者でもあるリン・メスケルは、ギンブタスは読者が真実であってほしいと望むことを中心に理論を構築したと書いている。彼女の説は「社会のユートピアを探し求める現代の動きを反映した理想主義的な創作」であり、家父長制が存在しなかった過去を見つけたいという、心の奥底の願望を表したものだという。人々が先史時代の女神に興味を抱いたのは、学問的な理由からではなく、「数千年にわたるミソジニーと疎外の結果を是正したいという願望」によるものだという。

メスケルのギンブタスに対する批評は、ほかの学者と比べればむしろ寛容だった。ギンブタスの晩年から死後にかけて、彼女の理論をフェミニストのためのおとぎ話にすぎないと切り捨てる批評家は増え続けていった。「よく理解していない大勢の人たちが、反ギンブタスの流れに飛び乗ったのです」と、ギンブタスの元同僚で、彼女に対する辛辣《しんらつ》な攻撃が数十年続いてもなお彼女を慕《した》うミリアム・ロビンス・デクスターは語った。「今もそのようなことを書き、彼女を馬鹿にし、古代の女性像について執筆する私たちを馬鹿にする人たちが大勢います」。

ギンブタスの最大の問題は、考古学や神話のデータをあまりにも幅広く解釈したことだった。

女神は「生命、死、再生のあらゆる段階を体現している」と、彼女は著書『生きている女神』で述べている。たとえば、彼女は水を表すシンボルのなかに、水蒸気と、生命を吹き込む女神の力とのつながりを見出した。遺跡で発掘された穀物の種子には、子宮で育まれる新しい命を感じた。彼女にとって、ウシの頭と角は子宮と卵管で、三角形の印は女性の外陰部だった。ペニスの形をした石のなかにも女神を見て、男性の力が女神と結びついていると解釈した。フェミニストの歴史学者であるキャロル・パトリス・クライストがかつて語ったところによると、ギンブタスはすべてのものを女神とみなしていた。「鳥と逆V字型、Vの字、水、小川、ジグザグ模様、Mの字、川の蛇行と水鳥、乳房と両目、口とくちばし、紡績工《ぼうせきこう》、金属加工職人、作曲家、雄羊、網、3という数字がもつ力、女性の外陰部と出産する者、シカとクマ、蛇」とクライストは列挙している。挙げようと思えばさらに挙げられただろう。

　ギンブタスの解釈を称賛する者がいる一方で、彼女の説を真《ま》に受けるのは危険だと感じる者もいた。アメリカ人のある男性考古学者は、彼女の研究は本物の学問というより、大衆向けにつくられた「肩の凝《こ》らない読み物」のようだと私に言った。遺跡のツアーガイドと著作業を兼業するレシト・エルゲネルでさえ、彼自身はアナトリアの女神に関する説明に魅せられているが、限度があると感じているとして、こう語った。「確かにたくさんの女神がいました。でも、あらゆるもののなかに女神を見る人たちがいます。古いもの、歴史あるもの、それらは何でも女神に違いないというわけです」。

　一部では、ギンブタスに対する反発はさらに激しくなっていった。一九九九年に発表されたある辛辣な記事のなかで、カリフォルニア州立大学の古典学者であるブルース・ソーントンは彼女の研究について、「空想に基づく解釈と証拠を超えた飛躍に満ちている……最初から正しいと決めてかかり、不利な証拠には目を向けず、前提条件を吟味《ぎんみ》せず、証明すべき結論を前提にしている。見た目は壮大だが疑わしい」と評している。さらに、彼女の説は「よく言えば宗教的、悪く言えば非合理的」だと述べ、そんな説を受け入れているとして、女神崇拝者だけでなくフェミニストや女性学の研究者全般をも非難した。啓蒙主義の伝統である自由主義と合理主義によって、女性の生活は改善したと考えていたソーントンは、それを認めず先史時代の女神神話に傾倒したり、神話の過去のほうが女性は幸せだったと主張したりするのは、「偽善であり恩知らずだ」と言った。

　マリヤ・ギンブタスは間違っているだけではない、感謝の気持ちが欠けていると、ソーントンは指摘した。

　忘れられがちではあるが、「昔は母権社会だった」と推論した研究者は、ギンブタスが初めてではない。じつは、一九六〇年代に母権神話を意図的に再燃させたのは、ジェームズ・メラートだった。さらに、メラートよりずいぶん前に、ヨハン・ヤーコブ・バッハオーフェン、ルイス・ヘンリー・モーガン、フリードリヒ・エンゲルスも同様の主張をしていた。一方で、考古学と人類学の歴史を振り返ると、これらの分野では多くの男性研究者が、先史時代は厳格な家父長制だったという仮説を立ててきた。そのいくつかは、母権社会に関する仮説と同じくらい根拠がない。それなのに、これまでギンブタスほど笑いものになった人物はいなかった。

ギンブタスに批判が殺到した理由をミリアム・ロビンス・デクスターに尋ねたところ、一部の人がギンブタスの著書の内容に不安を感じたから、という答えが返ってきた。「要するに恐怖です。神聖な女性に対する恐怖でした。男性中心ではない宗教が存在したことが信じられないのです」と彼女は言う。ギンブタスが突きつけた難題は、古い陶器の破片に刻まれたV字型が本当に女性器の三角形を意味するのかといった問題をはるかに超えていた。ヨーロッパ社会は男性と同じくらい女性も崇めていたのかもしれない、男性支配は初めから存在した事実ではなかったのかもしれない。彼女の説をきっかけに、研究者らはそういう可能性を真剣に考えざるをえなくなった。

学問の世界では長いあいだ、男性は初めから女性よりも大きな力をもっていたはずだと当然のように考えられてきた、とカリフォルニア統合学研究所で宗教と女性の霊性を研究する教授マーラ・リン・ケラーは書いている。さらに、「ヨーロッパ文化は常に男性優位であり、『歴史時代』は文明化されていたが『先史時代』は文明化されていなかったという見方がすでに確立されていた。ギンブタスはこれに根本から異議を唱えた」と言う。ギンブタスが言うように、〈古ヨーロッパ〉は、芸術や美学の水準、さらには男女のバランスといった点で、「真の文明」とみなすことができるが、それはおそらく今日の社会が考える意味とは違っていた、とケラーは主張する。つまり、西洋の思想家たちの進歩や近代化の描き方とは違っていたのだ。進歩や近代化とは、以前よりも状況がよくなることだと考えられていたからである。

ギンブタスが残した功績については、今もさまざまな観点から議論が続いている。だが、現代の専門家らが確かに認めているのは、彼女は少なくとも、ジェンダーという概念が見過ごされてきた分野で、女性の視点から考古学的な証拠を説明するという手法を前面に押し出したことだ。彼女が研究した女性像の本当の意味が何であれ、たとえそれらが女神ではなく普通の人々を表していたとしても、私たちはそれらをもとに、先史時代のジェンダーの問題に向き合わざるをえなくなる。〈チャタル・ヒュユクの座った女性〉がアンカラのアナトリア文明博物館のガラスケースのなかで、年齢や肉体を恥じることなく、脇を固める二頭の動物の上に静かに手を置き、威厳たっぷりに座っているかぎり、もはや女性を受動的で無力だと切り捨てることはできない。

　この人物はいったい誰だったのかと、私たちは今後も問い続けるだろう。

*

　チャタル・ヒュユクを訪れる多くの人々と同様、私はこの場所に惹かれている。ここに意味を見出したい、遺跡が語りかける声に耳を澄ませたいと思うからだ。それは簡単なことではない。ほかの人たちのように、私も自分の目に映るものをすでに知っている文化と関連づけようとした。壁にあるウシの角は、狩りの戦利品だろうか。ここの住人が死者を野ざらしにして遺体の肉を猛禽《もうきん》類に食べさせたのは、インドのパールシー［ゾロアスター教徒。鳥葬を行うことで知られる］の人々と同じ理由だろうか。彼らはメキシコで見られるのと同じ伝統的な方法で、先祖を崇拝していたのだろうか。そう考えながらしばらくすると、自分が知っているいかなる社会よりも何千年も昔にさかのぼる社会を読み解くことが、どれほど難しいかがわかってくる。類似点が見つかる可能性はあるが、それらは互いに何の関係もないかもしれない。

そんなふうに歴史を目撃し、住居跡の瓦礫《がれき》のなかを歩き、遺跡の出土品を見つめると、壮大な物語は徐々に消え失せていく。わかっているのは、彼らが私たちと同じように、世界を理解しようとしていた普通の人々だったということだけだ。立ち止まって、彼らの夢は何だったのかと想像を膨らませてみる。

先に紹介した人類学者のルース・トリンガムにとって、「フェミニズム考古学」はキャリアのターニングポイントになった。フェミニズム考古学とは、一九八〇年代に、考古学者がジェンダーについてもっと繊細に考える必要性を認識し始めるにつれて登場したアプローチである。それまでトリンガムは、先史時代の人々を「輪郭のはっきりしない匿名《とくめい》の存在」としてしか考えていなかった。彼らに個人としての物語、生い立ち、個性はなかった。考古学の中心は、歴史を大局的にとらえる説明だった。ところが、一部のフェミニストがこれに疑問を唱えるようになる。昔の人々の人生の軌跡をたどり、彼らは実際はどんな人たちだったのかと考えるようになったのだ。それにつれて、過去についての新しい考え方が注目されるようになった。トリンガムは、ジェームズ・メラートやマリヤ・ギンブタスが描いたような包括的な説明よりも、そうしたきめ細かい描写に関心を寄せるようになった。

「考古学や先史時代を非常に小さなスケールで考えるということです。それを正当化してくれたのはフェミニストたちでした」と彼女は説明する。

さらに、「私にとっては、先史時代に生きていた実際の人間を考えられるようになりました。自分が発掘する建物に暮らしていた住人が、心をもった生身の人間だと思えるようになりました」ともトリンガムは言う。それは彼らの立場で物事を考えることでもあった。彼女はこう述べている。「彼らは性別も年齢も違う人間で、一人ひとりがまったく異なる個人です。家庭は実在の人間、つまり私たちが想像する実在の人間で構成されていました。全員がじつに多彩な人たちだったのです」。

そう考えると、単なる物や住居をさまざまに解釈できるようになる。「考古学は事実を示してくれるわけではありません。考古学が与えてくれる絵をあなたが読み解かなければなりません」と彼女は話し、さらに「どう読み解くかは、あなたの豊かな想像力にかかっています……では、想像力はどこから来るのでしょうか。何がシナリオ構築の根拠になるのでしょうか」と問いかける。たとえば、ある壺《つぼ》が食料を保存するためのものか、それとも骨壺かを想像しなければならない。「人間、社会的行動、社会的関係といったことになると、同時に多くのシナリオや解釈が考えられます」。

遠い過去にさかのぼるほど、私たちは先入観にとらわれない心をもつ必要がある。たとえば、ニューヨーク市立大学の歴史学者、エレン・ベルチャーは、アナトリアとメソポタミア北部に紀元前五〇〇〇年頃に栄えたハラフ文化の女性像を分析した際、それが本当に女性を表現しているのかどうかさえ疑問視している。ハラフの女性像は、ヒップやバストや生殖器などの身体のパーツが強調されていることで知られている。だが、ベルチャーは、像で表現された乳腺や陰毛は女性だけでなく人類全般に共通するものであり、性別を意味していない可能性があると指摘する。動物の近くで暮らす社会のなかで、人間であることを示しているだけかもしれないという。

ベルチャーが分析した像の半数以上は、性別が不明か、あるいは表現されていなかった。「これらの像からわかるのは、生物学的な性差に関する見方が現在よりもはるかに曖昧だったことだ。当時は、男女両方の像に乳房がついた中性的なものも多く、一方、非常に均整のとれた魅力的な乳房や外陰部が表現されて男女をはっきり区別できるものもあった」と彼女は書き、「曖昧なものからあからさまなものまで、ジェンダーの表現は多様だった」ことを明らかにしている。

ところが、こうした女性像の多様性はいつも決まって、「女神」や「多産」のシンボルというレッテルを貼られて覆い隠され、あたかもすべてが同じ理由でつくられたかのように扱われる。新石器時代にこれらの像がどんな役割を果たしたのか、誰がそれをつくったのかは、ほとんどわかっていない。玩具《おもちゃ》なのか、装飾品なのか、あるいは地位や場所を示す標識なのか、あらゆる可能性が考えられる。同時に多くの目的を果たしていたかもしれない。ベルチャーによれば、手荒く扱われて、がらくたのように捨てられる像もあった。女性像は必ずしも貴重で神聖なものとはかぎらない。

「最近の研究によると、ジェンダーに関するイデオロギーは、昔は今よりもはるかに多様で複雑だった。女性の力についても、養い育てる母に留まらず、破壊的だったりつかみどころがないだけだったりと多くのモデルがあった」と人類学者のケリー・ヘイズ＝ギルピンは書き、さらに、過去の研究では性別や性差をめぐる二項対立的な考え方が無批判に受け入れられてきたとして、こう述べている。「ヨーロッパの氷河期を含めて、多くの時代や場所のほとんどの小像には、性的な特徴がまったく表現されていない（ただし、いくつかは確実に男性だった）。だとすれば、小像をもとに、女性に関する現代の特性や理想を過去に投影するのは、誤りだということになる」。

ところが、コンヤやアンカラのようなアナトリアの都市にある考古学博物館では、こうした現代の考え方が過去に投影されている例が簡単に見つかる。漠然と擬人化されているだけに見える置物に、「男性」「女性」と断定した説明書きがついている。なぜそのような判断が下されたのか、そもそも学芸員はなぜそう判断せざるをえなかったのか、その理由はわかりにくい。ある展示室には、新石器時代の男たちが鉱石を精錬して、金属を抽出している実物そっくりのマネキン人形がある。別の展示室には、女たちが穀物をすりつぶして粉状にしている模型がある。だが、どちらも同じように労働集約的な仕事ではあるが、それらがこのように男女で役割分担されていたという確かな証拠は見つかっていない。研究論文でも先入観が目立つ。〈チャタル・ヒュユクの座った女性〉を「太りすぎ」と評した男性の学者がいたことは確かだ。先史時代をどう理解するかに大きく影響しているのは、母権神話だけではない。私たちの固定観念でもあるのだ。

とはいえ、思い込みを捨てるのは、ほぼ不可能だ。私たちは誰でも先入観にとらわれている。フェミニズム考古学の研究は、時間がかかるかもしれないが、これまで専門家が取ってきた包括的なアプローチよりも本質に迫ることができるだろう。そのためには、考古学者は確実性を手放し、曖昧さを受け入れる必要がある。独自の強い文化をもつ村でも、個人の暮らし方は多彩だったかもしれない。それは現代人と同じだ。現在、当たり前と考えられている社会規範がはたして一万年前も同じだったのか、私たちは疑ってみなければならない。

*

チャタル・ヒュユクの食事、健康、埋葬のパターンにジェンダーに基づく違いがないことに初めて気づいたのは、一九六〇年代にこの地で発掘を始めたジェームズ・メラートだった。ここは女性中心の、女神を崇拝するコミュニティだったと彼が直感していたことを考えれば、皮肉なことだと言えるだろう。男女の暮らしぶりや扱いの違いは通常、先に挙げた食事や健康などに現れるため、これは重要だった。ある集団がほかの集団よりも高い地位にあれば、よい物をたくさん食べて、見た目も強く、たくましくなり、丁寧に埋葬された形跡が見つかるはずである。だが、考古学者はチャタル・ヒュユクでそれを見つけることができなかった。

妥当な結論として考えられるのは、この集落は女性優位でもなければ、男性優位でもなかったということだ。ここに暮らす人々にとって、ジェンダーは大きな関心事ではなかったのかもしれない。

「科学的に確かな証拠としてわかっているのは、男女の食生活がほぼ同じだったことです。墓や骨を調べるとわかります」とスタンフォード大学の考古学者、イアン・ホッダーは語った。彼は二〇一八年まで、チャタル・ヒュユク研究プロジェクトの責任者を務め、ルース・トリンガムなどの研究者とともに発掘を行っていた。おそらく、この集落についてこの世の誰よりもよく知っている人物だと言えるだろう。二〇〇四年の「サイエンティフィック・アメリカン」誌の記事で、彼は「性別が特定の役割を果たし、性の違いが日常生活に大きな影響を与えていたことを示す証拠はほとんど見つかっていない」と述べた。つまり、ホッダーから見ると、社会的役割という点で、ここは性別があまり重要ではない社会だった。さらに、その一〇年ほどあとに発表した別の論文で、彼はこの集落は少なくとも一時は「驚くほど平等なコミュニティ」だったと確信を深めている。

「考古学者が発掘するほとんどの遺跡では、男性と女性は生活様式が異なり、食事や食生活が違います。ところがチャタル・ヒュユクでは、そういう違いはまったく見られません。男女の食生活は同じです」と彼は言う。人骨に残る痕跡を生物学的に調べてみても、同じく違いは見られない。たとえば、ホッダーのチームは、男女ともに肋骨《ろっこつ》に煤《すす》がついているのを発見した。おそらく、小さな箱のような家では換気が十分ではなく、室内のかまどの煤がついたのだろう。このことから、男性と女性は屋外で過ごす時間がほぼ変わらなかったことがわかる。さらに、男性の身長は平均すると女性より高かったものの、男女の体格差はわずかだった。従事する仕事によって骨の摩耗《まもう》に違いが生じるものだが、それもほとんど同じだった。

研究者らが気づいた唯一の違いは、埋葬時に遺体とともに埋められる数珠玉《じゅずだま》の数だった。「どちらかというと、女性には男性よりもたくさんの数珠玉がありました。でも、ほかはすべて同じです」とホッダーは言う。

エジンバラ大学の考古学者であるダイアン・ボルジャーは、有史以前の社会で男女の役割がしっかり決められていたという考えを見直す必要があると主張する。チャタル・ヒュユクの例からわかるように、「男女の役割をこうに違いないと思い込まずによく調べてみると、単純な二項対立のモデルとは違う結果になる場合が多い」と彼女は言う。つまり、当時の社会システムが現在のようにジェンダーに基づいていたかどうか、それ自体がわからなくなってくるのだ。

しかし、この分野の専門家は通常、そうは考えない。ブラッドフォード大学の考古学者で、死と埋葬を研究するカリーナ・クラウチャーは、次のように話してくれた。「葬儀の痕跡を調べて骨を分析する際には、いつもまず『男性か、女性か、それとも性別不明か』を調べます。そうではなく、ほかの属性に目を向けるようにすれば、違うパターンが生まれるのでしょうか。やったことがないのでわかりませんが、私たちはいつも男性なのか女性なのかから始めます」。それが長年の習慣というわけだ。「誰が発掘するかも関係していると思います。いまだに植民地時代の研究に近いのです」と彼女は言う。植民地時代のヨーロッパの考え方は、男女の二項対立的なヒエラルキーに深く根差していた。

「結局のところ、分類する必要があるからなのです。分類から逃れたときに、考古学の記録はもっと大きな意味をもつようになるでしょう」とクラウチャーはつけ加えた。

チャタル・ヒュユクの人骨からわかった意外な事実はほかにもある。同じ家で暮らしていた人たちが必ずしも血縁関係になかったことである。「じつは、両親が自分の子どもを育てることはめったにありません。子どもは生みの親のもとで育つのではなく、里子《さとご》に出されました。つまり、コミュニティ全体が大きな家族であり、実の子も他人の子も入り交じって一緒に育つのです」とホッダーは言う。専門家のなかには、血縁関係を単なる血のつながりではなく、もっと流動的に理解していたのではないかと指摘する人もいる。世帯は、農作物の栽培や家畜の世話などの仕事、あるいは宗教的、文化的な理由でグループ分けされていた可能性がある。「気が遠くなるほど複雑なのです。そのなかでの個人の立ち位置も極めて多様でした」とホッダーは言う。

ルース・トリンガムによれば、チャタル・ヒュユクはジェームズ・メラートが当初主張したような都市でさえもなかった可能性がある。その証拠に、数千人の住民が同じコミュニティで一緒に暮らすと同時に、それぞれが農業や狩猟に従事していたことを示す痕跡が見つかっている。「メラートには、そこが普通の集落だとは想像できなかったのです。ここの狩猟民には豊かな経験と社会的関係がありましたが、一九六〇年代には、そのことを想像できる人はほとんどいませんでした。だから、いちばん馴染みのある結論に飛びついたわけです」とトリンガムは言う。だが、チャタル・ヒュユクは大規模で凝ったつくりをしていたものの、多くの点で集落の様相を呈していた。複雑な社会を形成する方法は一つではないことが、そこからわかるだろう。「小さな農家であっても美しい家を建てることがあります」と彼女は言う。
とはいえ、チャタル・ヒュユクの住民たちは完全に調和を保って暮らしていたわけではない。男女間のヒエラルキーがあったという確かな証拠はないが、そこで暮らす人々のあいだに緊張関係と暴力があった証拠はいくつか見つかっている。彼らの社会は常に試行錯誤していた。「チャタル・ヒュユクでは、内部で対立や矛盾や問題が表面化することで変化が生まれました。この一連の流れを通して、圧力が高まり、緊張が高まり、密度が高まり、肉体が消耗して問題が起き、やがてそれを解決し、少し違った方向に進んでいくわけです」とホッダーは説明する。ここは家族のあり方に大きな自由が認められるコミュニティだったと彼は考えるようになった。変わらないものは何もなかった。

過去の社会は多様だったと考古学者が理解するようになったのは、ここ二〇年ほどのことだとホッダーは言う。チャタル・ヒュユクやアナトリアのいくつかの古代遺跡では多くの女性像が発掘されているが、そこから比較的近い新石器時代の遺跡でも同様に見つかっているわけではない。チャタル・ヒュユクの東、シリアとの国境近くにあるギョベクリ・テペ遺跡に足を運ぶと、動物の絵が美しく刻み込まれた巨大な一枚岩が目に入る。明らかに女性が描かれている絵は、わずか一つだけだ（それさえ、落書きのように急いで殴り描きされたように見える）。ペニスのような形をした岩が見つかっていることから、ここは男性や少年が集まる場所だったのではないかと指摘する専門家もいる。ギョベクリ・テペは、チャタル・ヒュユクよりも二〇〇〇年ほど古い時代の遺跡である。そこからわかることがあるとすれば、先史時代の人々の暮らし方には明白なルールがないということだ。

ホッダーは、有名な〈チャタル・ヒュユクの座った女性〉は女神ではないと考えていた。私と同じく、彼がこの像に見ていたのは、「出産後の女性の力強いイメージです。女性の乳房は大きく垂れ下がり、腹も尻も同じように垂れ下がっています。つまり、これはとても誇り高く、成熟した女性なのです」と言う。この像は、ほかの多産のシンボルとも似たところがない。「生殖や性的な要素は感じられません。母性や『女神化』も感じられません」とホッダーは言う。

チャタル・ヒュユクでは、古い家の上に新しい家が建てられているため、考古学者は時代による変化を眺めることができる。そこから見えてくるのは、この集落がジェンダーによる区別のない社会から、年長の女性が家の象徴や代表として重要視される社会へと移行した可能性があることだ。それが事実なら、〈座った女性〉は、家族内で尊敬され、おそらくさらに広いコミュニティでも尊敬される人物だったのかもしれない。

彼女が本当に女神だったのかは、チャタル・ヒュユクの人々がそもそも女神についてどう考えていたかによる。それは簡単にわかる問題ではない。「宗教がどういうものかについては、西洋的、キリスト教的な理解というものがあります」と宗教学者のシンシア・エラーは言う。男性神を崇める一神教の伝統のなかで育った人は、宗教に別の形があるとすれば、それは女神を崇める一神教しかありえないと思うかもしれない。エラーはこう続けた。「女性像があれば、それは女神に違いないというわけです。女神がすべてを支配し、畏《おそ》れ多く、慈悲深い女神が全宇宙をつくり出したと想像します」。だが、じつはそれは、「女神を崇拝する宗教について、私たちが知っていることから想像したにすぎません。実際、多くの宗教で女神は崇拝されていますから」と彼女は言う。

たとえば、ヒンズー教にはたくさんの神や女神がいる。だが、多くのヒンズー教徒は、物や実在の人物も崇拝する。政治家や映画スターも崇拝の対象になる。信仰とは変わりやすいもので、ほかの伝統に比べると、神聖なものと世俗的なものとの隔たりはあまりないのが普通だ。私自身のミドルネームの「デヴィ(Devi)」は、ヒンズー教の「女神」を意味する言葉で、インドでは日常的に女性への敬意を表す際によく使われる。〈座った女性〉が女神でなかったとしても、同じ意味の「デヴィ」だった可能性は十分にある。

とはいえ、私自身もいつの間にか、目にしたものに自分の文化体験を投影しているのかもしれない。

チャタル・ヒュユクについては、議論の余地がない事実はほんのわずかしかない。この集落が厳密には家父長制ではなかった可能性は十分にある。だが、明らかに母権制だったとも言えない。ある墓では、女性がほかの人の頭蓋骨を抱きかかえて埋葬されていた。このような特別な取り扱いのために取り外された頭蓋骨は、コミュニティの重要人物のものだった可能性が高いと考古学者は考えている。これまで発見されたこうした頭蓋骨は、男性も女性も同じくらいの数がある。「ですから、女性が政治の場から排除されていたとは感じられません」とホッダーは話す。副葬品からも、先祖の血統をどちらか一方の性だけを通じてたどっていたという明確な証拠は見られない。つまり、チャタル・ヒュユクは、家父長制でもなければ母権制でもなかった可能性があるのだ。

「私が思うに、彼らはジェンダーの概念をまったく意識していませんでした。ジェンダーはおそらく信じられないほどに流動的で、可変的で、しっかり分類できるものではなかったのでしょう」とホッダーは言う。彼の言葉の選択も、彼が生きてきた時代の政治を反映しているのかもしれない。「彼らはたいてい男女で一緒に働き、一緒に料理をし、一緒に畑仕事をしていたのでしょう。道具も一緒につくっていました。男女の役割をしっかり区別できるだけの違いは見られません」と彼は締めくくった。

＊

二〇〇三年、人類学者のキャスリン・ラウンツリーは、チャタル・ヒュユクで考古学者の発掘作業を眺めていたとき、面白い光景を目にした。

発掘チームはちょうど、小さな女性像を掘り出したところだった。淡い緑色の石に、細やかな彫刻が施されている。当時、少なくとも公的には、新石器時代のコミュニティが母権社会で、必然的に女神を崇拝していたという説は、科学者たちから馬鹿げていると片づけられていた。自分たちは理性的で客観的だからそんな神話のような説には騙されないと、真面目な研究者らは信じていた。ところが、ラウンツリーは、研究者たちがこの貴重な像を発見するやいなや

「大女神(マザー・ゴッデス)だ」と口々に言い始めたことに気づいた。顕微鏡で像の破片を調べて、「僕は女神に触っているんだ！」と皮肉など微塵《みじん》も感じさせずに叫んだ者もいた。

チャタル・ヒュユクをめぐっては、常に真実よりも神話が注目されるのだろう。そもそも考古学者がこの集落に惹かれたのは、それを認めるかどうかは別として、女神が崇拝されていた可能性があったからかもしれない。

コンヤの乾いた平原を立ち去ろうとしながら、私は再びマリヤ・ギンブタスに思いを馳《は》せる。彼女は一九九四年に亡くなる前に、批判をものともせず、壮大な自説について著作を発表した。後にも先にも、女性の考古学者でそのようなことができたのは、ごくわずかだ。ギンブタスは女性像、民話、言語学から解釈した証拠を取り上げ、圧倒的な広がりをもつ、大胆な歴史をつくり上げた。彼女は最後まで、自説を貫き通した。五〇〇〇年から六〇〇〇年前にユーラシア・ステップからやって来た暴力的な戦士によって覆されるまでは、ヨーロッパとアジアの一部の地域には、女性中心の女神を崇拝する文化が栄えていたという説である。この〈クルガン〉、つまりインド・ヨーロッパ語族の侵略者は、彼女やその支持者にとって、最初の家父長だった。

ギンブタスの説は、学者仲間から笑いものにされ、本格的な考古学の世界では隅《すみ》に追いやられてしまったかもしれない。だが、彼女自身は生前こうした批判をどう感じていたかとミリアム・ロビンス・デクスターに尋ねたところ、さほど悩んではいなかったと話してくれた。「深刻にはとらえていませんでした。傷ついていたということもありません」とデクスターは言う。

「あの人たちも二〇年後には考えが変わるでしょうと話していました。彼女はそう言うだけでした」

チャタル・ヒュユクの未発掘エリアに立ち、まだ発見されていない多くのものが足元に埋まっているのを実感すると、もどかしくも心が浮き立ってくる。人間の本質に関する私たちの考えがこれほど大きく揺さぶられる場所は、世界にもあまりない。この集落の営みは、私たちが過去について知っていると思っていたあらゆることを揺るがしてしまう。新石器時代には、社会的関係を説明する唯一のパターンは存在しなかった。男性優位も、女性優位も、慣習として根づいてはいなかったようだ。

つまり、家父長制の謎を解く鍵はいまだ見つかっていない。九〇〇〇年前の社会ではジェンダーがまったく意識されていなかったというのに、数千年後に青銅器時代に入ると、支配的な立場で権力を握る男性が、世界の多くの地域を徐々に支配していったことがわかっている。すべての階層で、女性は規則に縛られるようになった。仕事は次第に男女で分業されるようになった。社会格差と階級ヒエラルキーが生まれた。やがて、父系制と父方居住が社会規範となった。しかし、こうした変化がなぜ生じたのか、その経緯は明らかになっていない。

＊

ところが最近になって、この謎を解き明かす可能性のある新たな証拠が見つかった。そしてここで、物語は驚くべき展開を見せる。これらの新たな科学的発見は図らずも、マリヤ・ギンブタスが当初から主張していた壮大な説の一部と合致していたのだ。彼女の死からおよそ二〇年後、かつて彼女を批判した人たちは、彼女の研究に立ち戻る必要に迫られた。先史時代の社会が母権制で、女神を崇拝していたという決定的な証拠はまだ見つかっていない。だが、家父長的な慣習や社会制度の広がりについて、ギンブタスはどうやら何かを見抜いていた可能性があると認めざるをえなくなった。

彼女が予言したとおり、人々の考えが変わったのである。

第四章　破壊

「この殺人は公衆の面前で起きました」と女性の権利団体〈We Will Stop Femicide Platform〉の創設者で、トルコの活動家であるフィダン・アタセリムは私に言った。

二〇一九年八月、首都アンカラから五〇キロメートルほど離れた町でのことだった。三八歳のエミネ・ブルトは、元夫と会うためにカフェに出かけた。そこで彼らは口論になる。元夫は彼女の首を刺して、タクシーで逃亡した。その後の成り行きはビデオカメラに収められ、ソーシャルメディアで共有され、トルコ全土に衝撃を与えた。人々は目をそらすことができなかった。

ブルトは「死にたくない！」と泣き叫んでいた。

同団体の推計によると、彼女が亡くなった時点で、トルコではすでにその年、二四五人の女性が殺害されており、多くはパートナーや親族に殺されていた。年末には、その数は四七四人まで増加した。終身刑を言い渡された元夫の裁判では、抗議の声を上げる人々が裁判所の外に集まり、「死にたくない！」とブルトの死に際の言葉を大声で叫んだ。映像には、彼女の一〇歳の娘が「死なないで」と母親に必死に呼びかける姿が映っていた。

多くの国と同様、トルコもリベラル派と保守派のあいだで板挟みになっている。トルコ共和国は二〇世紀、オスマン帝国の古い伝統と決別しようとさまざまな改革を行った。女性の解放政策もその一部だった。一九三四年には、フランスやスイスに先駆けて、女性が選挙権を獲得した。イスタンブールにある空港の一つは、世界初の女性の戦闘機パイロットで、一九一三年生まれのサビハ・ギョクチェンの名前にちなんで名づけられている。ところが最近になって、反発が強まってきた。アタセリムによると、職に就き、夫と離婚し、伝統的な性役割から逸脱する女性が増えるにつれて、男性は「自分たちの特権と支配の手段が奪われた」と感じているという。

二〇一六年、レジェップ・タイイップ・エルドアン大統領は、母親業や家事よりもキャリアを優先する女性は半人前だと公の場で発言したが、彼はすでに数年前にも、「女性と男性を対等な立場に置くことはできない。自然に反している」と述べている。エミネ・ブルトが殺害された翌年、トルコ政府は、イスタンブール条約から脱退する可能性があると発表した。この条約は、家庭内暴力や性差別の防止の強化を目指す国際条約である。二〇二一年、トルコは同条約の初の脱退国となった。

「トルコ社会は世界のほかの国々と同様、家父長制です。家父長制は非常に深く根づいていますね」とアタセリムは言う。アタセリムの同僚のメルク・オンデルも同様に、「まだ先は長そうです。でも歴史を振り返れば、いつもこうでした」と言う。

女性に対する暴力が蔓延《まんえん》し、苦労の末に勝ち取った権利がひどく不安定で、男性の支配力が強固に思えるとき、これまでもずっとそうだったと感じるのも無理はない。政治指導者は、女性の権利を弾圧する際に、いつも決まって「伝統」や「自然」を引き合いに出す。昔からこうだった、と彼らは主張する。だが、歴史から見えてくるのは違うストーリーだ。この地は数千年前、人々が男女の区別なくともに暮らし、働いていたであろうチャタル・ヒュユクの集落がある国なのだ。社会が従うべき規範は構築されなければならない。

遠い昔から女性に権利や自由がなかったわけではない。今、起きているのと同じように、権利と自由は破壊されたはずなのだ。

*

「歴史は変幻自在だ」とアメリカの歴史学者の故デイヴィッド・ローウェンタールは書いている。「歴史とは何か、どうあるべきだと人々が考えているか、それがどのように語られ、理解されるかは、時代、場所、人によって異なる」。

私たちが現在「家父長制」と呼ぶものは、どのようにして生まれたか。その説明はしばしば大雑把に語られてきた。誰もが明確な答えを欲しがるからだ。「記憶と同じく、歴史は混ざり合い、大げさに語られ、短くまとめられる。重要なものや珍しいものは強調される」とローウェンタールは説明する。たとえば、一部の専門家は、男女の不平等が生まれた唯一の転換点は農業だったと考えている。人類が財産を保持するようになったときが転換点だったと考える者も多い。完全に宗教のせいだと言う人もいる。現在でも、男性には生まれつき支配力があったという考えに固執している人もわずかにいる。世界で有名な歴史家、哲学者、科学者たちの研究には、あまりにも一般化された大げさな物語がたびたび登場する。

マリヤ・ギンブタスも例外ではなかった。〈古ヨーロッパ〉には、女性中心の、女神を崇拝する、平和な社会があり、それがカスピ海と黒海の北、現在のウクライナからモンゴルに広がるステップ地帯から来た、家父長制を敷く暴力的な侵略者に取って代わられた。この彼女の大胆な説に、支持者たちは魅了された。一方で、彼女の説を批判する人たちは違った見方をしていた。「初めはマリヤ・ギンブタスの説をかなり疑わしく思っていました。少し詳しすぎる気がしたのです」とイギリスの考古学者、コリン・レンフルーは認める。

しかしその後、レンフルーは考えを改めた。「最近になって、彼女の説には正しい点が多いと思うようになりました」。その壮大な物語のすべてが正しいというわけではない。だが、一部は精査に耐えうるし、「おおむね説得力があると思えますし、多くは筋が通っています」と彼は話す。少なくとも説の一部を裏づける有力な証拠が見つかったことで、ギンブタスはかつての評判ほど過激な思想の持ち主ではなかったのではないかと考える人も出てきた。

こうした転換は、考古学上の刺激的な新発見によって生じたわけではない。生物学での一連の技術進歩によるものだった。時は一九八四年。カリフォルニア大学バークレー校の科学者らは、博物館に展示されていた一四〇年前のクアッガから小さなDNA片を取り出し、複製することに成功した。クアッガとは、すでに絶滅した南部アフリカのウマ科の動物で、身体の前半分にシマウマのような縞《しま》模様がある。科学者らの研究から、相当な努力を要するものの、遠い昔に死んだ生物の標本の遺伝子一式を調べることが論理的に可能であると明らかになった。

ほかの絶滅生物についても、同様に遺骨の利用が進んだ。科学者らはやがて、人類の研究に取りかかる。まず、一九九〇年代半ばに、およそ四万年前に絶滅したと推定されるヒト科のネアンデルタール人の研究が始まった。その後二〇〇五年には、コリン・レンフルーも参加した研究チームが、七五〇〇年前の新石器時代の農民から遺伝物質を取り出したと報告した。

「先史時代の完全な崩壊です」と、スウェーデンのヨーテボリ大学を拠点に研究を行うデンマーク人の考古学者、クリスチャン・クリスチャンセンは言う。彼はこの遺伝子研究の流れにいち早く乗り、すぐに遺伝学者と共同で論文を発表した人物である。生物学と考古学の世界がぶつかり合ったと彼は説明する。それが歴史に新しい貴重な知見をもたらすことになった。

「革命です」と彼は言う。

遺伝子と聞くと、議論の余地のない決定的な証拠のように思えるかもしれないが、間違いが起きる可能性は十分にある。遺伝子データは、歴史や考古学、その他の情報源から研究者がすでに知っていることと照らし合わせて、適切に解釈する必要があるのだ。だが、科学者は古代ＤＮＡ「古代の生物の遺骸や標本から抽出したＤＮＡ」を利用して、先史時代から現代に至る人類の移動の様子を描くことができるとクリスチャンセンは考えている。さまざまな時代の遺骨のＤＮＡを互いに比較することで、それが可能になるという。これらの標本を現在生きている人々のDNAと比べることもできる。そうすれば、たとえばDNA検査で家族の血縁関係を調べられるのと同様、数千年前にヨーロッパで暮らしていた新石器時代の農民が、現代のヨーロッパ系の人々と関係があるかどうかを明らかにすることができる。「もちろん、言語についてはDNAではわかりませんが、人の分布、動態、移動はわかります。DNAというエビデンスには大いに注目しています」とレンフルーは話す。

マリヤ・ギンブタスと家父長制の起源に関する彼女の説に再び関心が集まったのは、この生物学のアプローチがきっかけだった。二〇世紀初頭のオーストラリアの考古学者、ヴィア・ゴードン・チャイルドに続いて、ギンブタスは、〈クルガン〉と呼んだ文化に属する初期のインド・ヨーロッパ語族が、数千年前にユーラシア・ステップから西の〈古ヨーロッパ〉に移動したと主張していた。この出来事によって、この地域は女神崇拝から離れ、男性支配へと文化的に大きく変化していったとギンブタスは考えた。問題は、この移動が本当に起きたのか、誰も確証が得られなかったことだ。数十年にわたって、考古学者のあいだでこのことについて激論が交わされてきた。

そして今、古代DNAの断片は、そうした移動が実際に起きた可能性を示唆している。ステップ地帯に地理的なルーツをもち、インド・ヨーロッパ語の初期の言語を話したと考えられる人々が、おそらく四五〇〇年ほど前の新石器時代末期から青銅器時代初期にかけて、ヨーロッパの一部に大量に流れ込んできたのは確かだと思われる。イギリスでストーンヘンジの建設が終わったのとだいたい同じ時代だ。ギンブタスの予測ほど古くはないが、それらは確かに彼女の説の一部を裏づけていた。

「東方から大規模な移動があったことがＤＮＡからわかります」とレンフルーは言う。「移動が正確にはどこから始まったのかについては、まだ議論の余地があります。ですが、東からインド・ヨーロッパ語をもたらし、それをヨーロッパへ、さらには西ヨーロッパに伝えた移動があったのは明らかだと思います」。

遺伝学的な証拠からわかることはほかにもある。東からやって来た人々が途中で出会った農耕民族や狩猟採集民族と交ざり合い、先住民族を数で上回るようになった可能性が窺《うかが》えるのだ。二〇一五年に科学雑誌の「ネイチャー」で発表された大規模な調査で、科学者らは、ヨーロッパ系の多くの現代人（特にドイツとイギリスに家族のルーツをもつ人々）は、これら初期の移民と何らかの先祖を共有していると主張した。南アジアへの移動が起きたのはかなりあとになってからで、一部の推定によれば紀元前一五〇〇年頃から紀元前一二〇〇年頃の可能性が高いが、インドに家系をもつ現代人にも同様のつながりがあることが遺伝学で明らかになっている。「基本的に、これはマリヤ・ギンブタスの主張をかなり裏づけています」とレンフルーは言う。

彼女はほかにも正しいことを言っていたのかもしれないと、専門家は考え始めている。ハーバード大学の遺伝学者で、古代ＤＮＡ研究の分野で有名なデイヴィッド・ライクは、二〇一八年の著書『交雑する人類（*Who We Are and How We Got Here*）』で、ユーラシア・ステップに起源をもつ移住者は「驚くほど男性中心の文化で、暴力を賛美していた」と述べて、ギンブタスが書いた内容をほぼ正確になぞっている。ライクは、彼らが家畜を放牧するための草地にするべく、ヨーロッパ北部の森林を伐採し、彼らの故郷と似たような風景に変えたのではないかとも示唆している。つまり、彼らは故郷のステップ地帯をイメージしてヨーロッパをつくり変えようとしたと主張したのだ。この時代の人の移動を「大移動」と呼ぶ遺伝学者もいる。

これについては今も議論が続いている。「おそらく、移動というよりは、プロセスと考えたほうがいいかもしれません。数世紀にわたるものですから。大勢の人々が突然押し寄せたわけではなく、むしろ経済の変化のほうが大きかったのでしょう」とレンフルーは少し慎重になって言う。だが、データから明らかになった移動の規模は彼を驚かせた。「それは融合ではなく置き換えでした」。

さらにレンフルーは、この「置き換え」が起きる以前の〈古ヨーロッパ〉に暮らしていた人々が女性中心の女神を崇拝する文化を築いていたというギンブタスの主張も、正しかったのかもしれないと話す。「当時の人々の考えを知るのは難しいでしょう。とはいえ、紀元前三五〇〇年より前の古ヨーロッパ時代に南東ヨーロッパの文化で、神や女神の種類が多かったのは間違いありません。特に、女神は多く、ギンブタスはその点に注目して、新たに入ってきた社会の家父長的な性質を強調したのです」。

常にギンブタスを擁護してきたミリアム・ロビンス・デクスターは、この瞬間を待ち望んでいた。ギンブタスが正しいことが証明されたのだ。「数年前にDNAの証拠が出てきたときは、本当に嬉《うれ》しかったです。私にとって非常に大きな出来事です。インド・ヨーロッパ語族がどんな人たちで、領土を広げる前はどこに住んでいたか、誰が広げたのか、彼らの属性や世界観はどんなものだったかが、よくわかるからです」。

デクスターから見れば、この人々こそ間違いなく、ギンブタスの言う家父長的な侵略者だった。「インド・ヨーロッパ語族は戦士でした」と言う。

だがそれでも、私はデイヴィッド・ローウェンタールの警告を思い出さずにはいられない。過去について書こうとすると、人はつい大げさに書きたくなるものだ。真剣に取り組む専門家でさえ、シンプルな筋書きを好む。記録のない時代にさかのぼるほど、人間を善と悪に単純化してドラマ化する危険性が高まる。「過去は終わったことだからこそ、理解しやすく整理され、常に変わり続ける混沌《こんとん》とした現在とは違った一貫性を与えられる」とローウェンタールは書いている。先史時代は母権社会だったというドラマチックな神話は、ほとんど証拠がないにもかかわらず、ほぼ二世紀にわたって欧米の思想家を魅了した。二一世紀の科学は本当に、フリードリヒ・エンゲルスの「女性の世界史的な敗北」という言葉を証明できるのだろうか。ステップ地帯からやって来た「侵略者」は本当に、世界で初めての家父長的文化をもっていたのだろうか。

それともやはり、真実はもっと複雑なのだろうか。

*

さて、インド・ヨーロッパ語族の歴史研究には、暗い現実がある。この分野が一九世紀に人気を博したのは、ほかのすべての人種よりも優れた最初の「アーリア人」の存在を証明しようとしたためだった。のちにナチス・ドイツで取り入れられた考え方である。

ドイツ人はアーリア人の真の子孫で、他民族が自分たちのなかに住み着くことで、自分たちの人種的な純粋性が汚され、損なわれてしまったとナチスは信じていた。この架空の過去は、政治家にとって魅力的だった。第一次世界大戦で敗戦したドイツの民族としての誇りを回復するために役立つ歪んだ物語を提供したからである。ファシストは、民族の移動と文化の融合が起きる前のほうがよい時代であったことを示そうとした。この物語は、ひとたびつくり上げられると、ホロコーストを正当化する根拠となった。

それから七〇年余りが経った今も、インド・ヨーロッパ語族に関する研究は、アーリア人神話を手放そうとしない極右のナショナリストや白人至上主義者からの不健全な関心をひきずっている。世界中のポピュリストにとって、歴史の操作は、政治的な目標を果たすうえで役に立つ。文化は何らかの形で人種と結びつき、その集団全体がほかとは根本的に異なる性質をもつという考えは、決して消えていない。移民は国の文化を壊し、民族の真正性を損なう力をもっているという古い偏見を今も抱いている人は多い。

古代の人の移動に関する遺伝子研究には、こうした政治的背景がある。

スタンフォード大学の考古学者で、チャタル・ヒュユクの発掘調査を率いたイアン・ホッダーは、数千年前にユーラシア・ステップを起源とする人の移動があったのは間違いないだろうと認めている。そして、「マリヤ・ギンブタスの主張は正しかったことを示す明らかな証拠がある」と話す。だが同時に、一部の科学者が示唆するように、たった一つの骸骨や数人の骨が、ある集団全体や文化を表していると思い込むべきではないと言う。実際の社会にはさまざまな人がいるからだ。

ホッダーは、「地図を眺めれば、あちこちで古代DNAの標本が得られています」と言うが、それだけですぐに結論に飛びつくのは早計だ。この場合、新石器時代の人々は生まれつき平和的で、女性中心の文化をもち、それに対して侵略者は生まれつき乱暴で、男性中心の文化をもっていたと結論を急ぐべきではないという。彼らが大挙してやって来たことだけで社会のあり方が変わったと主張する人たちがいるが、それは「あまりに極端すぎます」。

このような人種的な色合いを帯びた憶測は、ヨーロッパで外国人に対する恐怖と排外意識を煽《あお》るためにアジアやアフリカから来た男性侵略者のイメージが利用される時代には、特に危険だと言えるだろう。「この説を唱える学者らは、インド・ヨーロッパ語族の社会には放浪しながら略奪を働く若い男性の集団がいたとして、その姿を描いている」と、ケンブリッジ大学の考古学者スザンネ・ハッケンベックは、二〇一九年に書いたある辛辣な批評のなかで指摘する。「私たちは、屈強な若い男たちがやって来て大陸を征服した、という魅力的でシンプルな過去の物語を与えられている。しかも、それは一見すると科学的に正しいかのようだ」。だがそれは、異国から来た男性は略奪者、原住民の女性は犠牲者という、人種とジェンダーに関する非常に狭いステレオタイプに基づく物語なのだ。

ハッケンベックはとりわけ、極右や白人至上主義者のオンライン・フォーラムでこうした歴史の説明が熱狂的にやり取りされているのを目にして、不安を感じている。そうした場で、彼らは、自分たちは極めて男らしい、戦う男の末裔《まつえい》だという考えに耽《ふけ》っていた。

文化が変化するきっかけは、決して集団移動だけではないのは明らかだろう。たとえ少人数であっても、世界中を行き来する人の移動が、思想、技術、宗教、習慣を運ぶ可能性があることを私たちは知っている。一八世紀から一九世紀にかけてのヨーロッパの植民地主義は、現地の全人口を入れ換えずとも、ジェンダー規範がいかに大きく変化しうるかを示す恰好《かっこう》の例だと言える。おそらく、新石器時代の〈古ヨーロッパ〉の人々と、ユーラシア・ステップから来た人々との出会いは、さまざまな形で起こったのだろう。非常に長い期間がかかったことを考えれば、暴力による突然の乗っ取りがあったとは想像しにくい。それよりも、長い時間をかけて習慣や慣行がゆっくりと広まったのであり、人の移動はその一部でしかないと考えたほうがはるかに説得力がある。

ホッダーは次のように話してくれた。「遺伝子が広く分布しているから文化も広く分布している、という考えには疑問を感じています。間違っていると思います。私たちに必要なのは、文化をあらためて慎重に調べ、証拠を見直し、人の移動がどのように起きたかを正確に理解することです」。

オスロ大学の考古学者で、先史時代のコミュニティの社会組織を研究するマーティン・フルホルトは、社会の大きな変化を考えるとき、人々の日常生活の雑多な現実を見落とすべきではないと忠告する。たとえば、現在のヨーロッパに住んでいた先史時代の人々は、狩猟や採集をやめて、すぐに農業や家畜の飼育を取り入れたわけではない。変化には何百年もかかり、その後も、彼らの選択は状況次第だった。同様に、一部の遺伝学者が言う「大移動」に伴い、人々はおそらく何世紀もかけて互いの習慣を取り入れ、文化を統合し、戦略的な選択を行ったのだろう。時に殺人や捕虜の連行があってもそれは続いた。社会は個人と同様、直面する圧力に応じて、さまざまな行動を取ることができる。

そうしたことはわかっている。だが同時に、私たちはどんなに根拠が薄くても、ある集団の男性が別の集団の女性を搾取するという、文化の「絶え間ない衝突」という筋書きに必ず戻ってきてしまうようだとフルホルトは書いている。

もっと慎重になるべき理由はたくさんある。一つには、ステップ地帯を起源とする〈クルガン〉の墳墓埋葬社会が攻撃的だったとしても、女性も戦っていなかったとする理由にはならないことだ。軍事歴史学者のパメラ・トーラーが言うように、「ユーラシア・ステップの遊牧騎馬民族は、女性が男性と一緒に堂々と戦うことを認めた最古の（そして最も安定した）文化だった可能性がある」。トーラーによると、ジョージア［旧グルジア］のトビリシ近郊で、三〇〇〇年ほど前のものと思われる、三人の武装した女性の墓が見つかっている。女性戦士の最古の考古学的証拠と言えるものだ。そのうち一人は、頭蓋骨に矢が刺さったまま死んでいた。

学問の世界では長らく、狩猟や戦闘に携わるのは男性だけで、暴力を振るうのも男性だけと考えられてきた。二〇一八年、考古学者らはペルーのアンデス山脈で、九〇〇〇年前の狩猟民族のものと思われる人骨を発掘した。遺骨は、投石器やナイフなどを含む二四個の石製品と一緒に埋葬されていた。これらは大型の獲物を狩るための道具と考えるのが自然である。だが、この狩猟民が女性であることが明らかになると、率直な驚きの声が上がった。アリゾナ州立大学の人類学者であるキム・ヒルは、「ナショナルジオグラフィック」誌のコメントで偏見もあらわに、「シカを追っている最中に、泣いている赤ん坊に授乳するために立ち止まるわけにはいかないでしょうに」と記者に語っている。必ずしもすべての女性が妊娠したり子育てをしたりするわけではないことは、頭にないようだった。

ヒルはさらに、この狩猟道具は埋葬された人が使っていたものではなく、象徴的、宗教的なものだった可能性もあると示唆している。

また、スウェーデンのバイキング時代の町ビルカで、一〇世紀半ばの身分の高い戦士の墓が見つかり、それが女性のものだと明らかになったときにも、信じられないという声が上がった。長いあいだ、墓は男性戦士のものと考えられてきたが、二〇一七年に遺伝学的証拠によってそれが覆されたのである。研究者らは、中世初期には「凶暴な女性のバイキングが男性とともに戦う姿を描いた物語があった。だが、女性戦士は絵画や詩のなかに繰り返し登場するものの、たいていは神話として片づけられてきた」と書いている。そうした物語がじつは神話ではなかった確かな証拠が見つかったのだ。

ところが、戦士の性別が明らかになってからも、疑問を口にする学者はいた。墓にあった副葬品はただの家宝だったのではないかと考える者もいた。調査の責任者を務めたウプサラ大学の考古学者、シャルロッテ・ヘデンスティエルナ＝ユーンソンは、そうした声に苛立《いらだ》ちを隠せなかった。そして、これは「実在した軍の指導者でした。それがたまたま女性だったのです……戦術と戦略を駆使して、戦いで部隊を率いることができる人物でした」と記者を納得させなければならなかった。だが、この女性戦士はなぜそれほど高い地位に就いたのか。一説によれば、それは彼女が社会の支配層に属していたからだった。考古学者のダイアン・ボルジャーとリタ・ライトが書いているように、「階級や地位が性差よりも優先された」社会の例は多い。あるいは、戦い方や指導者の地位が最近のようにジェンダーをもとには考えられていなかった可能性もある。

ロンドンのフランシス・クリック研究所に勤める古代DNAの専門家、ポントゥス・スコグランドは、遺伝学者がジェンダーに関して批判的な視点を欠く傾向にあることを認めており、それはこの分野が男性に支配されているためだと言ったうえで、一部の考古学者も同じ問題に頭を悩ませているとつけ加えた。「古代DNAが注目を集めるようになった頃、その動きに最初に飛び乗った考古学者たちは、生物学に基づく客観性を大事にして、解釈をつくり上げてきました」とスコグランドは話す。ただ、この新しい技術を利用して、斬新な説を唱えるチャンスを見出した学者もいた可能性がある。「遺伝学者が無邪気で世間知らずだと言っているわけではありませんが、そういう側面もあります」。

いくつか例を挙げよう。二〇一七年、スタンフォード大学とウプサラ大学の研究者たちは、ヨーロッパで暮らしていた先史時代の人々のDNAを調べた結果を論文で発表した。彼らが示唆したのは、新石器時代末期から青銅器時代初期にかけて、ステップ地帯からこの地域に流入して広く住み着いた人たちの移動パターンには、独特な点があることだった。「とにかく男性中心だったと推定できる」と著者らは書いている。移り住んできたのは、女性一人に対して、男性が五人から一四人、要するに、この大移動を行った人たちの大部分が少年と大人の男性だと思われた。

移ってきたのは「男性、それも若い男性ばかりでした」と考古学者のクリスチャン・クリスチャンセンは断言し、もしそうした不均衡があったのなら、それが彼らを普通では考えられないような行動に駆り立てた可能性があると指摘する。

「性別によって移動パターンに違いがあるのなら、侵略者と先住民族とのあいだには根本的に異なる相互関係があったのだろう」と二〇一七年の研究の著者らは書いている。つまり、移住者の側では女性が足りないため、妻や性的パートナーをほかで探すしかなかった。その結果、クリスチャンセンの考えでは、彼らが新たな領土に住み着くにつれて、現地の女性を必要であれば暴力的に連れ去るという野蛮な習慣が生まれた。この解釈のせいで、彼の研究を取り上げたある記事には、「ステップ地帯から来た乱暴な侵略者、石器時代の農耕女性で性欲を満たす」という漫画のような挑発的な見出しが躍る羽目になった。

クリスチャンセンと同僚らは同年、考古学の専門誌である「アンティクィティ」で発表した論文で、ユーラシア・ステップから来た侵略者はまさに「社会的にも人口的にも一大勢力」だったと表現した。そして、彼らを故郷から新たな牧草地に駆り立てたのは、彼らが兄弟姉妹のなかで年少で、兄や姉のように父親から相続できる立場になかったからではないかと主張した。

彼ら年少者に失うものは何もなかった。

彼らは「最も目立つ男のシンボルとして戦闘用の斧《おの》を選んだ」と論文は続ける。さらに推測ではあるが、こうした「若者の軍団は年長の男性に率いられ」、入団儀式として「ブラック・ユース」という名前だとか、あるいはイヌやオオカミの名前などを与えられていたのではないかと述べている。

また、アメリカの人類学者で、ステップ地帯やその他の地域での初期のインド・ヨーロッパ語族の社会生活を研究するデイヴィッド・アンソニーによれば、これらの少年や男たちは、イヌの歯をペンダントにしており、彼らは青銅器時代のヨーロッパの遺伝子構造を「つくり変えた」だけでなく、おそらく「ヨーロッパ社会の言語、社会、経済の構造もつくり変えた」。彼らは遊牧民であり、世界で初めて、荷馬車や馬とともに移動する生活を送った人々だった。そのため、物理的に高い位置にいるというだけで、地面に立つ人たちを支配できるような感覚があったのだろう、とアンソニーは言う。

彼らは牛を飼って生計を立てていた。家畜は肉や乳製品の供給源になっただけでなく、「日々の食事を漁と狩りに頼っていた頃にはなかった社会的階層、つまり地位の高い人と一般人との社会的分断を招いた」とアンソニーは書いている。牛や馬をたくさん飼っていた人は、社会的序列で上のほうにいた可能性がある。また、インド・ヨーロッパ語の初期の語彙《ごい》を集めたところ、彼らは首長の権威を認め、男性神の「天空の父」を崇めていたと彼は考えている。双子の兄弟から始まる人類創生の物語を描いていたことからわかるように、「二項対立や二倍」という概念にも魅力を感じていたようだ。彼らの世界観の中心は牛と息子たちだったとアンソニーは結論づけている。

「ギンブタスの主要な理論は正しいと証明されました」とクリスチャンセンは言う。基本的に、新石器時代初期の社会の成り立ちがステップ地帯から来た侵略者の社会と大きく違っていたことについて、彼はギンブタスに同意しているが、「ギンブタスの説は白黒はっきりしすぎていて、曖昧なところがありません。変化の過程をあまり理解していないのです。でも、ある意味で彼女は先駆者でした。先駆者というのは、まずは白黒はっきりさせるものですからね」と言う。

このように、クリスチャンセンとアンソニーは、ギンブタスが描いた家父長的な侵略者という説を引き継ぎ、その姿を鮮やかに色づけしたと言えるだろう。それらは男性に権力が集まる異国社会の恐ろしいイメージを伝えていた。彼らの研究からイメージされるのは、暴力、領土拡張主義、軍隊、性別ステレオタイプだった。侵略者たちは征服した土地でかなり組織的に動いていたようだ。この戦闘用の斧を巧みに扱う男たちと少年の集団は、世界初の戦士社会だったのではないかとクリスチャンセンは言う。彼らは戦いを制度として取り入れていた。二〇一九年に「ニュー・サイエンティスト」誌に掲載されたクリスチャンセンの研究に関する記事には、この移住者たちは「史上最も残忍な民族」だった可能性があると書かれていた。そうだとしても驚くには当たらない。

では、現代の家父長制はこの古い時代の産物なのだろうか。ユーラシア・ステップから来た移住者がヨーロッパや南アジアに侵入して、家父長制が広まったのだろうか。クリスチャンセンに尋ねると、彼は「そう思います」と即答した。古い過去と現在のあいだには明らかなつながりがあるとして、彼はこう言った。

「ここには〝長期持続《ロング・デュレ》〟［歴史家フェルナン・ブローデルの用語。歴史を短・中・長の三層構造としてとらえ、その最下層を指す］があるのだと思います」

*

私が話を聞いた研究者それぞれが、こうしたドラマチックな筋書きを描いてくれた。だが繰り返しになるが、私たちはそういうドラマに流されないようにしなければならない。過去の人々の日常生活は、壮大な物語ほど一面的ではなかった可能性が高い。結局、それは現実の生活だからだ。

　新石器時代と青銅器時代初期に関する一部の論文には、問題がある。それは、社会の変化が突然に、何の抵抗もなく起きたかのように書かれていることである。だが、そんなことはめったになく、私たち自身、それがめったにないことは現在の経験からわかっている。民族同士の出会いが時に威圧的で暴力を伴うものであったとしても、ある程度の努力や交渉があったのではないか。人々は自分たちの伝統だけは守ろうとし、家族の絆を維持するために戦ったのではないか。女性は自分のコミュニティにいたときよりもいい生活や高い地位を約束されたからといって、新参者との暮らしを選ぶだろうか。父親や兄弟、息子やパートナーと一緒に移住してきた女性たちはどうだろう。彼女たちはどんな役割を果たしたのか。彼女たちも斧を手に戦ったのだろうか。

これらの疑問をクリスチャン・クリスチャンセンにぶつけてみると、歴史上の出来事はおそらく自分の説明ほど単純でもなければ直線的でもなかったと認めた。「不平等はいろいろな形で表れます。不平等に抵抗する勢力もいれば、不平等を目指す勢力もいて、一直線に進んでいくわけではありません。進化の道筋はまっすぐではありません。浮き沈みがあるものです」。大きな権力を求めて、自分たちや自分たちのイデオロギーに有利になるように社会を構築しようとする人がいるかもしれない。「でも、そうした浮き沈みを平らにしようとする力も働きます」。

たとえば、クリスチャンセンが以前、ドイツで紀元前三〇〇〇年代中頃の墓地の埋葬の仕方を調べたところ、「女性は男性と完全に同等に扱われていた」という。つまり、女性は一緒に埋葬された男性と比べて、必ずしも社会的地位が低いわけではなかった。女性が遠くから妻として連れて来られることもあったが、その場合は、女性の子どもたちの一部（とりわけ年少の息子たち）は残された家族のもとで暮らすために送り返された、と彼とデイヴィッド・アンソニーはつけ加えている。こうした「里子」のような仕組みは、家族間で強い結びつきが保たれていたからこそ可能だったと言える。「妻の家族との関係は、同盟や友情、物の貸し借りなどのために依然として重要でした」とクリスチャンセンは言う。そう考えると、コミュニティ同士の出会いが本当に残酷で破滅的なものだったのか、疑問を感じずにはいられない。

歴史の概要だけを追う大きな物語を語ろうとすると、変化に対抗して現れる勢力は、いとも簡単に省略されてしまう。現在と同じく、社会のあり方の変化には必ず抵抗があったに違いない。だが、そうした抵抗や時間を要した駆け引きは、考古学の記録からはなかなか発見できない。それがどんな形で行われたかは、余白の部分にのみ見ることができる。すると、家父長制への移行は、もっと少しずつ、おそらく不安定な形で進んだ可能性が明らかになるのだ。

「揺れ動く過渡期がありました」とイギリスの考古学者であるカリーナ・クラウチャーも認める。考古学の記録を調べると、人間は常にさまざまな生き方を試し、環境や社会の圧力に応じて、何を大事にするかを変えてきたことがわかる。ジェンダーが顕著だった時期もあるが、時代によっては「私たちが考えるほど、ジェンダーが大きな関心事だったという証拠は見つかっていません」と彼女は言う。たとえば、戦時中や食料不足のときに、男女で違った行動を取っていた可能性もある。

ヨーロッパやアジアの一部では、ステップ地帯に暮らしていた初期のインド・ヨーロッパ語族が大挙して押し寄せてくるよりずっと以前から、すでに社会の変化が起きていたのは明らかだ。四五〇〇年前に大規模な人の移動が起きる前から、新石器時代のコミュニティは縮小していた可能性がある。たとえば、彼らは気候変動や疫病《えきびょう》といった環境からの圧力に直面していた。ヨーロッパの新石器時代の社会は、マリヤ・ギンブタスが想像したほど平和ではなかったこともわかっている。一九八〇年代、ドイツとオーストリアで、一〇〇体以上の遺骨が埋まった新石器時代の共同墓地が発見されたことからもそれがわかるだろう。発見当時は例外として扱われたが、その後、決してそうではないことが明白になっている。二〇一五年の研究報告によると、七〇〇〇年ほど前にさかのぼるドイツの別の共同墓地では、砕けた頭蓋骨と痩《や》せた骨の骸骨がいくつか発見された。犠牲者のほぼ半数は子どもだったという。

なかでも最も説得力のある証拠が遺伝子データにある。男系を通じた血統を追うためには、男性のＤＮＡに見られるＹ染色体を調べるのが確実だ。遺伝学者のデイヴィッド・ライクは、そうしたＹ染色体の分析によって、「インド人男性の二〇パーセントから四〇パーセント、東ヨーロッパの男性の三〇パーセントから五〇パーセント」は、およそ四八〇〇年前から六八〇〇年前のたった一人の男性から受け継いだ血統を共有している可能性があると主張した。極めて偏向した血筋であり、今日、南アジアからスカンジナビアまでの広い地域に家系をもつ男性のうち、少なくとも一〇パーセントがこの男性先祖を共有しているという。

この年代からわかるように、こうした父系に傾いた継承パターンは、四五〇〇年前にユーラシア・ステップから移住した人々を起源として始まったわけではなかった。それよりはるか以前に始まっていた。遺伝子を分析した結果、男性のＹ染色体の多様性には、すでに何世紀も前から深刻なボトルネック現象があったことが認められている。同様の傾向はヨーロッパだけでなく、アジアやアフリカの一部の地域でも見られた。科学的な推定によると、この縮小が起きた時期は、五〇〇〇年前から七〇〇〇年前のあいだとされている。

一方、女系を通じて受け継がれるミトコンドリアＤＮＡを調べることで、女性の先祖を探ることができる。そこからわかるのは、現代に生きる人々が共有する女性の先祖は、男性の先祖よりもはるかに幅広く、多様性に富んでいるということだ。それにはいくつか原因が考えられる。二〇一八年、スタンフォード大学の研究者らはこれについて、社会構造が絶えず変化していたためだという説を示した。たとえば、敵対する氏族間の争いで多くの男性が殺され、生き残って子どもをもうけた男性が減った可能性があるという。負けた氏族側の女性は殺されず、妻や側妻《そばめ》や奴隷にされたと研究者らは推測した。ほかにも説得力のある説としては、少数のエリート男性が多くの女性を性的パートナーにしたのに対し、ほかの男性はわずかな女性しかパートナーにできず、パートナーがいない男性もいたというものもある。女系に遺伝的な多様性の欠如が見られないのは、こうした理由によるのだろう。そうした社会でも、女性は変わらず子どもをもうけ、世代を超えて現代まで自分の遺伝子を伝えていた。

これらの説のいずれかが正しいのなら、権力のパターンは、ユーラシア・ステップからの大規模な人の移動が起きるかなり前から変化していたことになる。新石器時代の社会は、理由は何であれ、すでに社会的な圧力や不平等といった兆候を示していた可能性がある。比較的少数の男性がほかの男性よりも多くの子どもをもうけていた。あるいは、そういう男性の子どものほうが多く生き残って、今度は自分の子どもをつくり、それが何世代にもわたって続いていた。四五〇〇年前にステップ地帯からいわゆる「侵略者」が入ってきたときには、こうした階級の男性が一段と少なくなっただけだった。そして、そうなったのにもまた多くの理由があった。クリスチャンセンによれば、一つには、新石器時代の人々は当時、以前よりも虚弱になっていたからだという。「穀物やパンを多く食べるようになったからでしょう」と彼は主張する。それに対して、牛を連れた侵略者たちは、「背が高く、非常に健康でした。肉や乳製品を食べていたからです」。

理由はともかく、数少ない男性がほかの大部分の男性よりも多くの子どもをつくる状況が続いていた。すると、「新石器時代のいくつかの男系は数百年のうちに途絶えてしまった」と彼は言う。この基本的なパターンが前後数千年にわたって続いていたのである。現在の私たちにとっての問題は、ここから男性支配の台頭について何がわかるかということである。

*

彼らは「物々交換を行うテントを破壊し、とんがり帽を被った女たちを力ずくで奪っていった」。これは、知られているかぎり最古のモンゴル語による文学作品『元朝秘史』の一節である。一二二七年にチンギス・ハンが死んでまもなく執筆されたものと言われている。

先史時代の人々について、私たちはほとんど何も知らない。当時の個人の生活、人々が目にしていた社会の変化、彼らが世界についてどう感じていたかなど、詳しいことはわかっていない。彼らの家族、争い、成功や失敗についても知らない。その溝を埋める数少ない方法の一つは、文字の記録が残っている比較的新しい文化のなかに、古い文化のかすかな名残を探すことである。『元朝秘史』はまさにそのための文献だ。よく練られた伝承と英雄の賛美から読み取れるのは、あまりにも冷酷で強大な帝国の姿である。モンゴルの侵略者たちは、男も女も子どもも戦いと戦略的同盟の駒として扱った。チンギス・ハンの生い立ちから死まで、その人生を描いた物語のなかで、数えきれないほどの人々が殺され、捕らえられ、奴隷にされ、ほかの人たちへの貢《みつ》ぎ物とされた。

ユーラシア・ステップから来た初期のインド・ヨーロッパ語族と同様、モンゴル人は、東のステップ地帯から外に領土を拡大していった遊牧民だった。ヤクとラクダを飼い、おそらく初めて軍馬に乗った人々だったと、歴史家のフランク・マクリンは二〇一五年刊行のチンギス・ハンの伝記で書いている。石器時代の人々と違って、モンゴルの社会、家族、指導者については、複数の資料から生き生きとした詳細を知ることができる。モンゴル帝国はチンギス・ハンのもとで、領土の点では、それまでの世界には類を見ないほどの巨大な国となった。モンゴル軍は九日間で九〇〇キロメートルあまりを移動することができ、それが即座に他民族に対する優位性になったとマクリンは説明する。モンゴル帝国の領土は、アジアを横断してアドリア海まで広がった。

一部の科学者らによると、この帝国の子孫は今日、世界のほぼいたるところで見つかる。二〇〇三年、中国、モンゴル、ヨーロッパ諸国の生物学者から成る国際チームが、アジアの広大な地域で共通して見られるY染色体の系統を明らかにした。同地域の男性の約八パーセントにこの系統が見られた。とても広い地域のため、これは世界の全男性のおよそ二〇〇人に一人にあたる。科学者らは、この男性たちの遺伝子情報をその起源までさかのぼることで、彼らが一〇〇〇年ほど前にモンゴルに住んでいた一人の男性祖先の子孫だと推論した。この男性はチンギス・ハンだというのが最も有力な説だった。マクリンの推計によると、チンギス・ハンには正妻が二三人、正式な側室が一六人、正式ではない側室が数百人もいた。

さらに、チンギス・ハンの息子たちも、平均よりも多くの子どもをもうけた可能性がある。たとえば、チンギス・ハンは敵対する部族を打ち破ったあと、敗れた部族の指導者の姪たちを自分の妻として連れ去り、息子にも分け与えたことで知られている。人々を捕らえて、奴隷や使用人、側妻にするのは普通だった。チンギス・ハンの息子たち、その息子たち、さらにその先の子孫は、何世代にもわたって彼の社会的威信と遺伝子を受け継ぎ、強力な指導者となって多くの女性を自分のものにした。

もちろん、権力者が子どもを多くもうけるとはかぎらない(独身を貫く宗教指導者が一例だ)。だが、多くの子どもをもつことが男性支配者としての権威のようなものを反映するのであれば、遺伝子解析は少なくとも、他者に対して強大な支配力をもっていた歴史上の人物(つまり、その時代の支配者たる家父長と思われる男性)を突き止める手段となるだろう。たとえば二〇〇六年、ダブリン大学トリニティ・カレッジの研究者たちは、ある一人の人物につながるY染色体が数百万人の男性に存在するのを発見した。その人物とは、紀元後五〇〇年頃にアイルランドに住んでいた男性である。中世のアイルランドでは、「子孫を残すことは権力と名声に関係していた」と研究者たちは書いている。この極めて大きな家系のルーツだった可能性のある男性のひとりが、一四二三年に死んだトゥーロッホ・オドネル卿《きょう》だった。彼は一〇人の女性とのあいだに一八人以上もの息子をもうけ、孫息子は五九人にもなった。

父系社会では、権力と富は息子を通じて伝えられる。ということは、遺伝子データを利用すれば、父系制がどこまでさかのぼれるかを測定できるわけだ。クリスチャン・クリスチャンセンによると、父系制の証拠は、ヨーロッパの遺伝的記録だけでなく、少なくとも新石器時代末期にまでさかのぼる考古学的記録にも見られるという。彼は二〇一九年に、ドイツ南部にある一七キロメートルほど離れた二つの墓地に埋葬された人たちの遺伝的な関係性を調べ、その研究成果を共同で発表した。紀元前三〇〇〇年紀中頃の墓地である。そこでわかったのは、埋葬された女性たちはコミュニティのほかの人たちとは関係がなかったが、男性同士は互いに密接な関係があったことだ。「世帯の男性には、父系の親族関係があり、また父方居住の関係性が見られました。少なくとも世帯の長老や指導者の男性たちには、そういう関係性がありました」と彼は言う。

人類学者のデイヴィッド・アンソニーによれば、初期のインド・ヨーロッパ語の語彙を復元した言語学者らは、父方や夫側の家族関係を表す多くの表現を発見したが、それに対して、母方や妻側の家族関係を表す表現はほとんど見つけられなかったという。女性の生まれ育った家族はさほど重要ではなかったようだ。「非常に男性優位の社会です。第一に、父系制です。つまり、責任や権利や義務は父親を通じて受け継がれます」。一方で、娘は一般的には家を出て、夫の社会集団に加わった。

インド・ヨーロッパ語で書かれた文献のうち、現存する最も貴重なものの一つがヒンズー教の聖典、『リグ・ヴェーダ』である。インド・ヨーロッパ語族が現在のインドに北方から流入したと考えられているのと同じ頃、紀元前一五〇〇年前後に編纂《へんさん》されたと考えられている。古い経典から実際の家族の暮らし方を解読するのはとても難しい。というのも、そうした経典には、現実ではなく理想が書かれていることが多く、人々がそのとおりに従うことはめったにないからだ。だがアンソニーは、『リグ・ヴェーダ』はまさに男性偏重を表しており、「非常な男性優位という点で、注目すべき文書」だと見ている。たとえば、すばらしい牛と馬と息子を賜《たまわ》らせたまえと祈る者が登場する。

とはいえ、息子を尊重する社会というだけで、今日の「家父長制」の特徴をすべて備えているると考えるのは間違いだろう。たとえば、モンゴルの社会は父系制で、息子を大事にするものの、ジェンダーについての考え方には非常に大きな幅があった。

「外国の研究者にとって、モンゴルの女性は特に魅力的な研究対象だった」とフランク・マクリンは書いている。〝(モンゴルの女性は) 男性と見分けがつかないほど太っていて醜く、性別不明またはアンドロジナス［典型的な男らしさと女らしさの両方を併せもつジェンダー表現］〟とすら評されていたという。だが、社会はしぶしぶながら女性を尊敬していた。「特に、立ったまま出産し、その後、何事もなかったかのように仕事を続けることへの称賛の念があった」とマクリンは言う。男女ともにあらゆる仕事ができなければならなかったし、熱心に働いた。さらに彼は、「男も女も子どもも、馬の扱いに長《た》けていることを期待された」とも述べている。外国人から見ると、モンゴルの女性は、「男性と同じくらい上手に馬を乗りこなし、荷車を巧みに操り、弓の名人でもあった」のだ。

要するに、モンゴル帝国では、ジェンダーと権力をめぐるルールは、前後の時代のほかの父系社会と同じではなかった。男女の厳格な分業はなく、家庭という切り離された領域に女性が閉じ込められることもなく、女性は必ずしも弱い、劣った存在とはみなされていなかった。父方居住さえ確固たるものではなかった。ステップ地帯では、新婦の家族が貧しい場合は、義理の息子が新婦の家族と同居することもあったとマクリンは書いている。娘だけでなく息子も、裕福な家と望ましい結婚をするために両親の駒として使われることがあった。

「ナポレオン法典よりもチンギス・ハンの法典のほうが自由だったと皮肉る者もいた。フランス皇帝は女性の離婚する権利を制限したからである」とマクリンは書いている。チンギス・ハンの統治下では、男女とも互いに合意すれば離婚することができた。

このように、新石器時代末期にヨーロッパとアジアに伝わり、その後世界中に広まった「家父長制」社会には、決して特定の形があったわけではなかった。すべてが変わってしまった瞬間や、フリードリヒ・エンゲルスが言うような「女性の世界史的な敗北」の瞬間があったわけでもなかった。証拠から浮かび上がってくるのは、たとえ権力のバランスがジェンダーをもとに決まっていた場所であっても、そうなる過程では、常に紆余《うよ》曲折があったということだ。それぞれの父系社会は長い時間をかけて、時には数千年の時を経て、各自のルールをつくり上げていた。

文化史家のブルーノ・デ・ニコラは、モンゴル帝国では息子と同様、その息子を産んだ高位の女性たちも尊重されたと指摘する。財産に対する女性の権利や経済的地位は、結婚すると上がり、息子や後継者を出産するとさらに上がった。『元朝秘史』によれば、チンギス・ハンの母親は、チンギスの人生に多大な影響を与えたようだ。彼女は強大な権力を振るい、尊敬を集めた。統治者や男性の王族の妻は、財産、牛、馬、人民を管理した。こうした影響力のもとで、権力を握る女性は何千人もの人々を支配下に置くことができた。自ら馬車を操って、あちこち自由に移動した。個人の人生にとって、ジェンダーよりも社会的地位のほうが重要になる可能性は十分にあった。

結婚は政治同盟の手段にもなり、それによっても女性の重要性は高まった。女性はまさに、モンゴル王国間の絆を表す存在となったからである。チンギス・ハンのもとで帝国が拡大するにつれて、高位の女性たちは政治に関与するようになった。夫が死んで、息子が実権を握るには幼すぎる場合など、事情が許せば、時には完全に権力を握ることもあった。「モンゴルの王族には、このように政治に積極的に参加し、発言権を強める女性たちがいた。こうしたモデルは、帝政以前のモンゴルの枠を超えて、モンゴル帝国全域に伝えられていった」とデ・ニコラは書いている。

さらに彼は、「マルコ・ポーロが見たところ、女性は常に商取引に加わり、自分や家族に必要なあらゆる物を売買していた」とも述べている。軍事行動に参加する女性についてもいくつか文献がある。なかでもチンギス・ハンの娘については、「立ち向かってくる勇敢な男たちをことごとく打ち負かした」という伝説的な記述が残っている。

少なくとも一九世紀以降、欧米の学者は、歴史を完全な二項対立とみなしてきた。「男性は暴力を振るう残酷な人間で、女性は母性をもった平和な人間だ」「人は女神か男性神のどちらかを崇拝する」「社会は女性中心か、男性中心かのいずれかである」「完全に母権制の社会か、完全に父権制の社会か、どちらかしかない」「民族は本質的に創造的か、本質的に破壊的かのいずれかである」といった具合だ。

こうした考え方は、家父長制の起源を説明しようとする人たちの言説のなかに長いあいだ表れていた。現在に至るまで、科学者や歴史学者の頭のなかに深く刻み込まれていると言ってもいい。ところが、過去の人々が実際にどのように暮らしていたかがわかる、きめ細かい証拠が増えれば増えるほど、こうした二項対立は崩れていく。一例として、マリヤ・ギンブタスが取り上げたミノア文明とミケーネ文明を見てみよう。これらは古代ギリシャの古典期［紀元前五世紀から紀元前四世紀末の最盛期］が始まる直前に栄えた文明だった。ギンブタスにとっては、古代ギリシャはヨーロッパが男性支配へと大きく変わる幕開けを象徴する文明だった。

*

紀元前三〇〇〇年頃から紀元前一一〇〇年頃にクレタ島に住んでいたミノア人は、芸術性の高い文化を育んでいた。陶器や青銅器、壮大な建築の宮殿や都市をつくり、ヨーロッパ大陸で最古の文字の一つを使っていた。これまでに発掘された有名なミノア美術では、女性が大きく取り上げられている。なかでも〈蛇の女神〉と呼ばれる力強い女性像は、胸の部分はむき出しだが、ほかは華やかな衣服を身に着け、伸ばした両腕に二匹の蛇をつかんでいる。それに対して、ギリシャ本土で栄えた近隣のミケーネ文明は、歴史学者によると、より家父長的で好戦的な文明だった。ミケーネ文明の人々は、刀や槍《やり》と一緒に埋葬されることもあり、インド・ヨーロッパ語族との関連が知られている初期のギリシャ語を話していた。ミケーネ文明はミノア文明より少し遅く、紀元前一六〇〇年頃から紀元前一一〇〇年頃に栄えたが、ミノア文明としばらくは重なっていた。

隣り合って栄えた両文明を分析した結果、ギンブタスは、ミノア文明は母権制を取る、平和で女神を崇拝する社会だったに違いないと主張した。「ミノア文明の女神は、古ヨーロッパの伝統を受け継いでいた」と彼女は最後の著書『生きている女神』で書いている。対して、ミケーネ文明には、古ヨーロッパの文化とインド・ヨーロッパ語族の文化の融合を見出していた。ミケーネ文明は「戦争を賛美する」と同時に、「たくさんの女神像をつくっていた」文化だという。つまり、彼女にとって、ミケーネ文明は家父長制へと移行しつつある社会で、二項対立の一方の社会からもう一方の社会へと移行する過程にあった。

そして最終的に、「男性的な特徴がほぼ完全に支配するようになった」とギンブタスは主張した。ギンブタスによれば、両文明の違いは偶然ではなく、彼らは根本的に異なる民族だった。ミケーネ人は東方のユーラシア・ステップの文化を受け継いだ種族の子孫だった可能性があると彼女は強く訴えた。

この点について、ギンブタスは間違っていたことが明らかになっている。ハーバード大学の遺伝学者も参加した国際研究チームが、この地域の古代人の遺骨をDNA分析したところ、「ミノア人とミケーネ人は遺伝的に似ている」ことが判明したのだ。その成果は二〇一七年に発表された。異なる言語を話し、明確な独自の文化をもっていたにもかかわらず、両者は直近で共通の先祖をもち、互いに密接な関係にあった。関係が強かったからこそ、ほとんどの人が黒い髪と瞳をもち、身体的にもよく似ていた。

ところが、二〇一七年の研究では、ミケーネ人のなかにさらに、わずかではあるが東ヨーロッパやシベリアの狩猟採集民族に関係する祖先の痕跡があることがわかった。そうした痕跡がいつ、どのように現れたかを知るのは難しい。だが、東方から訪問者がやって来て、彼らが話す言語をミケーネ人が知るようになったか、あるいはミケーネ人が移動や交流によって出会った言語を広く取り入れた可能性はある。要するに、ミノア人とミケーネ人の文化的な違いは、遺伝子によって受け継がれたものではなかった。同様に、社会や政治に対する新しい考え方は、人々が互いに出会い、新たな方法を学ぶことによってもたらされたのかもしれないのだ。

マリヤ・ギンブタスはすべてが正しかったわけではない。だが、旧石器時代から青銅器時代にかけて、男女の関係性が大きく変化したという点では、彼女の分析は正しかった。古代ギリシャの社会は、男性優位に大きく偏っていた。その文学、哲学、科学、芸術は、ほぼ間違いなく、それ以前とは異なる序列的な文明を反映していた。こうした社会の変化をもたらした原因は、文化的交流、布教活動、強制、環境の変化、少数の人々が起こした社会の混乱、あるいは複数の要因の組み合わせなどいろいろ考えられる。原因は何であれ、ヨーロッパとアジアの一部の地域では、ジェンダーに基づくある種の抑圧が次第に確立されていった。すでに権力を握っていた者たちは、さらに権力を強固にした。

やがて、年長の、裕福な、自由な男性たちが家庭を支配し、上層階級の男性たちが国家を支配し、強い神々がそれらすべてを支配するようになった。一七世紀にイギリスの政治思想家のロバート・フィルマーが『家父長論』で述べたのとまさに同じ状態になったのだ。紀元前八〇〇年頃、この地域で古代ギリシャの古典期が始まると、男性優位は社会規範となった。それは人々の心のなかで根を下ろし、自分自身、そして人間の本質に関する人々の考え方を歪めていったのである。

第五章

制限

「ジェンダーが重要になったのはいつですか？」

私は取材の最後にイアン・ホッダーにそう尋ねた。すでに書いたとおり、同氏は、アナトリア南部にある新石器時代の集落チャタル・ヒュユクで、最新の発掘調査の責任者を務めた考古学者である。私が知りたかったのは、歴史上、女性にとってすべてが変わってしまった転換点が本当にあったのかということだ。わかったのは、単純な答えはないということだった。

陽《ひ》に照らされたポンペイの遺跡を歩きながら、私はそのことを考えていた。このナポリ南部にある古代ローマの都市は、紀元後七九年にヴェスヴィオ山が噴火したあと、火山灰と軽石の下に埋もれて不気味なほどにそのまま保存されていた。今ここに住んでいる自分を想像できるほどだ。発掘された壁を通して、過去からの声が届く。誰かがここで女友達と遊んでいたと書かれた古い落書きが残されている場所もある。そこで排便したことをわざわざ記した落書きもある。アナトリアの遺跡はウサギの巣穴のようで、私には理解できなかった。だが、ポンペイの通りには規則正しく石畳が敷かれ、商店や家々が並び、心地よい親しみを感じる。まるで現代のように感じられるのだ。

ホッダーは、チャタル・ヒュユクで発見した考古学の証拠を調べた結果、九〇〇〇年以上前にその集落に住んでいた人々にとって、ジェンダーは大して重要ではなかったと考えるようになっていた。生活の仕方や埋葬方法には、男女で大きな違いがなかった。少なくともこれまで発掘されたものからは、厳格なヒエラルキーがあったという確かな証拠は見つかっていない。だが、彼も私も知っているとおり、ジェンダーは当時は重要でなかったとしても、その後、必ず重要になる。およそ六〇〇〇年後、古代ギリシャの古典期が始まる頃、この広い地域の社会は、まったく異なる様相を呈していた。

その後、ポンペイが最盛期を迎えた頃には、あらゆる種類の社会的不平等が深刻化していた。この地域の権力と知的生活の中心地だった古代のローマとアテネは、奴隷労働に依存していた。その人がどう生きていくのかは、自由かどうか、どこで生まれたか、どの一族に属しているか、そして階級や富によって決められていた。もちろんジェンダーによっても決まり、その人がどの社会集団に振り分けられているかによって、さまざまな形があった。権力者は男女の性質について息苦しいほどに狭量な文化的信念をつくり出し、それにそぐわない者に対して人々が強い不審の目を向けるように仕向けた。

ポンペイに親しみを感じる多くの理由の一つはこの不平等だと、私は居心地の悪さを感じながらも気づいている。チャタル・ヒュユクのような集落で見られた、男女にとらわれない平等主義は、今日の世の中の現実とはかけ離れている。男女が厳格に区別され、性差別が大きかった古代ギリシャ・ローマの社会のほうが、現代に近いように感じられるのだ。

この気まずい類似点は偶然ではない。チャタル・ヒュユクが九〇〇〇年前の集落なのに対して、ポンペイがわずか二〇〇〇年前の社会だからというだけではない。生き生きとした彫像、詩や戯曲、噂話が書かれた手紙、法廷文書や判決書から、当時の生活を理解しやすいからというだけでもない。それは、現代のヨーロッパ人がまさにこの時代のこの場所を「西洋文明」のルーツとして考えてきたからである。何世紀ものあいだ、ヨーロッパ人は古代ギリシャとローマを尊び、その劇作家や哲学者を賛美し、その文学作品から人生の教訓を学び、彼らを真似て新古典主義様式の円柱を建ててきた。私が訪れたとき、チャタル・ヒュユクにはほとんど誰もいなかったが、ポンペイは観光客であふれていた。人々はポンペイに夢中になっているようだ。それは少なからず、そこが現代の高度な社会の起源だと信じて育ってきたからでもあるだろう。私たちはこの古代人たちの恩恵を受けて生きている。彼らの世界は今も、私たちのなかでつくり変えられている。

「イギリスでは、古代ギリシャやローマを学ぶことが植民地時代の支配階級には欠かせなかった」と、ニューヨークのハミルトン・カレッジでギリシャ文学とインターセクショナル・フェミニズム［人種や階級などの複数の要素が組み合わさった差別や抑圧の視点をもったフェミニズム］を研究するナンシー・ソーキン・ラビノウィッツは書いている。じつは私自身も、古代ギリシャやローマの文化を賛美するよう教えられた学生の一人だった。一九九〇年代に私が通ったロンドンのグラマー・スクールは進学校で、全員がラテン語を学んでいた。コネチカット州のウエズリアン大学の古典学名誉教授マリリン・カッツは、「古代ギリシャ語とラテン語は、アメリカの経済的・政治的エリートとなるであろう（白人の）若者の道徳教育や社会教育に昔から取り入れられていた」と書いている。

古代ギリシャやローマを学ぶ目的は、歴史を知ることだけではなかった。「古典は過去を学ぶだけでなく、過去を保存するための学問になった」とカッツは指摘する。

権力者らは自分たちが築こうとしている不平等な社会が正しいという確証を得ようと、古代ギリシャとローマに注目した。古代の芸術や建築を取り入れつつ、同時にその時代の偏見も意図的に取り込んだ。一八世紀末から一九世紀にかけて西ヨーロッパの人々は、自分たちの人種差別的で性差別的な信念を肯定するために古代ギリシャとローマに関心を向けた、とラビノウィッツは説明する。「男性たちは、過去のギリシャの社会を理解しようとしただけではなかった。それを自分たちのニーズに合うようにつくり変えた」と彼は書いている。

歴史学者のデイヴィッド・ローウェンタールによれば、アメリカ人は故郷を感じるためにヨーロッパを訪れるという。ヨーロッパ人がポンペイやローマやアテネを訪れるのも、同じ理由ではないだろうか。私たちはこの土地を故郷のように感じている。だが同時に、これらの都市が残酷なまでに不平等だったことも知っている。プラトン、アリストテレス、ソクラテスなどの偉大な哲学者が生まれた古代アテネは、人類史上、女性であることが最も過酷な場所だったとさえ言えるのかもしれない。

「アテネはさまざまな点で独特な都市だった」と古典学者のスー・ブランデルは著書『古代ギリシャの女性たち（*Women in Ancient Greece*）』で指摘している。

*

証拠として残る文献から推測するに、古代アテネは葛藤《かっとう》に苦しむ都市国家だった。父系相続制度と男性優位の神話を中心とする、歪んだ社会秩序を必死に維持しようとしていたからだ。アテネ市民であることにはメリットがあった。だが、市民は代償として、ルールに従わなければならないという圧力を受けていた。アテネの女性は財産を所有できなかった。父親や夫、あるいはほかの男性親族を通じてのみ、法的保護を受けることができた。公的な領域と私的な領域を分けるという考え方は、この時代に生まれたもので、ギリシャ語で都市国家を意味するpolis（ポリス）と、家族や家庭を意味するoikos（オイコス）という言葉に由来する。この二つの領域を分ける境界線によって、女性の居場所が決まるようになった。

古代ギリシャ文学を読めば、上品で理想的な女性は陰に隠れ、物静かで、従順だったことがわかる。哲学者のアリストテレスは紀元前四世紀の文献で、奴隷になる運命の人もいれば、自由人になる運命の人もいて、それは当たり前の事実だと書いている。性別についても、「本質的に男性は優れていて、女性は劣っており、男性は支配者であり、女性は被支配者である」と述べている。国家にとって、女性の第一の価値は、人口を維持し、国を守るために新たな市民を産むことだった。だが一方で、男性の側にも家庭外の女性と同席する際に従うべき慣例があり、また勇敢さや自制心の規範にも従わなければならなかった。

アリストテレスは性差別主義者としては比較的穏やかなほうだった。ギリシャの文献には、女性に対する強い嫌悪を興奮した様子で語っているものもある。たとえば、ギリシャの神々がつくった最初の人間の女性とされるパンドラの神話について、紀元前七〇〇年頃の詩人、ヘシオドスは『神統記』のなかで、「彼女から人を破滅させる女たちの種族が生まれた……大きな禍いの因《もと》をなし」と書き、さらにその後も、女性嫌悪の考えを繰り返し書き残した。

それが古代の人々の考え方だったのだろう。

だが、注意しなければならない。私たちは過去を一般化してしまう。見たいものだけを見ようとしてしまう。また、権力者はあえて過去のごく一部分だけを取り出す。実際には、古代ギリシャとローマの文化は非常に長く続いたため、現代の文化と同様、ずっと同じというわけではなかったはずだ。女性の地位は常に変化していた。

スタンフォード大学の考古学者であるイアン・モリスは、紀元前八〇〇年から紀元前四八〇年までのギリシャ初期の家庭を調べた結果、ジェンダー・イデオロギーは最初はそれほど固定化されていなかったと主張する。初期の頃は、開けた集落に一部屋だけの住居が並び、男女の隔離はもちろん、女性が隠れる場所もなかった。モリスの説明によれば、住居が複数の部屋に仕切られるようになったのは、およそ紀元前七五〇年よりあとのことで、おそらくその頃でも、それができるのは大きな家をもてる裕福な人だけだった。そうした家庭では、屋外労働を奴隷に任せて、女性は家のなかにいることができた。古代アテネでも一九世紀のアメリカと同様、家庭に専念する女性というのは富裕層だけが実現できる理想だった。

家庭の主婦と聞けば、現代の私たちはある特定の思い込みを抱くだろう。しかし、家にいるということは、当時は現在とはまったく違う意味だった可能性がある。ギリシャの歴史において、アテネ市民の妻は、貴族のように家庭を切り盛りすることで、実際には大きな権限を行使することができた。

「女性は家庭内のすべてを管理していました」とニューヨーク市立大学の古典学教授、サラ・ポメロイは言う。彼女は、古典期の女性に関する一九七五年に刊行された先駆的な書籍『女神、娼婦《しょうふ》、妻、奴隷（*Goddesses, Whores, Wives, and Slaves*）』の著者でもある。家庭での仕事が多く、家庭が工業生産のほぼ中心となる社会では、家庭の管理は取るに足らないことではなかった。女性たちは奴隷を管理した。奴隷の少女を殴ることもあった。家庭内では、女性の管理下に置かれた者たちが織物をつくり、食料を生産し、必要に応じて畑から食卓まですべての労働を担っていた。家庭《オイコス》と都市国家《ポリス》は別々の世界ではなかった。互いに依存し合っていた。

しかし、社会は決して立ち止まることはなかった。時代が進むにつれて、政治権力のバランスは家庭から都市国家へと比重が移っていく。皮肉なことに、古代アテネでこの動きの大きな原動力となったのは、紀元前五世紀前後の民主主義の導入だった（これが何世紀もあとに現代の民主主義のモデルとなる）。「アテネで民主主義が繁栄した頃、女性は最も抑圧されていました」とポメロイは言う。政治への参加は（現代の民主主義と同様）大人の男性市民に制限され、下層階級の男性市民が優遇される一方で、上流階級の女性は家庭内で立場を失っていった。ポメロイはさらに、「民主主義は女性だけでなく、奴隷や市民以外の者を苦しめました。男性市民はアテネに暮らすほかの誰よりも高い地位に引き上げられました」とも言う。

古代アテネはこのように、一時期、非常に息苦しい場所になったが、それは長くは続かなかった。その後、ギリシャ世界は拡大し、異なる価値観をもったさまざまな文化と接触を深めるようになる。「ギリシャ人はやがてアッシリア人、ペルシャ人、エジプト人と交流するようになりました。それらの民族の多くは、女性についてはるかに自由な考えをもっていました」と古代世界の女性に関する専門家で、ペンシルベニア大学で博士号を取得したステファニー・ブディンは語る。この接触に伴って、アテネでは女性に対する圧力が和《やわ》らいだ。「そして気がつくと、女性の社会的地位が高まり、自由を手にしていたのです」。

時代とともに移り変わる人々の日常生活を眺めてみると、ジェンダー規範がいかに不安定なものだったかが見えてくる。こうした規範が、階級によって、奴隷か自由人かによって、外国人か地元民かによって、老人か若者かによってどれほど違っていたかがわかるのだ。ジェンダー規範は徐々に、時には断続的に現れ、どの方向に向かうかも状況によって変わった。

たとえば、古代ギリシャの著作家にはミソジニーの考え方が色濃く感じられるが、文献から判断するかぎり、彼らは夫による妻への暴行には眉をひそめていた。シカゴのロヨラ大学の歴史学者レスリー・ドッシーによると、古代ギリシャ時代の末期でも、「ギリシャの作家は、夫が妻を殴るのは恥ずべきことと考えていた」という。哲学者のプルタルコスは、このような振る舞いはまっとうな男性としての自制心の欠如を示すものであり、辱《はずかし》めを受けるべきは妻ではなく夫だと考えていた。「ギリシャ人男性がこのように理性を失うと、妻のために外部のコミュニティが介入してくることもあった」とドッシーは書いている。妻はそれを理由に夫を提訴することもできた。

一方、古代ローマでは、女性は比較的大きな権利と自由をもち、明らかに人の目や耳に触れる機会も多かったものの、夫が妻を殴ることは容認されていた。ローマ人の妻は、奴隷や子どもと同じように、体罰に耐えて行いを正さなければならなかった。ドッシーの説明によれば、妻は辱めを受けずに済むよう「従順な態度で夫の怒りを和らげるべきだ」と勧められた。古代アテネとは異なり、辱めを受けるのは夫ではなく妻だった。ローマ共和国の初期の頃、夫には不貞を理由に妻を殺害する権利さえあった。

古代ギリシャ・ローマ時代の社会の姿が単純化され、こうした曖昧な部分が見過ごされてきたとしたら、それは一つには私たち自身の偏見のせいでもある。古典学の研究者であるマリリン・カッツが見たところ、同分野の専門家は長いあいだ、ギリシャの性差別主義を共感に近い気持ちで容認してきた。一九七〇年代に入っても、男性研究者らは「ミソジニーは当たり前」で、「ごく普通の夫の嫉妬」ととらえてきたと彼女は書いている。女性の服従と男性の支配は生物学的な法則とされ、そのため、古代ギリシャ・ローマ時代の性差別は、普遍的なものとして受け入れられていた。今でも、私たちが過去をありのままに見ているのか、それともこれらの専門家が何十年にもわたって彼ら自身の偏見で濾過《ろか》したものを見ているのか、見極めるのは難しい。たとえば、ジェンダーの区分は当時の人々にとって現在と同じ意味をもっていたのかと、歴史学者が疑問を抱き始めたのはつい最近のことだ。ギリシャの女性が「東洋的な」隔離状態に置かれていた、などという人種差別的な考えも、ようやく捨てる方向に動き始めたばかりである。

だがそれでも、過去を解釈しようとすると、どうしても政治が関わってしまう。権力者は古典を読みあさり、現代に使えるものを探し求めてきたが、自分の優位な立場を脅かす可能性のある史実に目を留める気はあまりなかった。人間の本質を定義したい人々にとって、歴史は強力なツールになる。一七六二年、哲学者のジャン＝ジャック・ルソーは、公衆の前に姿を見せず家庭に専念していた古代ギリシャの女性たちを、歴史上最も賢く、最も美しい、魅力的な女性と評した。「これこそ自然と理性が女性に命じている生き方なのだ」とルソーは書いている。

ルソーの言葉を見ればわかるように、男女の関係を理解するために古代の世界に目を向けることには、大きな罠《わな》がある。それは、古代の世界があまりにも遠いために、人間の本質の根源を見ているような錯覚を抱いてしまうことだ。二〇〇〇年前の女性が男性に支配されていて、現在もなお支配されているのであれば、それが自然の姿だと思い込んでしまう。だが、古代アテネの社会的不平等は、決して自然の姿ではなかった。支配層の男性は簡単に権力を握ったわけではなかった。男性は自然に支配するようになったわけではなく、女性はあっさりと服従したわけではなかった。それらはゆっくり出来上がった関係性だった。熟慮された、絶え間ない努力によって、時に暴力や脅《おど》しを使いながらも、多くの場合、社会規範や法令を幾重にも重ねることで確立されたものだった。ヘシオドスの吐き捨てるような怒りは、女性が男性よりも劣っていると人々に納得させるのに、いかに努力が必要だったかを表している。

名誉と恥、期待と罪悪感、愛国心と忠誠心――これらすべてが、人々の行動に関する国家の期待に組み込まれていた。男女の境界線は、はっきりと規定し、取り締まるべきものだった。それらは努力なくして簡単に出来上がったものではなかった。

*

人類の歴史は絶え間ない移動の物語だ。あちこちに人が移動し、新しいアイデアや技術を運んできた様子からもそれがわかる。だが、人類の歴史は、他者を思いどおりにしようとする人々の物語でもあった。

世界最古の国家は、このジレンマに陥っていた。国家は今でこそ、心強く確固たる存在に感じられるが、かつてはゼロから構築しなければならないものだった。国家が抱える課題は、条件が気に入らないからといって人々が国境の外にふらふらと出ていかないように説得することだった、とアメリカの人類学者、ジェームズ・スコットには教えられた。スコットは、初期の国家が登場した経緯とその拡大を促した要因の研究に生涯を捧《ささ》げてきた研究者である。人口がいなければ、国家の力は失われる。だから、人々は何よりも貴重な資源だった。

スコットは古代メソポタミアに注目していた。ユーフラテス川とチグリス川に挟まれた流域で、肥沃な三日月地帯の一部である。歴史学者によると、人類の文明の発祥地と言われており、現在のトルコ、シリア、イラク、クウェートの一部にあたるこの地に、アテネの黄金時代より三〇〇〇年ほど前、シュメール人が世界最古の「本格的」な都市とされるものを築いた。彼らは小さなダッシュ記号のような印が並ぶ楔形《くさびがた》文字を生み出し、それは世界最古の書き言葉と言われている。シュメール人に続いて、アッカド人、バビロニア人、ヒッタイト人、アッシリア人がこの地を支配し、やがて古代ギリシャが繁栄した時代と重なった。

スコットの説明によると、こうした初期の国家に暮らす人々は、国家の外に暮らす人々に比べて、予測可能な安定した生活を送っていた可能性がある。だが、ほかのさまざまな点では、厳しい生活でもあった。比較的自由な狩猟採集社会とは異なり、穀物に依存した限られた食生活が主流となり、人々は大量に保存された穀物を一定の割合で分け合った。若い男性はいつでも戦場に赴《おもむ》くことを期待され、死の危険に直面していた。若い女性は、できるだけ多くの子を産むべきだという圧力にさらされていた。

「これら初期の国家では、人口が問題でした」とスコットは言う。「不自由な条件のもとで人を集めて、彼らをそこに留まらせるにはどうしたらいいか。国家を運営する支配層や聖職者、職人、貴族や王族が必要とする多くの食料を生産させるにはどうしたらいいか。それが問題でした」。不平等と家父長制の拡大を理解するうえで鍵となるのは、人口なのだ。人口規模の維持とその管理が極めて重要だった。

しかし、これまでは財産が注目されることが多かった。フリードリヒ・エンゲルスをはじめとする一九世紀の哲学者らは、男性が女性に対する支配権を確立したのは、人類が農業を始めたのと同じ頃だと考えていた。つまり、人々が土地や家畜といった所有できるものを蓄え始めた頃である。支配層や上流階級の人々が富の大部分を管理するようになった。そして、それに伴って、男性は子どもが本当に自分の子どもなのかを確認し、財産を正当な相続人に受け継ぐ方法を探し始めたとエンゲルスは主張した。だから、男性は女性の性的自由を制限するようになった。歴史をこのように説明すれば、男性が農作業に従事するようになると、女性の仕事は家庭に限定されるようになる。こうして、公的な領域と私的な領域が男女で役割分担されるようになったと考えられてきた。

とはいえ最近、考古学者と人類学者は見方を変えつつある。エンゲルスやほかの哲学者らが唱えた「農業をきっかけにジェンダー関係が様変わりした」という説は、すでに正しいとは考えられていない。「農耕を始めて、財産をもつようになった途端、女性を財産として管理するようになったという昔ながらの説が……正しいとは思えません。明らかに間違っていると思います」と考古学者のイアン・ホッダーは言う。「当時の社会は平等で、農業が始まってからも長いあいだ、男女間の差別はあまりなかったと認めるべきだと思います」。

農耕への転換自体も突然生じたわけではなく、長い時間をかけて徐々に行われたとホッダーは話す。人々は野生の動植物と密接な関係をもち、その世話をしていたが、必ずしも植物を植えたり、種を蒔《ま》いたり、家畜を飼ったりしていたわけではなかった。季節や気候によって、狩猟や採集をするコミュニティもあった。しばらく家畜の飼育をしてみたけれど、うまくいかずに考えを変えたコミュニティもあったかもしれない。こうした観点から見ると、あの有名な〈チャタル・ヒュユクの座った女性〉の像は、人間と自然界との関係の変化を象徴したものと解釈できる。女性の脇に二頭の動物が寄り添い、女性の伸ばした両手の下でおとなしくしている様子は、人間が自然環境をしっかり制御し、人間の意のままに支配するようになったことを示しているのかもしれない。

穀物の栽培や家畜の飼育に女性が一定の役割を果たしたことは疑いようがない。そうでなかったと決めてかかるのは、あまり意味がない。スタンフォード大学の経済歴史学者であるウォルター・シャイデルは、ファラオの時代のエジプトでは、畑でトウモロコシの穂を刈り取っている女性の絵がいくつか見つかっていると指摘する。ヒッタイトや古代ペルシャ、インドなどの文化でも、女性が動物の世話をしていたことが知られているという。オハイオ州デニソン大学の古典学の准教授レベッカ・フト・ケネディは、古代ギリシャやローマの文学には、羊飼いやヤギ飼いとして働く若い女性の物語がたくさんあると話す。

歴史上、貧しい女性や奴隷の女性、それに子どもたちは屋外労働の担い手として期待されてきた。それは今日まで続く伝統だ。私はここ一〇年ほど続けてきた取材旅行で、インドやケニアで農業や肉体労働に従事する女性たちにインタビューを重ねてきた。乳児を紐《ひも》で背中に縛りつけて働く女性もいた。国連のデータによると、現在、低所得国の農業労働人口のほぼ半数、そして世界の小規模な家畜業者の半数近くを女性が占めていることがわかっている。女性は体力的に農業労働ができないという考えは、事実に基づいていないのだ。活動家で学者でもあるアンジェラ・デイヴィスは、アメリカの奴隷制度について次のように書いている。「女性は男性に劣らず有益な労働力とみなされていたため、所有者にとって、奴隷には性別がないも同然だった」。妊婦や乳児を抱えた女性も働くことが期待された。奴隷制のもとでは、女性は男性と社会的に対等だったと彼女は説明する。女性の奴隷は丸太を運んだり、ラバや牛を使って土地を耕したりといった重労働もしていたと、シャイデルも言う。

これに対して、女性の地位を変えたのは農業全般ではなく、犂《すき》を使うような特定の農業だったと主張する研究者もいる。一部の研究によれば、男女が平等なコミュニティでは、鍬《くわ》を使って手作業で耕すことが多い。家畜を利用し、上半身の強さが必要な犂を使った農作業は、男性優位なコミュニティで見られることが多かった。だがこれも、必ず当てはまるルールというわけではない。すべての男性がすべての女性よりも身体的に強いわけではなく、個人の体力は生涯にわたって変化していくことを踏まえると、身体の強さばかりが期待されるはずはない。

犂を使う社会でも、女性が屋外労働に従事することはあった。シャイデルは、一九世紀にヨーロッパのバスク地方を訪れたある旅行者の言葉を引用し、こう述べている。女性は「畑仕事で男性に劣らない働きぶりを見せた。牛に装具をつけて引いたり……荷馬車を操って市場に行ったり、畝《うね》に沿って犂を動かしたりしていた」。農村地域に住む人たちの日常生活が、都市に住む富裕な人たちの文化的な理想や思い込みと一致することはめったにない、と彼は指摘する。

だとすれば、男女の不平等が生じたのは農業や財産所有が発生したせいだと断定するのは難しくなる。これらの要因によって、先史時代に人々のパワーバランスにおいて変化があったとしても、考古学の記録にはっきりした痕跡が残っていない以上、それはかすかな変化だったに違いない。ジェンダー関係に初めて変化が認められ、男性が権威を掌握《しょうあく》する最初の萌芽が見られるのは、初めて国家が出現したときだった。ジェンダーが顕著になったのは、それが社会を支える原則になったときだった。すべての人々が日常的な現実をあえて無視するような方法で分類され、本来選ばないような生き方を強いられたときだった。

社会がその人についてどう考えるかよりも、その人がどの分類に属するかが重視されるようになったとき、男女の不平等が生まれたのである。

＊

約五〇〇〇年前のシュメール人の都市ウルク。ここで発見された行政文書は、「リストばかりだった」とジェームズ・スコットは書いている。

古代メソポタミアの人工遺物から明らかになるのは、当時の監督者たちが人、物品、財産をいかに細かく管理していたかということだ。ウルクとその周辺地域は、紀元前二一〇〇年頃から書かれた伝説的な『ギルガメシュ叙事詩』の舞台で、一時期は九万人もの人が暮らしていたようだ。このように複雑で階層的な国家をわずかな人数の支配層や行政官が統治し、人々をしっかり把握する必要がある場合、記録管理は極めて重要だった。リストはそのためのツールだった。

「人を支配することこそが権力全般の鍵となります。そのためには、集計の単位、規律の単位、課税の単位が必要でした」とスコットは言う。

人口を増やし続けるためには、できるだけ多くの女性ができるだけ多くの子どもを産むことが重要だった。そして、その子どもを労働者、戦士、子孫を残す親として、国家に役立つように育てられる状況を整えることが最も効果的だった。そのため、古代メソポタミアの都市は、年齢や居住地に加えて、男女の分類を盛り込んだ人口調査に関心をもつようになった。人的資源を把握し、効率的に税金を徴収できるようにするためである。階層制度が機能するためには、分類が必要だった。人が何人いて、その人たちのあいだで仕事や食料をどう分け合うかを支配者が把握する必要があった。国家がバラバラにならずに効率的に機能し続けるためには、人々に従うべき社会規範を与える必要があった。国家はいわばマシンのようで、すべての部品が特定の働きをするために設計されていた。

ルールは自然に生まれたわけではない。ジェンダーに付随する意味と重要性は、時間をかけてつくられたもので、必ずしも一貫していたわけでもなかった。たとえば、アッカド人の神話では、少年と少女のどちらかが優れているとは考えられていなかった。シュメール人の文献には、人生のさまざまな段階を示す個別の用語が見られるが、そのほとんどは男女に関係がなかった。だが、若々しい「男らしさ」が戦争や闘争と結びつき始めた兆候もある。ただし、これは男性に限らず、女神を指す場合もあった。

インド・ヨーロッパ語のうち、ヒッタイトを含む古代アナトリア全域で話されていた語派の最も古い文字では、文法的に女性が区別されていなかったようだ、とライデン大学の言語学者アルウィン・クロークホルストは言う。女性の文法的区別はある時期に、ほかのインド・ヨーロッパ語につけ加えられたのだろう。インド・ヨーロッパ語では、紀元前三三〇〇年以降は確かに女性の文法的区別があるが、紀元前四〇〇〇年より前はそれがないという。だが、だからといって、六〇〇〇年以上前は性別や性差に意味がなかったわけではない。単に、本来重要だったはずの男女の区別が、文法に反映されるのが遅れただけだった。それから何世紀も経って登場したヒッタイト王国は、おもに男性が支配する国だった。「王妃は常に王よりも下の地位でした。明らかに男女の区別のある社会でした」とクロークホルストは言う。だから、彼らの言語には確かに男性名詞と女性名詞が見られる。ただし、当時はまだ「彼」や「彼女」という代名詞の代わりに、中性的な「彼ら」という言葉が使われていた。

いったん規範がつくられ、分類に意味が与えられると、違反がないように取り締まる必要が生じる。歴史の記録にも、そのことは長い年月にわたって表れている。メソポタミア文明では、結婚、離婚、不貞をめぐる法律は、時代が進むにつれて女性に厳しいものになっていった。女性の自由と特権はゆっくりと失われていった。それと同時に、何世紀もかけて、働く女性は徐々に記録から消えていった。女性の行動が注目されるとすれば、それは次第に、妻として、母として、市民としての忠誠心になっていった。

ここで、歴史学者でフェミニストであり、一九八六年刊行の『男性支配の起源と歴史（*The Creation of Patriarchy*）』の著者である故ゲルダ・ラーナーの研究を紹介しよう。彼女は八年の年月をかけて、メソポタミアの長い歴史を通して女性の地位が低下していった経緯を分析した。そして、「家族内の女性の従属が制度化され法として成文化されるようになった」のは、まさにこの時代のこの場所であったと結論づけた。彼女の考えでは、それは次のように起こった。まず、神殿に管理と記録を担当する者たちがいた。この「神殿エリート」に「軍事エリート」が加わり、彼らは族長となり、やがて政治の世界で聖職者を失脚させた。これらの族長らが王になった。そのなかで最も強い王が都市国家を統合して、王国や民族国家をつくった。

これらのどの段階でも、「公的生活……では男性の支配を強める……方向に向かう」と彼女は書いている。

しかし、この説明には一つ問題がある。長い期間をかけて権力が大きくなっていったのだとしたら、なぜ権力を主張したのが男性だったのだろうか。神殿エリートや軍事エリート、君主、族長になったのは、最初から男性だけだったのだろうか。なぜ女性はどの段階でも権力を握れなかったのだろうか。

それに対する最も安易な説明は、これらの社会では初期の頃に男性の支配と女性の従属が自然に生まれ、何世代もかけてそれが強調されるようになったからだというものだろう。ラーナーもある程度、この推論に頼っていた。男性は権力に貪欲《どんよく》で、肉体的に強靭で、支配的で、女性は生まれながらに弱く、保護する必要があるというステレオタイプにラーナーも陥っており、女性は自分自身と子どもの安全を守る代償として、従属を受け入れたと主張していた。そして最終的には、「女性が……奴隷状態に耐え」るだろうと男性が考えるようになったと、ラーナーは不快にも感じられる言葉を残している。多くの先人たちと同様、ラーナーの歴史観の根底にあったのは、女性への抑圧は人間の性質に組み込まれたもので、国家がそれを制度化するはるか以前から存在したという想像だった。

だが私たちは、この時代にも権力を握る女性が確かに存在していたことを知っている。ラーナー自身、古代メソポタミアでは、上流階級の女性たちが「重要な経済的、法的権力」をもっていたと述べている。シュメール北部のある都市で発見された王家の文書には、女性が財産を所有し、商取引に携わり、書記官として働いていたと書かれていた。古代シュメールでは、男性の王が一般的ではあったが、有名な女性の王が少なくとも一人はいた。キシュ第三王朝は紀元前二五〇〇年頃、酒場の女主人だったクババによって建国されたと記されている。知られているかぎり、彼女の地位は、権力をもつ男性の姉妹や妻や娘としての立場によるものではなかった。彼女自身の力で実権を握ったのだった。そして、大成功を収めたため、一世紀にわたって君臨したと言われている。

女性が無力でも、権力に無関心なわけでもなかったことは明らかだ。

また、女性は自分が信じる大義を守るために暴力を振るうことも厭《いと》わなかった。歴史学者のパメラ・トーラーは、著書『ウィメン・ウォリアーズ（*Women Warriors*）』を執筆するにあたって、戦場で戦った女性たちの物語を集めるようになった。この本には、「個々の女戦士を見るのではなく、文化圏を越えてその全体像を眺めたとき、いかに多くの事例があるか、そしてそれらがいかに私たちの集合意識に軽々と乗っかっているかに私は最も驚いた」と書かれている。じつは、こうした女性たちは珍しい例外ではなかった。何千年ものあいだ、ほとんどすべての大陸に、有名な女性の軍事指導者がいた。一世紀のイギリス［ブリタニア］では女王ブーディカが活躍し、七世紀の中国［唐］では平陽公主《へいようこうしゅ》が知られている。伝説によれば、現在のナイジェリアにあたる地域で、一六世紀に三〇年以上ものあいだ、ハウサ族のザザウ王国の女王アミナが軍を率いて戦いに身を投じていたと言われている。彼女が都市を守るために築いた壁は、一部が今も残っていて、彼女にちなんだ名前がつけられている。

同様に重要なのは、女性戦士は女王や王女の階級だけから生まれるわけではないことだ。一般の女性たちも、機会が与えられれば、いつでも進んで戦いに参加した。二〇世紀には、何千人もの女性がアフリカ、アジア、中南米の革命ゲリラ軍に従軍し、「その割合は軍の三〇％にも達した」とトーラーは指摘する。二〇一四年に入ってからは、中東でテロ組織ＩＳＩＳ（「イスラム国」）との戦いに、七〇〇〇人から一万人のクルド人女性が兵士として携わった。男性とともに戦うために、わざわざ男性を装う者もいた。なかでも、一八世紀のアメリカ独立戦争でロバート・ショトレフという男性名で戦った女性、デボラ・サンプソンがよく知られている。彼女は負傷し女性であると判明したあとも、その勇敢な行動が認められ、軍人年金を満額与えられたという。

＊

人間の体形や体格は人によって異なり、人にはいろいろな特性や興味があり、ジェンダーはさまざまな形で現れる。現代の社会を見れば、それがよくわかる。だが、私たちは考古学上の記録に対しては、魔法のようなことを求めてしまいがちで、誰もが厳しい社会慣習に従い、それを決して逸脱しない世界を見せてくれるはずだと期待してしまう。

そういう想像の世界では、人間を簡単に分類することができる。どんな女性も戦場で戦ったり支配者になったりはできないし、どんな男性も生まれつき戦士ということになる。過去のすべての人間は、同じ特定の型にはめ込まれるようになる。そして私たち自身が、初期の国家の権力者が懸命に取り入れようとしたジェンダー規範や階層構造をよく考えずに受け入れるという罪を犯してしまうのだ。

一九九八年、アッシリア研究者のジュリア・アサンテは、現代の研究者がこうした型を簡単につくり出してしまうことを明らかにしている。きっかけは、メソポタミアの「ハリムトゥ(harimtu)」という言葉(複数形は「ハリマトゥ(harimatu)」)の翻訳に疑問を抱いたことだった。一九世紀以降の学者たちはこの言葉を、寺院に属する「神聖娼婦」を意味すると考えてきた。当時の専門家らは常々、古代ギリシャ・ローマ時代のすべての女性は男性にとっての性的な利用価値に応じて二種類に分類されると主張していた。忠誠心の篤い貞淑《ていしゅく》な娘や妻か、特定の男性に帰属しない娼婦のいずれかである。このハリムトゥは当然、後者にあたるとされていた。だがアサンテは、メソポタミアの文献には、ハリムトゥが実際に売春していたことを示す根拠がないことに気づいた。

このハリムトゥは娼婦ではなかったのかもしれないと、彼女は考えるようになった。アサンテの推論と根拠はまったく理にかなっている、とステファニー・ブディンは言う。ブディンは著書『古代における聖なる売春の神話（*The Myth of Sacred Prostitution in Antiquity*）』で、こうした誤解の歴史についてさまざまな例を挙げて説明した。そして、ハリムトゥの意味を再定義しようとすると、仲間の歴史学者から激しい抵抗があったと書いている。「研究者のあいだに、驚くほど性差別意識があったのだ」。

思い込みを捨てて文献を客観的に読むと、ハリムトゥはむしろ自立した独身女性に近いようだとブディンは説明し、「彼女たちには父親も夫もいません。自由に好きなことができるわけです」と言う。要するに、ハリムトゥとは社会の家父長的な束縛にとらわれずに生きる女性たちだった。ブディンによれば、この時代の女性は、酒場の主人、医者、料理人、芸人などとしても働いていたという。たとえば、トルコ東部のアッシリアの商業植民地で織物の生産に携わっていた女性が、紀元前一九〇〇年頃に取引相手の男性に送った手紙が発見されている。織物の代金を全額受け取っていないと文句を書いた手紙だった。

当時は、売春が屈辱だという感覚はなかったのだろう。だが反対に、古代メソポタミアの時代に家を出て経済的に自立したり家族を養ったりしていた女性はすべて売春婦だったという説は、信憑《しんぴょう》性に欠ける。それでは「まるで、女性には裕福な市民の妻になるか、経済的援助を得るために売春するかのどちらかしかなく、その中間の立ち位置がなかったかのように聞こえてしまう」と、古典学者のレベッカ・フト・ケネディは書いている。彼女は古代ギリシャ・ローマ時代の働く女性の実生活を明らかにする研究に力を注いでいる。彼女の研究は、自身の家族の経験に影響を受けていた。ケネディの祖母は労働者階級の移民で、夫が三人の子どもを残して亡くなったあと、子どもたちを養うためにバーテンダーとして働いたという。

メソポタミアの女性に多い職業としては、酒場の主人（「エールワイフ」と訳されることもある）が知られているが、これも現在のような意味だったとは考えにくい。当時は、男性も女性もビールのような発酵飲料を飲んでいた。酒場は飲み物を提供する上品な場所だった。ジュリア・アサンテによると、当時の配給リストから、女性にも男性にも毎日ビールが配られていたことがわかり、平均的な摂取量は一日四リットルから五リットルほどと推定できるという。妻は酒場に一人で行くこともあれば、夫と行くこともあった。つまり、酒場は単なる娯楽や放《ほう》蕩《とう》の場ではなく、あらゆる人々に必要な立ち寄り先だった。

「女性には、大衆文化で一般に理解されているよりも大きな権利と権限があったことがわかっています。女性も財産を所有し、商売をし、家業に参加することができました。そうした事実が、以前と比べるとしっかりした裏づけとともに明らかになっています」とブディンは説明する。ところが、その後わずか数百年のあいだに、ジェンダー規範や法律が次々と制定され、女性の生活は制限され、締めつけられていった。社会階級に応じて、男女それぞれに異なる生き方が設定され、数世紀が経つうちに、男女の生き方は次第にまったく違うものになっていった。

とはいえ、ルールはそう簡単に根づくものではない。導入された思惑《おもわく》どおりにいかなかった形跡もある。国家は法律を定めることはできるが、家族が喜んでそれに従うとはかぎらない。

メソポタミアの一部では、男女の分類は人々のニーズを完全には満たすことができないため、時には無視していいと認識されていたようだ。ブディンによると、都市によっては、男性が娘や妻に相続権を与えるために彼女たちを「男性」として登録した例もあったという。「死期が迫った父親は遺言で、『お前たちの母親を家長にする』とか『娘にも息子と同じように財産を相続させる』などと言い残すことができました」と彼女は言う。その場合、女性の法律上の性別は変更され、彼女は家族内で異なる地位を与えられた。性別の分類には実際には限界があったこと、当時の人々がそうした枠を超えようとしていたことが、ここからわかるだろう。

古代の記録には、自立した働く女性や権力を握る女性支配者、あるいは女性戦士が存在した証拠が残っている。不思議なのは、今でも多くの学者たちが頑《かたく》なにそうした証拠に目を向けようとしないことである。まるで、女性が無力で目に見えない存在でなければ、歴史が意味を成さないかのようだ。

二〇〇八年、カリフォルニア大学バークレー校で古代中近東を研究する大学院生のキャスリーン・マキャフリーは、研究者らが男女のステレオタイプに縛られている様子を目《ま》の当たりにした。古代シュメール人の都市ウルで発見された女性の遺骨が王家の埋葬品や武器と一緒に埋葬されていた理由を説明しようとして、専門家らがひどく混乱していることに気づいたのだ。時には、性別期待に沿っていないとして考古学データの信頼性に疑問を投げかける者もいた、とマキャフリーは言う。研究者らは、自分たちの思い込みが間違っているかもしれないと認めるくらいなら、データが間違っていると思いたかったようだ。反対に、性別期待を裏づけるような証拠が見つかったときは、疑問を感じることなくそれを受け入れた。男性の墓で王家の埋葬品が発見されたときは、「常識」に合致しているため、同じような根拠は求められなかった。

マキャフリーは、遠い過去のジェンダーを解釈する場合に「常識」は役に立たないと結論づけている。「常識に照らして考えると、女性の墓で見つかった王家の紋章は、状況とは関係なく男性のものということになる。つまり、直感を信じると、紋章を女性のものだと言うためにはそれを証明する必要が生じるわけである」と彼女は書いている。本来は、シュメール人の女性が王のように埋葬されていたら、単純に考えれば、その女性は王だったことになる。問題はおそらく、埋葬された女性たちにあったわけではなく、現代の考古学者や歴史学者の「王」という言葉の解釈の仕方にあったのだろう。

先入観によって「妻ではない女性や戦士ではない男性」の存在が排除されてしまったと、彼女は話を結んだ。

それでは、男性が女性に対して生まれつき優位性をもつという古い考えをひとまず脇に置いておくとしたら、ほかにどんな説明が成り立つだろうか。古代メソポタミアのような地域で、ジェンダー関係が次第に変化したことをどう説明すればいいのだろうか。一つの答えとして考えられるのは、女性から権力が完全に奪われた可能性があるということだ。国家が人々を分類したことで、女性は男性と区別され、制度として権利を剥奪された。国家は幅広い規則や法律を徐々に導入することで、複雑な個人から成る集団全体を巧みに社会の片隅に追いやり、抑圧することができる。アメリカ合衆国南部の人種差別、インドのカースト制、ヨーロッパの貴族政治など、歴史をたどれば、似たような例はたくさんある。ジェンダー規範に基づくルールは、人々に限られた社会的役割を強いて、国のために奉仕させただけではない。かつては男女で分け合っていた権力、権利、財産を、支配層の男性が女性から奪い取ることもできるようにした。

ジェンダーは家父長制の基盤だ、と心理学者キャロル・ギリガンと精神分析医ナオミ・スナイダーは言う。そして、分類はステレオタイプを助長する手段である。分類によって個人の違いが見えなくなり、わずかに共有される性質やその人がどう役に立つかによって、人を定義するようになる。人々をグループに分けると、たとえ恣意《しい》的な分け方であっても、私たちはグループ間の違いを無理やり探すようになる。そして、それは強力な心理的ツールとなる。分類はたちまち社会的な意味を帯びる。ギリガンとスナイダーによれば、男女の二項対立的なヒエラルキーは、「男が男であるためには、女であってはならないし、女のようであってはならない。それは女も同じだ」と強く求めるようになる。

先に紹介したジェームズ・スコットも同様に、支配グループのメンバーはひとたび自分たちの支配的立場が明確になると、威厳と自信をもって振る舞うようになると述べている。「先祖代々の支配層では、生まれたときから躾《しつけ》が始まる。貴族は貴族のように、司祭は司祭のように、男性は男性のように振る舞うことを学ぶ」。

たとえば軍事国家は、個人の実際の戦闘能力とは関係なく、戦闘能力のある集団として、若い男性を全員集めるだろう。古代ギリシャの詩人ホメロスの著作と言われる『イーリアス』で、王子ヘクトルは妻のアンドロマケに「戦いはすべての男の仕事だ」と言っている。一部の男ではなく、すべての男である。一方、若い女性の役割は生殖とみなされていたのだろう。子どもを産み、労働と戦いに勤《いそ》しむ忠誠心の高い市民を育てることだった。あるいは、文化や階層によっては、特定の仕事が与えられたかもしれない。スコットによれば、メソポタミアで確認されている最初の奴隷組織は、大勢の女性を抱える織物の作業場だった。古代ギリシャでも、織物は非常に重要な産業で、たいてい女性の仕事とみなされていた。

もちろん実生活では、すべての女性が布を織りたいわけでも、家にいて子育てをしたいわけでもない。すべての男性が戦いに赴き、命を危険にさらしたいわけでもない。だが、支配者は個人のことは気に留めなかった。初期の国家の関心事は、人々を期待の範囲内で生活させることだった。権力の構造がそれに依存していた。

そうした状況では、必然的に葛藤が生まれる。初代ローマ皇帝アウグストゥスの紀元前一七年の言葉にも、それがよく表れている。ローマでモラルが崩壊している様子を目にして、彼はこの都市国家が弱体化してしまうのではないかと懸念した。「妻がいなくても生きていけるのなら、ローマ市民である私たちに、そんな厄介なものは不要であろう」。彼は元老院に力説した。「だが、結婚して妻をもたねば、快適に暮らせないし、生きてもいけない。それは自然の定めである。だから一時の享楽ではなく、人類の長期にわたる存続のために結婚を考えなければならない」。そしてアウグストゥスは、市民に結婚し、貞節を守り、より多くの子どもをもつよう奨励する法律を制定した。それが自然の法則だからだ、と彼は言う。しかし、なぜ自然の定めを法律で定める必要があるのだろうか。

法律は国家に奉仕するものでしかありえなかったのである。

*

突き詰めれば、古代ギリシャの家庭は、人々を不自由な状態に留めておくための仕組みと見ることができる。

古代ギリシャの古典期には、権力者たちは、人々が自分の立場をしっかり認識できるようにルールや法律を整えた。社会階層の底辺にいる奴隷から、父や夫に従う子どもや妻まで、すべての者が国の社会規範に組み込まれた。一般の女性市民の存在意義は、より多くの市民を産み育てることであり、一般の男性市民の存在意義は、国を守ることだった。古代アテネは従順な市民を育てるために、都市への忠誠心を人々に植えつけた。個人を大きな集団に同化させ、大きな理想のために犠牲にする必要があった。

これと似たようなことは、その後の歴史のなかで、現代に至るまで起きている。歴史家のフランク・マクリンによると、モンゴルの指導者だったチンギス・ハンは一二〇六年以降、一五歳から七〇歳までの男性に兵役を義務づけた。また、女性や子どもを含めて人々を政治的、軍事的な単位に組織化し、誰もがモンゴル帝国への忠誠を示すよう求められた。息子たちは一五歳になると徴兵され、こうした社会規範に組み込まれた。それまでもっていたほかの価値観や従っていた民俗習慣の痕跡は、意図的に消し去られた。今でも多くの国は、戦時下での兵役や徴兵を義務づけている。二〇一五年、すでに男性の兵役期間が世界で最も長かった北朝鮮は、兵役義務を女性にも拡大した。

古代アテネでは、家族観は一種の心理コントロールにほかならなかった。人々は、女性の自由は国家の統一を脅かすという考えを教え込まれた。少女は管理され、「自由や性的行為を経験できないように一三歳か一四歳で結婚させられました」とステファニー・ブディンは話し、こうもつけ加えた。「夫を捨てて恋人に走ったり、不貞行為が発覚したりする女性が一〇〇人に一人ぐらいの割合でいましたが、そういう場合、疑心暗鬼と大きな混乱が生じます。その家族全体が不幸に陥ることになりました」。

少女たちをそれほど若いうちに年長の男性と結婚させれば、妻と夫はお互いの行動や気質がまったく違って見えたに違いない。彼女たちはまだ子どもなのに、一〇歳から一五歳も年上の大人のために忙しく家事をするよう期待された。そして、こうした父権的な夫婦関係は、女性は愚かで未熟で、男性は理性的で賢いという印象を生み出した。だが実際は、単に夫婦に年齢差があるため、そういうふうに見えただけだった。私たちは現在も、そうしたステレオタイプに縛られて生きている。

さらに、ジェンダーは、誠実さ、勇敢さ、忠誠心のような美徳とも結びつくようになった。ルールや社会の価値基準に従わない者は不安視された。古代ギリシャの著作家たちはたびたび、奔放な女性について苦言を呈している。とりわけ私利私欲に走り、出しゃばって自己犠牲的な生活を送ろうとせず、国家に忠誠を誓わない女性は批判された。詩人のヘシオドスは、男性の財産を奪おうとする魅力的な女性について、「彼女はあなたの納屋《なや》を狙っている」と注意を促した。紀元前六世紀の詩人、メガラのテオグニスは、女性はたとえ相手が悪い男でも裕福なら結婚を拒まないとし、「むしろ良い男よりも裕福な男との結婚を望む」と書いている。

在留外国人《メトイコイ》の女性、つまり都市に税金は払うが市民権をもたない女性はしばしば訴訟や中傷のターゲットになった、と古典学者のレベッカ・フト・ケネディは言う。そうした女性は通常、自立心が強く、生活のために働くことが多かった。「アテネでは、在留外国人の女性の信用を貶《おとし》めるために、ひどい固定観念が使われていた。そうした女性は都市よりも金と財産を愛していると決めつけた」とケネディは書いている。彼女たちは性的に逸脱した存在で、国家のリスクだと描かれ、その利己心が社会の調和を乱すとみなされた。

古代ギリシャの記録の行間から浮かび上がってくるのは、すべてが崩壊するのを恐れて、必死に秩序を保とうとする社会の姿である。サラ・ポメロイが著書『女神、娼婦、妻、奴隷』で述べたとおり、女性を蔑視する古代アテネの作家たちでさえ、男女間の不平等なパワーバランスを不安定なものだとして懸念を示していた。ギリシャ神話では、王アガメムノンの妻のクリュタイムネストラは、恋人をつくって夫を殺害するが、復讐《ふくしゅう》のために息子に刺されて死んでしまう。同じくギリシャ神話のアマゾンの物語では、強い女性戦士の部族が男性と対等に戦うものの、最後には敗れてしまう。ギリシャ文学の研究者であるフロマ・ザイトリンは、「アマゾン・コンプレックス」という言葉を使って、女性が男性への服従を拒否し、支配的な性になろうとするのではないかという社会の恐怖を表現した。

そうした複雑で明白な被害妄想は、さまざまな文学に表れている。ギリシャの演劇には、家父長的な秩序をふてぶてしく打ち破ろうとする架空の女性が何人も登場する。アリストパネスの風刺劇『女の議会』では、女性がアテネの政治を乗っ取ってしまう。これは彼が繰り返し取り上げたテーマだった。「アリストパネスの現存する一一の喜劇のうち三つは、女性が男性と対決する姿を描いている。パイドラー［アテナイ王テセウスの妻］のような家庭に閉じこもる妻が不倫に憧れ、クレウサ［アテナイ王エレクテウスの娘。アポロンに誘惑されイオンを産む］のような妻が結婚前に婚外子を産んでいた。デイアネイラ［ヘラクレスの妻］のような善き妻でも夫を殺《あや》めることができる」とポメロイは書いている。「征服者にとって、それは悪夢だった。いつの日か、征服された者たちが立ち上がり、自分たちが以前されたようにかつての主人に復讐するかもしれないと恐れていた」。

不平等な社会秩序をもつ世界各地の文化で、人々はこうした悪夢を想像している。だからこそ、カーストや社会階層に関する儀礼が驚くほど細かく決められているのだろう。ヨーロッパの君主制は、不安定だからこそ、華やかな儀式を必要とする。インドには、カーストの異なる人同士の振る舞い方について、数えきれないほど細かいルールがある。民族学者でありジェンダー研究にも携わるデヴ・ネイサン、ゴヴィンド・ケルカー、ユウ・シャオガンは、アジアの家父長制が強いコミュニティでは、女性は魔女か悪の根源だと信じられていると指摘する。「女性には何らかの力があって、男性がその力を奪い、注意深く見張っているという考え方がいたるところで見られる」と彼らは書いている。タイ北東部のある地域では、悪霊に打ち勝つための武器として木製のペニスが使われる。

古代アテネは不安と戦いながら、常に苦戦を強いられていた。古代ギリシャの詩人や劇作家は、女性が劣っていて支配される側にいるのを自然なこととして描き、アテネの社会秩序が完全に正常だと主張するために力を尽くした。それでも、アテネ以外の社会は同じ秩序に従おうとはせず、それによって、アテネの優位性は大きく揺らぐことになった。

たとえば、古代エジプトは、ジェンダーと権力についてまったく違う考え方をしていた。「たくさんのパピルスが残されています。その多くは、女性が書いた手紙や女性が交わした契約書です。財産に関する契約書もあれば、遺言書もありました」とレベッカ・フト・ケネディはエジプトで発見された文書について話す。それらは、紀元前四世紀のアレクサンドロス大王による征服後のヘレニズム時代にさかのぼる記録である。「女性たちは、いわゆる金融のようなものを利用し、なかには合法的に権力を振るう者もいました」とケネディは言う。そして、女性が家庭内で権限を握る伝統があり、それが社会の支配層にまで浸透したため、人々は権力をもつ女性を想像し、受け入れられたのだろうと説明する。ファラオは一般に男性だったが、クレオパトラやネフェルティティ［アメンホテプ四世の王妃］など、有名な女性の統治者もいた。「古代エジプトでの女性の地位は、おそらく地中海世界で最も高いでしょう」とカイロ・アメリカン大学のエジプト学者であるファイザ・ハイカルは言う。ハイカルは女性で初めて国際エジプト学者協会の会長に指名された人物である。「ギリシャやローマより高かったのは確かです。エジプト人女性は非常に自立していたからです。女性は働くことも、養子を取ることも、相続することも、事業を営むこともできました……男性とほとんど同じ権利を与えられていました」。読み書きのできる女性もいれば、医師や助産師、音楽家や司祭として働く女性もいた。「古代の世界では、女性にさまざまな生き方がありました」と、ハイデルベルク大学でエジプト学と考古学を学ぶ博士課程の学生、ベサニー・ハックスも言う。古代の世界で最も人気のある神として挙げられるエジプトの女神イシスは、決して一面的な女性ではなかった。古代の宗教文化が女性に対して、公の場で存在感を示し、権威を享受し、社会規範を超えて行動する機会を与えるのは珍しいことではなかった。身分の低い女性も例外ではなかった。二一世紀の私たちから見ると、古代から現代の家父長制に至るまで、歴史は直線的に進んできたかのように思えるかもしれない。だが、ハックスが指摘するように、「はるかに公平な社会が生まれてもおかしくはなかった。古代の地中海世界は、そんな可能性を秘めていた」のである。

*

「スパルタの女性は運動しますし、厳密に言うと男性的な活動もします。走ったり、跳んだり、投げたりするのです」とバーミンガム大学の歴史学者で、スパルタの専門家であるアンドルー・ベイリスは言う。スパルタは古代ギリシャの都市国家で、隣国アテネの上流階級の女性たちがどちらかというと家庭に閉じこもった生活をしていたのとは対照的に、女性の存在が目立っていたことで有名である。

男女の振る舞いの本来の境界線はどこにあるのか――スパルタはそうした疑問を突きつけた。アテネの人々は、スパルタの女性とアテネの女性の体格差を指摘せずにはいられなかった。スパルタの女性は戸外で運動しているため、たくましく、日に焼けていた。ほかのギリシャ人女性と比べて食べる量も多かった、とベイリスは言う。アリストパネスのギリシャ喜劇『女の平和』では、アテネとスパルタの戦い（ペロポネソス戦争）を終わらせるために、女性たちがセックス・ストライキを行う。ラムピトーという名のスパルタ人女性が登場するシーンには、アテネ人が彼女の外見について口々に話し始めるこんな台詞《せりふ》がある。「この輝くような桃色の肌！　そして鋼のような筋肉もすてき！　まさにスパルタの貴婦人。雄牛でも絞め殺せそうなあっぱれな体格ですわ」。

アテネの文学作品では、スパルタは奇妙で変わった場所として描かれることが多かった。ギリシャの哲学者アリストテレスは、とりわけスパルタに反感を抱いており、スパルタの男性は女性に甘すぎると嘆き、スパルタは「ガイネコクラシー［女権政治］」だ、つまり女性に支配されていると考えていた。

おかしなことに、最近になっても、スパルタを「東」、アテネを「西」と呼ぶ学者がいる、とベイリスは言う。彼らは、スパルタを異質な世界だとほのめかしたアリストテレスの考えに同調しているのだろう。だがもちろん、それはアテネから見た異質な世界でしかなかった。世界のほかの地域から見たら、アテネも同様に異質に見えたに違いない。「私たちはアテネのやり方を普通だと思ってしまいがちです。アテネの人々はスパルタを自分たちと正反対の立場に位置づけることで、スパルタの女性が異常だという印象を植えつけました」とベイリスは説明し、実際には「アテネは極端な社会で、スパルタはその反対の極端な社会だったのでしょう」と言う。

スパルタの社会は何よりも戦争を重視していた。そのため、男性が戦いで留守にしているあいだ、女性は財産を管理するよう期待された。このような特殊な社会背景があったからこそ、男女の行動についてほかとは異なる期待が生まれたのかもしれない。その結果、スパルタでは一時期、女性が土地の五分の二を所有したこともあり、夫に先立たれた高齢の女性は、夫が死んでも再婚する必要がないほど多額の個人財産を蓄えることができた。「スパルタの裕福な女性は、貧しい男性の親族に金銭的援助をするほどだった。そうした男性に対して大きな影響力を振るう女性もいた」とベイリスは書いている。

とはいえ、何が社会的にふさわしいかについて、スパルタに人々を制限するような考えがなかったわけではない。ただ、何を適切と考えるかがアテネとは違っていただけだった。

スパルタの若者の日常生活は、父系的なギリシャの価値観に縛られながらも、スパルタ社会の軍国主義に大きな影響を受けていた。スパルタは独自の道を進むことを恐れない社会でもあった、とベイリスは言う。スパルタの人たちは、女性は有用な市民となる子どもを産むために、強く健康であることが大事だと考えていた。男性が戦うために強く健康であることが求められたのと同じだった。さらに、「スパルタの女性は、結婚が比較的遅かった。アテネの女性が一四歳頃に結婚したのに対し、スパルタの女性は一八歳か一九歳だった」とベイリスは言う。未婚の女性は、髪を隠そうともせず、肌の露出は多いが動きやすく、運動しやすいようにデザインされた丈の短い服を着ていた。

歴史の記録を見ると、アテネとスパルタの顕著な違いはほかにもある。スパルタの女性は見た目だけでなく、話し方もアテネの女性と違っていた。スパルタの生活を描いたギリシャ文学のなかで最も人気があるのは、そのそっけない言い回しである。彼らは簡潔で力強い言葉を使った。多くは語らずとも、気の利いた深みのある言葉を発した。英語で「簡潔な」を意味する「laconic」という単語が、スパルタのあったギリシャのラコニア（Laconia）地方に由来するのはそのためだ。あるスパルタ人は、強力な敵軍が放つ無数の矢が太陽を陰らせるだろうと言われると、「だったら日陰で戦うさ」と呟《つぶや》いたと言われている。しかも、こうした簡潔な一言で知られるのは男性だけではなかった。女性のものとされる同様の言葉が四〇前後も残っている。

「名言がたくさんあります」とベイリスは言う。それらに共通するのは、勇敢に戦わない男を批判する女たちの言葉だった。女性は、夫や息子が死の危険を冒してでも戦いに行くことを期待していた。彼女たちが国家の軍事目標にいかに力を注いでいたかがわかる。最も生々しいのは、戦いにしり込みする息子に対して、スカートをたくし上げて、「どこまで逃げるつもりだい！　生まれた場所まで戻る気か！」と言い放った母親である。少年を弱虫とからかう少女の言葉もあれば、父親や夫にあれこれ指図する娘や妻の言葉もあった。

これらが作り話ではなく、当時の実在の人物が本当に口にした言葉だとしたら、スパルタの女性は「自分たちは勇敢だ」と考えていたことになる、とサンディエゴ州立大学で古代世界のジェンダーとセクシュアリティを研究する歴史学者、ウォルター・ペンローズは言う。隣国アテネの人々が、勇気は男性ならではの資質で、男性だけに重んじられると考えていたことを思えば、これは重要だ。「アテネでは、大胆な女性の行動は、勇敢（ギリシャ語のローマ字表記でandreia）ではなく無謀（ギリシャ語のローマ字表記でtolma）だと考えられていた」という。

アテネでは、臆病な男性は「女っぽい」と評されていたようだ。それに対して、スパルタでは、勇気に関してそのような性差はなかった。スパルタの臆病者は、女性と比べられることもなければ、女のようだと言われることもなかった。スパルタの女性は勇気がないと思われていなかったからである」とペンローズは説明する。実際、スパルタや同じくペロポネソス地方の都市国家アルゴスでは、女性の勇気は称賛されていた。「アテネ人は、女性の勇敢な行動を『男っぽい』とか『無謀』とみなし、『不自然』なものと考えていた。ほかのギリシャ人は逆に、そうした行動を褒《ほ》め称《たた》えた」とペンローズは書いている。

それは勇敢な女性が珍しかったからではない。世界のどんな文化も、それぞれのやり方でジェンダーを取り決めているからだ。古代のユーラシア世界では、「スキタイ人、サルマティア人、トラキア人の社会で女性が武器と一緒に埋葬されていた」ことを示す考古学の証拠がある、とペンローズは言う。こうした女性戦士はもし実在していたとしたら、ギリシャ神話のアマゾンの女性戦士に着想を与えたのかもしれない。さらに、「これらの社会では、明らかに女性も戦っていた。ギリシャ人は取引や植民地化を通じて、異なる民族のさまざまな女性戦士と接触していたが、そうした女性の姿のほとんどをアマゾン神話に包含してしまったようだ。おそらくギリシャ人には、女性が戦う社会、女性が権力を握る社会というものが理解できなかっためだろう」と彼は続ける。

だとすれば、ジェンダーに関するアテネ人の根深い信念のように見えるものは、「彼らの周りで起きていた事実とはまったく一致していなかった」と言えるのだ。

このように、文献には食い違いや矛盾がある。ペンローズは古代ギリシャ・ローマ時代のジェンダーの多様性を研究し始めた当初から、それに悩まされてきた。たとえば、古代ギリシャの一部の哲学者は、知性を男性的なものとみなしているが、史実や神話には、明らかに知性のある女性が登場する。どんなルールにも例外はつきものなのに、「このルールこそが自然だ」としきりに主張する者がいる。ペンローズは結局、次のような結論に至った――現代まで受け継がれてきた文献では、男女の二項対立はギリシャ社会の揺るぎない事実だったように見えるが、じつはそれは大げさに語られたものだった。

「必ず葛藤があるはずなのです。二項対立は信じられません。現実ははるかに複雑ですから」と彼は言う。

プリンストン大学の古典学者のブルック・ホームズも似たようなことを書いている。「古い文献でも当時の生活でも、ジェンダーはひどく単純化され、相反する考え方が強調されていた。個人の興味、才能、欲望、恐怖、希望をどう表現するか、男女が互いのことをどう考えるかも、制限されていた。そうした事実を見落としてはならない」。国家が強いる厳格な分類のなかに閉じ込められる生活は、どんなに苦しいものだったか。古代の人々の不安と疑心暗鬼のなかに、私たちはそれを感じることができるのだ。

＊

古代ギリシャの医学書『養生法』は、紀元前五世紀の医者、ヒポクラテスの著書とされている（最近では医師が「ヒポクラテスの誓い」を立てるときに思い出す、あの人物だ）。この本には、赤ん坊の性格は、子宮のなかで母親からの遺伝の種と父親からの遺伝の種が争った末に決まると書かれている。ウォルター・ペンローズの説明によると、これら遺伝の種はそれぞれ、どちらの親に由来するかにかかわらず、女性的か男性的かいずれかに傾くことがあるという。つまり、母親が男性寄りの種をつくる場合もあれば、父親が女性寄りの種をつくる場合もある。そう考えると、たとえば「男らしい」女の赤ちゃんは、父親の女性寄りの種が母親の男性寄りの種を打ち負かし、さらに混ざり合った結果として生まれたことになる。もちろん、組み合わせはほかにもいろいろある。

複雑に聞こえるかもしれないが、そのとおり。まさに複雑なのだ。

そして、これほど複雑なのには理由がある。古代ギリシャ人は、すべての人が社会の性別期待と生まれつき一致しているわけではないと認めざるをえなかった。「女らしい」男性や「男らしい」女性、つまり性別ステレオタイプと異なる性質をもつ人たちがいる事実を説明しなければならなかった。ヒポクラテスの『養生法』はまさに、その説明をしようとしていた。「この本は政治的な書物だという結論に行き着くまでに、しばらく時間がかかりました。同書には政治的な意図が感じられます」とペンローズは私に言った。著者のヒポクラテスは単に事実を説明しようとしたのではなかった。ジェンダーに基づいて厳しく管理されていた社会を生き抜かなければならなかった読者に向けて書いていた。「彼がこの本を書いた理由は、親が養生法や食生活や運動に取り組めるようにするためです。性別期待に反する子どもをつくらないようにするためです」とペンローズは言う。アテネの人々は、社会に適合しない人にひどく不寛容なことで知られていた。古代ギリシャやローマでは、インターセックス〔身体的に男女両性を有する人を意味する〕の人々は社会不安や災難の前触れとして恐れられ、赤ん坊の頃に殺されることもあったという記述が残っている。要するに、この医学書は、全員に強制することはできないという不安定な状況を認めながらも、厳格なジェンダー規範に人々を適合させたいという願望を反映したものだった。

「イデオロギーと現実のあいだに葛藤がありました」とペンローズは言う。

こうした見方をする研究者は増えている。彼らは何十年も、古代の女性、古代の男性に対する私たちの考え方に疑問を感じてきた。古典学者のマーク・ゴールデンとピーター・トゥーヒーは、編著『古代ギリシャ・ローマの性と差違（*Sex and Difference in Ancient Greece and Rome*）』で、この疑問がいかに複雑であるかを述べている。たとえば、一部の研究者は、フランスの哲学者ミシェル・フーコーの一九七〇年代の著作に影響を受けて、次のように問いかけた。ペニスの挿入という性行為こそが「ジェンダーを定義する手段と考えられるのではないか。男性は挿入し、女性は挿入される。だとすると、生物的な男がすべて男性とはかぎらなくなる」とゴールデンとトゥーヒーは書いている。奴隷や少年を含め、従属的な立場にあって挿入される側になった男は、男性としての立場が変わってしまった可能性がある。

『女性』という言葉にも問題がないとは言いがたい」と古典学者のナンシー・ソーキン・ラビノウィッツは言い、加えて「古代の人々は、生物学的な女性を言い表すさまざまな言葉をもっていただけでなく、それらをさまざまな意味で使っていた」と説明する。たとえばローマ人は、性的に受け身ではない積極的な女性のことを「manly（男っぽい）」という言葉で言い表していた。

ジェンダーのとらえ方は今でも不安定だ。男性と女性の区別に関する社会の考え方は、文化によっていまだ違いがある。代表的な例は、トランスジェンダーの人への性別適合手術の扱いについて、ローマ・カトリック教会とイラン・イスラム共和国では大きな違いがあることだ。どちらも厳格な家父長的社会で、男女それぞれに明確に定められた社会的役割があると考えられている。ところが、トランスジェンダーであることを、カトリック教会は心理療法が必要な精神的に不安定な状態とみなしているのに対して、イランは手術で矯正《きょうせい》すべき身体の問題とみなしている。イランは性別適合手術がその人の身体と心を正しく一致させるという信念のもと、補助金まで出している。イランでは、トランスジェンダーの男性も女性も、手術を受けたあとは、そのジェンダーに即した道徳的・社会的義務を果たすことを期待される。トランスジェンダーの女性には、人前でベール［ヒジャブ］を被る義務もある。それに対して、カトリック教会では、手術を受けて男性になったトランスジェンダーの人は、依然として女性のままである。

「生物的宿命という考え方、もっと正確に言えば、宿命的な生物的差異という考え方は、何世紀にもわたって西洋思想の中心だった」と、ニューヨーク州立大学ストーニーブルック校の社会学教授であるオジェロンケ・オエウミは、とりわけギリシャの哲学者アリストテレスを引用して言及している。この考え方は、ヨーロッパ人に植民地化された国々を中心に、世界に大きな影響を及ぼしてきた。ナイジェリアのヨルバ語には伝統的に、人称代名詞に男女の区別がなかったとオエウミは説明する。それは「ジェンダーが社会を組織する原則ではなかった」からだった。大英帝国がナイジェリアに進出するまでは、年齢と年長であることが個人の地位にとって最も重要だと考えられていた。そのため、どの統治者が男性で、どの統治者が女性だったかを歴史の記録から把握するのは難しいとオエウミは書いている。ヨルバ族の社会では、「社会関係は生物的な違いではなく、社会的な事実をもとに決まっていた」。

しかし、古代ギリシャを含む西洋思想の歴史においても、男女の社会関係の根拠には常に曖昧なところがあった。紀元前三八〇年頃、哲学者のプラトンは、著書『国家』のなかで、理想的な社会では有能な男性だけでなく有能な女性も国の統治者になりうると書き、たとえ運動場で「皺《しわ》だらけの裸の老女が敏捷《びんしょう》な動きを見せて」男たちに不快感を与えたとしても、男女は全員、同じ教育と訓練を受けるべきだと主張した。

「すべては習慣だ」とプラトンは言った。どんなことにも慣れることができるというわけだ。

プラトン以前の時代にも、ギリシャ神話の神や女神は、男らしさや女らしさの規範を破っていた。時には、アンドロジナス、トランスジェンダー、インターセックスといった概念が自由に描かれることもあった。よく知られているのは、ヘルマプロディトスの物語だろう。ヘルメスを父に、アプロディーテーを母にもつ美少年だったヘルマプロディトスは、女性の妖精《ニュンペー》と合体して両性具有者となった。また、女神アテネは、英雄的資質や知性など、アテネの人々が男性と強く関連づけていた性質を備えている戦争の女神であり、その武力と知恵で崇拝されていた。ほかにも、ディオニュソスはあご鬚《ひげ》を生やした年配男性として描かれることもあれば、長い髪と青白い肌をした若者のように描かれることもあった。まるで家に閉じこもる身分の高い女性のようだった。

「アテネとディオニュソスは、社会構造にうまく適合しない人たちを象徴しているだけではない」と古典学者のアリソン・サーティースとジェンダー学者のジェニファー・ダイアーは書いている。「こうした神々はむしろ、安定した社会という見せかけの裏に横たわる不安定さを象徴している。本当は不安定だからこそ、女らしさや男らしさの規範に沿った生き方が神聖で、自然で、理想的で、正常なのだと国家は絶えず再確認しなければならなかった」。

古代ギリシャは明らかに、ジェンダー規範を超えた生き方に魅力を感じていたが、同時に、そうした複雑な葛藤を消し去ってこそ、国家の社会的、経済的、政治的な安定が保たれると考えていた。おそらく、その考えが平等な社会の実現を妨げていたのだろう。オンタリオ州にあるウィルフリッド・ローリエ大学の歴史学者で、おもに古代アテネの文化を研究するジュディス・フレッチャーによると、当時のアテネでは、処女と結婚の狭間《はざま》にある大人になりかけの若い女性は、自然のままの力強い「野性」を内に秘めていると考えられていた。そして「国家が存続するためには、この力を国家に組み込まなければならない」と考えられていた。だから、国家が機能するためには、息苦しいほど狭い社会規範が必要だった。人口と生産性を維持し、エリート層の支配的立場を守るために適した行動を市民に強制する必要があったのだ。

社会的期待という壁を超えて生きられるのは、天空の世界だけだった。自分らしく生きる自由をもつのは、神々だけだった。

第六章 疎外

誰にでも子ども時代の忘れられない出来事がある。私の場合、それはティーンエイジャーの頃のことだった。母がインドにいる旧友の娘と電話でひそひそ話している声が耳に入ってきたのだ。

電話の相手はトリシャ（プライバシー保護のために名前と個人情報の一部を変更した）。インド系のイギリス人男性と見合い結婚をしたばかりで、夫の高齢の両親と一緒にロンドンに住んでいた。彼らの家は小さなテラスハウスで、ごく普通の住宅だった。だが、インドから出たことのない比較的質素な家庭で育ち、美しく自信に満ち溢れたトリシャにとって、イギリスの生活はキラキラ輝いて見えた。かつて私の両親がそう感じたように――。

私が聞いた話をまとめると、結婚生活は期待どおりにいっていなかった。トリシャの夫は厳しい人だったが、彼女が我慢できなかったのは、夫が仕事で不在のときの義理の両親の仕打ちだった。召使いのように扱われ、あそこに行け、あそこには行くなと細かく命令された。もちろん、警察に通報するほど深刻なものではなかっただろう。ただ、彼女は電話もかけてはいけないという、間違いなく惨《みじ》めな状況だったはずだ。誰も見ていない隙に私の母に急いでかけてきたのだろうか。あるいは、家族が留守のときに、前もって計画してかけてきたのだろうか。いずれにしろ、母はトリシャを励ました。「今は我慢するのよ。何かあったら、また電話をちょうだいね」と穏やかな口調でなだめていた。

数か月が過ぎ、トリシャは出産した。やがて、義理の両親が亡くなった。そして、わが家への電話は徐々に少なくなった。彼女を取り巻く世界は次第に安定し、彼女は幸せになっていった。

あれから数十年が経った今でも、私は考える。あのとき、母はなぜトリシャに離婚を勧めなかったのだろうかと。

母は離婚を勧めなかった。そして、子どもだった私にも、離婚が必ずしも得策でないことはわかっていた。妻が夫と別れるのは大いに恥ずべきことだった。そのため、たとえ夫が暴力を振るっても、我慢するようにと親が娘に言いきかせるのは珍しいことではなかった。近所の人は見て見ぬふりをした。役所も同様だった。イギリスで、高圧的な態度や相手を支配する行為が一種の虐待として違法とされたのは、二〇一五年になってからだった。きっかけは、四〇年間夫から屈辱的な扱いを受けた末に、ハンマーで夫を殺害したイギリス人女性、サリー・チャレンの事件が世に知られるようになったことだ。二〇一一年、チャレンは終身刑の判決を受けて投獄されたが、九年後に再審を経て釈放された。

私は子どもの頃、その類《たぐ》いの噂話を何度も見たり聞いたりした。トリシャだけではなかった。似たような話は、家族や友人のあいだでも、新聞やテレビにもたくさんあった。私はいつの間にか、「女の子は結婚したら、夫とその家族の所有物になる運命にある」というメッセージを強く感じるようになった。インドの一部の地域には、女の子は「人様の所有物（paraya dhan）」という言い習わしがある。娘の世話をするのは、隣人の植木に水をやるようなものだという意味で、隣人とは娘の将来の夫の家族を指している。

私は今もなお、ルールを学んでいる最中だ。私の結婚式の日に、年配の親族に「ニコニコしすぎ」とからかわれたのを覚えている。花嫁が幸せそうに見えるのは不適切だった。インドの花嫁は、幼少期の家族との安全で安心な生活を捨てて、少なくとも見合い結婚では、赤の他人にすぎない人たちとの不確かな新生活に飛び込んでいく象徴だった。私自身は、何年も付き合った男性と結婚し、彼の家族は温かく迎え入れてくれた。だがそれでも、公の場では、役割を演じることを期待されている。その役割が、私にとって納得のいくものであるかは関係なかった。

私の家族のような進歩的な家族でも、社会規範は霧のように立ち込めていた。支配的な姑《しゅうとめ》は、インドのテレビドラマに欠かせない登場人物だ。こき使われる妻や嫁も、お決まりの役どころである。今日に至るまで、インドの女性は、夫とその家族に慎ましく従うよき妻というステレオタイプから逃れることができない。最悪の場合、子どもを産むまでは、家庭内の序列のいちばん下に置かれてしまう。息子を産んで初めて序列が上がることも多い。そう感じていたからこそ、私は「トリシャにいったい何が起きたのか」と不思議に思うことはなかった。だからこそ、母はトリシャに「荷物をまとめて家を出るように」と言う代わりに、優しい言葉で

「我慢するように」となだめたのである。

女性はトリシャのような苦しみを受け入れるしかない。そう教えられる世界で、私は育ってきた。

＊

「［女性への暴力は］階層や階級に関係なく起きています」と、ロンドン北部のカムデン地区にあるホップスコッチ・ウィメンズセンターで働くファイルーズ・チョードゥリーは教えてくれた。同センターは、家庭内暴力に直面する女性やパートナーへの経済的依存から逃れようとする女性を支援する団体である。スタッフの多くは、相談に来る女性たちと同じような問題を個人的に経験していた。

「通常、ここに電話をかけてくる女性たちには言葉の壁があります。あまり教育を受けておらず、経済的に誰かに依存している女性が多く、結婚は見合いで決められます」とチョードゥリーは説明する。南アジアからの移民一世が多いものの、アフリカや中東や中南米からの移住者もいるという。わずかではあるが、豊かで教養ある家庭出身の女性や、強制結婚や見合い結婚ではない女性もいた。彼女たちに共通するのは、その社会的、人種的な背景ではなく、孤独であることだった。孤独が彼女たちを無力にしていた。

「多くの女性は人生で何かをしたいと思っています。この国に来て、たくさんのチャンスを目の当たりにしています。言葉を学びたい、あちこち出かけたい、お金を稼ぎたい。でも、それらすべてを否定されています」とチョードゥリーは続ける。

「虐待されている女性は、外の世界へのアクセスが非常に限られています。運がよければ、学校の校門までは行って帰ってくることができるかもしれませんが……」とセンター長のベナイファー・バンダリはつけ加える。家事は膨大で、時に終わりがないように感じられる。「女性の仕事とされる家事への期待は非常に高く、広範囲に及びます。家族のそれぞれに対応しなければなりません。家族が望めば、一人ひとりに合わせた方法で洗濯をし、一人ひとりに合った料理をつくります。子育ての全責任を負い、子ども絡みのことはすべて女性が担います。誰かと責任を分担することはありません。子ども以外の家族全員の世話もします。一日はとても長く、そして何よりも精神的、身体的な虐待を受けることもあります」。

家庭内暴力は、パートナーの一方が他方に対して行うものだとされる場合が多い。最も多いのは、男性が女性に対して振るう暴力である。だが、ホップスコッチのスタッフによれば、家庭内暴力の責任は通常、もっと広い範囲に及ぶ。「私たちが目にする多くの事件では、悪いのは男性だけではありません。家族全員が集団で行う虐待のようなものもあります」とチョードゥリーは話す。確かに、夫は冷たかったり支配的だったりするかもしれないが、夫の両親や兄弟姉妹も同じかもしれない。子どもたちもそうした権力の序列に組み込まれていく。その結果、嫁《とつ》いでくる花嫁に対して、家族のほとんど全員が重圧をかけることになる。

二〇二〇年に公表されたインドのウッタル・プラデーシュ州の調査では、義理の母親との同居によって、農村地域の若い女性は、移動が著しく制限される傾向にあることが明らかになった。時には友人や家族を一人で訪ねることができないほどだった。結婚が社会的な孤立を高めていた。そして、世代を超えてサイクルが繰り返され、嫌がらせを受けたり虐げられたりした嫁は、支配的な姑になる。女性は、かつて自分を抑圧した家父長制の道具と化してしまうのだ。

最悪の場合、女性はほかに行く所がなくなってしまう。生まれ育った実家からは、見捨てられたも同然かもしれないからだ。「実家は世間体を気にして、自分で何とかしろ、戻って来るなと言います」とチョードゥリーは説明する。娘が夫と別居したり、離婚したりすれば、家族の評判に傷がつく可能性があるからだ。そうなれば、兄弟姉妹の結婚が難しくなる。「家族はそうするしかないのです。事態が悪化して、娘だけでなく、ほかの兄弟姉妹にも悪影響を及ぼすだけとわかっているからです」。

インドの作家アラヴィンド・アディガは、小説『グローバリズム出づる処《ところ》の殺人者より（*The White Tiger*）』で、インドの貧しい村の少年が裕福な家庭の運転手として働きに出て、危険な罠にはまってしまう様子を描いている。少年が逃げ出せば、家族がその代償を払うことになるため、彼は搾取と虐待に耐えるしかない。家族が追い詰められて殺されてしまうことが、彼にはわかっていた。自分がまるで小屋で殺されるのを待っている雄鶏《おんどり》のように感じていた。封建的な性質をもつ社会で貧困がもたらす息苦しさを表現するアディガの物語は、抑圧の強い家父長的な家族にも当てはまる。若者が年長者に対して、さらには女性が男性に対して果たすべき義務がクモの巣のように張り巡らされ、それによって制度が機能し続けている。規範を逸脱した者は、個人の契約違反とは見られない。コミュニティの問題とみなされてしまう。

性的パートナーによる暴力の発生率が世界で最も高いパキスタンでも、状況は同じだ。研究者によれば、現代のパキスタンにおける最大の危険因子は、家庭や地域で見られる暴力だという。家庭内での暴力は常態化している。イギリスのシンクタンクである海外開発研究所の報告書によれば、そうした影響は表に現れにくく、自分が虐待された経験をもつ母親は、暴力を振るって妻を虐待する息子を応援するようになるという。

ホップスコッチ・ウィメンズセンターのスタッフは、センターに持ち込まれる事件のなかには長い時間を経て、一種の奴隷的束縛と認定されるものもあると話す。彼らは近年、女性の身に起きているこうした出来事は、現代の奴隷制と驚くほど酷似していると考えるようになったという。奴隷制度のあらゆる特徴を備えているのだ。

「女性は料理をし、給仕をし、あとから食べるようにと言われます。家族と一緒に食事をする場合でも、自由におかわりできる雰囲気ではありません。彼女たちは義理の両親をひどく恐れています」とチョードゥリーは言う。

「彼女たちはお金をもらっていません。基本的な生活必需品も与えられません。携帯電話さえもっていません。私が担当した事件では、女性が実家から携帯電話をもってきたり、父親からもらった自分のお金で携帯電話を購入したりした場合でさえ、それを義理の両親や夫から取り上げられていました。実家に電話をかけ直すことも許されません。家族と一緒でなければ、外出さえ認められませんでした」とチョードゥリーは語った。

「場合によっては、家族が外出する際には、彼女たちは家やマンションに閉じ込められることさえありました」

*

歴史学者の故ゲルダ・ラーナーは著書『男性支配の起源と歴史』で、女性は人類最初の奴隷で、当初は男性がセックスと子作りのために奴隷にしてきたに違いないと主張した。女性の抑圧は、ほかのどんな抑圧よりも古くから存在すると言われることが多い。

じつのところ、その確固たる証拠を見つけるのは難しい。平等な母系社会を見ればわかるように、世界各地の女性たちが必ずしも同じように扱われてきたわけではないからだ。だが、これまで何人もの哲学者や理論家たちが、家父長的な結婚における妻の法的・社会的立場と奴隷制度を比較している。フリードリヒ・エンゲルスは、女性を服従させることは奴隷的な束縛とも言える恥ずべき行為だと表現した。彼の言葉を借りれば、妻は結婚によって夫の性欲の「奴隷」となった。また、フランスの哲学者シモーヌ・ド・ボーヴォワールは『第二の性』で、「女は男の奴隷ではないまでも、つねに男の家来であった」と書いている。さらに、インドの社会改革主義者だったラーム・モーハン・ローイは、妻は「家のなかで奴隷労働をさせるために雇われる」存在だったと主張した。ローイは一九世紀初期に、夫に先立たれた妻が夫に殉《じゅん》じて焼身自殺する習慣や児童婚への反対運動を行ったことで知られている。

もちろん、結婚すると妻が必ず奴隷のように感じるわけでない。それは明らかだ。妻であることとは違い、奴隷としての現実は絶対である。だが、国連の国際労働機関［ＩＬＯ］が二〇一七年に発表した統計では、強制結婚が奴隷制の一形態として初めて明確に認められた。直近の数値では、現代の奴隷制のなかで暮らす人は世界で四〇〇〇万人以上にのぼり、そのうち少なくとも一五〇〇万人が強制結婚させられていると推定される。つまり、世界のどこかで、ほぼ二秒に一人のペースで意思に反した結婚が行われているのだ。

若い花嫁は特に危険だ。虐待や搾取を行う家族とともに暮らす人については正確な統計がないものの、ユニセフによると、子どもの頃に強制結婚させられた女性は、現在六億五〇〇〇万人にのぼる。こうした問題は、南アジアでは少しずつ改善しつつあるが、アフリカと中東の一部では、依然としてよく見られる。ニジェールでは、女の子の三分の二は一八歳になる前に結婚する。

こうした女性の多くは、結婚後に自分の家族から引き離されることで、虐待を受ける生活を余儀なくされる。生まれ育った家族から疎外されることで、弱い立場に追い込まれる。だがこれこそが、多くの家父長的社会が求める結婚の形なのだ。歴史的に見て、父方居住と父系制の社会に共通する特徴があるとしたら、それは、花嫁が家族から――もっと正確に言えば、父親から――「引き渡される」ことである。イギリスのイングランドとウェールズで、結婚証明書に新郎新婦の母親の名前が記載されるようになったのは、二〇二一年になってからだった。これ「歴史が生んだ異常な制度」と呼ばれるものをイギリス政府がようやく是正したからだ。

は、女性は結婚にあたって事実上、父親の支配下から夫の支配下に移るという考えをもとに始まったものだった。慣例では、結婚後、花嫁の姓は夫の姓に変わることが多い。妻のアイデンティティは、夫のアイデンティティに組み込まれることになる。

　最近の多くの女性にとって、これは単なる象徴的なことにすぎないかもしれない。だが、こうした姓の変更は、本来は所有権を意味している。中世の時代にさかのぼると、イギリスのコモン・ローでのカヴァチャー（coverture）の原則［妻は夫の庇護《ひご》下にあるという原則］に従って、女性は結婚すると、法的には個人として存在しなくなるとされていた。夫婦は法律上、一個人と扱われ、その個人とは事実上、夫を意味しており、妻は財産を所有できなかった。自分の身体に対する権利もなく、子どもたちも妻のものではなかった。イギリス法に関する一八世紀の偉大な専門家、ウィリアム・ブラックストンによれば、二一歳未満の者は、完全に「父親の統治権」のもとに置かれていた。一八三九年に未成年者監護法が成立して初めて、イングランドの母親は、子どもの親権を申し立てる権利を獲得した。社会改革主義者のキャロライン・ノートンが、暴力を振るう夫と別れた際に息子たちとの面会を拒否されたことをきっかけに運動を起こし、実現した法律だ。

　このカヴァチャーの法理は、イギリスから植民地へと広まり、インドからアメリカ合衆国までさまざまな国の婚姻法の基礎となった。たとえば二〇二二年、アメリカで人工妊娠中絶権の撤廃を目指す動きが起こるなか、保守派の最高裁判事であるサミュエル・アリートは、一七世紀のイギリスの法律家、マシュー・ヘイル卿が起草した条約にまでさかのぼって言及している。

ヘイルはイギリスのコモン・ローの発展に関わった人物だった。そして当時、夫婦間レイプを合法として擁護していた。

奴隷制度が本質的に奴隷を搾取するのとは違い、結婚が必ずしも女性を抑圧するとはかぎらない。私たちはそれを知っている。だが、両者を比較することで、少なくとも一部の社会で、結婚に関する規則や規範が時代とともにどのように発展したかがわかる可能性がある。おそらく、女性の従属が奴隷制度をはじめとする抑圧のモデルになったわけではなかった。反対に、まず奴隷を使う習慣があり、それがのちに結婚制度に影響を与えたのではないだろうか。

＊

旧約聖書の『申命記』に、次のような一節がある。戦いで女性を捕らえた男性のための指南書のようなものだ。

その中に美しい女がいて、心引かれ、妻に迎えようとするならば、彼女を自分の家に連れて行ってもよい。彼女は髪を切り、爪を切り、捕虜の衣服を脱いで、あなたの家に住む。彼女は自分の父と母のために一か月の間嘆かなければならない。その後、あなたは彼女のところに入って夫となり、彼女はあなたの妻となる。

〔二一章一一〜一三節〕

戦争の歴史は略奪のための戦いの歴史になりがちだ、と人類学者のジェームズ・スコットは言った。戦う動機はさまざまだが、最もよく見られる動機は、財産を奪うことだった。財産とはたいてい人である。「ある意味、略奪のための戦いとは、女性と幼い子どもを奪うための戦いでした。女性は奴隷として使えるだけでなく、子どもを産めます。だから、人口を増やすのに役立つのです。それが戦争の目的でした」と彼は説明する。「土地を奪うのではなく、人を奪うのが目的だったのです」。

先史時代にさかのぼると、男も女も子どもも、権力と富をもつ者の捕虜にされ、奴隷、召使い、兵士、いけにえ、人身売買の商品、あるいは単なる名誉や地位の象徴として利用された。男女を問わず、捕虜は考えられるかぎりの方法で働かされた。子どもを社会に同化させるのは、とても簡単だった。古代の世界では、男性は去勢され、王宮で宦官《かんがん》として奉仕させられた。若い女性は妻や側妻になった。

連れ去られた者たちがあっさり同化する場合もあった。たとえば、アメリカ先住民の部族に捕らえられ、連れ去られた者たちが、それまでの生活よりも新しい生活を自ら進んで選んだという話がいくつか残っている。新たな社会が気に入ったのか、あるいはそこに浸りきったために、ほかの社会を想像できなくなったのだろう。一方で、いつまでも除け者《のけもの》にされ、低い立場に置かれていると感じる者もいた。殺害される者もいた。このように、形はそれぞれだが、ヨーロッパ、アフリカ、アジア、南北アメリカ大陸など、全世界の小規模な狩猟採集社会から巨大帝国に至るさまざまな場所で、捕虜の捕獲が行われた歴史の証拠が残っている。

「そうした行為が世界各地で行われていたことを知って驚きました」とコロラド大学ボルダー校の考古学者であるキャサリン・キャメロンは言う。先史時代の捕虜を専門に研究するキャメロンによると、奴隷や戦争で捕らえた捕虜はかつて日常生活に欠かせない存在だった。一部の古代国家では、まさに国家の社会経済的な存続が捕虜に依存していた。強制労働は、大都市を維持し、戦争を行い、宗教・文化制度を発展させるために必要な柱のようなものだった。

キャメロンの推計では、捕虜は古代ギリシャの一時期、人口の最大三分の一を占めていた。古代ローマでは人口の一〇パーセントから二〇パーセント、初期の多くのイスラム国家では一五パーセントから二〇パーセント、一七世紀以前の朝鮮では五〇パーセントから七〇パーセントにまで達したという。一二世紀のスカンジナビアでは、農場ごとに三人の奴隷を抱えるのが普通だったと彼女は書いている。一〇八六年にイングランドの集落の人口を調査してつくられた『ドゥームズデイ・ブック』によると、同国の奴隷の割合は一〇パーセント前後だったと思われる。また、一七九〇年に行われたアメリカ合衆国初の人口調査の結果を見ると、南部諸州の人口比率は、自由な白人一〇〇人当たり奴隷が五三人だった。

一八世紀末までに、何らかの束縛のもとで暮らす人の割合は世界の人口の四分の三を超えたと、歴史家のアダム・ホックシールドは指摘する。契約労働、農奴、奴隷など、束縛の形はさまざまだった。要するに、人類の歴史のごく最近まで、大部分の人々は、現在の意味で言うところの「自由」ではなかった。自分の存在が、封建的な領主や主人、専制君主や国王など、自分たちを直接支配する者に左右されることを、彼らは当然のこととして受け止めていた。

「権力とは物を所有することだと考えがちです」とキャメロンは言う。だが、彼女が研究する小規模な社会では、権力者が求めるのは土地や財産ではなく、人間だった。特に、結婚や強要によって社会に同化させやすい若い女性と子どもは重宝された。「人を所有すれば、人々から尊敬されます。大勢の奴隷を引き連れて歩けば、自分にどれほどの権力があるかを、毎日誇示することができるのです」と彼女は言う。

古代国家の軍隊は、社会的、経済的な必要性に応じて、敵の男性は殺し、女性や子どもは連れ去るのが普通だった。確かに、バイキングの侵略者らは、こうしたやり方で人々を襲ったことがわかっている。二〇〇〇年の「アメリカン・ジャーナル・オブ・ヒューマン・ジェネティクス」誌で発表された論文では、歴史学者らがすでに想像していたとおり、一〇〇〇年以上前にイギリス諸島（特にアイルランド）からアイスランドに連れ去られた捕虜の大半は女性と少女だったことが裏づけられた。生物学的データを調べた結果、バイキングの男性と捕虜のあいだでつくられた家族が国の人口増加に貢献したことがわかっている。

軍事行動を伴う襲撃で大勢の人を拉致《らち》し、女性や少女を強制的に結婚させるという残酷な行為は、現在も変わらず続いている。ナイジェリアでは二〇一四年以降、数千人の女子生徒がイスラム過激派組織ボコ・ハラムに拉致され、その多くはレイプされ、戦闘員と結婚させられた。同じく二〇一四年には、イスラム国（ＩＳＩＳ）の武装集団が、数千人のヤジディ教［ゾロアスター教やミトラ教などの流れを汲むイラク北部の民族宗教］徒の男女や子どもをイラク北部から連れ去り、改宗や結婚を強制した。その後何年ものあいだ、多くのヤジディ教徒が奴隷として売り買いされていた。

捕虜を妻として迎える伝統は、文化的には現代の誘拐婚の風習にも残っている。誘拐婚は、キルギスやカザフスタンなどの中央アジア諸国全域、アルメニアやロシア、エチオピア、ソマリア、インドネシアの一部の地域で見られる風習だ。二〇二一年の春、キルギスでは、二七歳のエイザダ・カナトベコヴァが誘拐婚が疑われる事件後に殺害されたことを受けて、内務省前で抗議デモが起きた。彼女の遺体は、放置された車の中に残されていた。誘拐したと思われる男も遺体で発見され、どうやら刃物で自殺を図ったようだった。キルギスの大統領はその後、これを「歴史上、最後の誘拐婚」にすると約束した。

だが、そうなるだろうと予想する者はほとんどいない。誘拐婚は一九九四年から違法とされているが、取り締まりは緩い。今でもキルギスの女性や少女の五人に一人は、誘拐による結婚を強いられている。法の執行を難しくしているのは、すべての誘拐が無理やりというわけではないことだ。家族が許してくれないために駆け落ちしたいカップルがこの伝統を利用することもある。だが、二人で計画して誘拐婚の風習を利用する場合でも、女性と誘拐者だけでこれを行うことはめったにない。キルギスでは、男性の友人や親族が関与することが多い。誘拐された女性は、そこに留まって結婚を受け入れた証として白いスカーフを被るようにと、男性の親族の女性たちに説得されるのだ。

キルギスで意思に反して誘拐された女性たちは、何とかして逃げ出そうとする。しかし、逃げ出すのは留まるのと同じくらいリスクが高い。このような場合、女性の処女性が疑われると、ほかの男性との結婚は難しくなるからだ。選択と強制の境界は曖昧になる。二〇一六年に中央アジア大学が発表した調査では、キルギスでは誘拐されて結婚した女性から生まれた新生児の体重が平均よりも大幅に軽いという結果が判明した。それは、母親たちが出産までに身体的・心理的トラウマを経験していたことを示唆している。さらに、キルギスでは女性の就業率が世界平均よりも高いものの、二〇二一年にドイツの労働経済研究所が発表した別の調査によると、誘拐されて結婚したキルギス人女性の就業率は一〇ポイントほど低かった。

誘拐婚は、奴隷制度と結婚制度の境界線上にあると言える。父方居住の極端で暴力的な変種と見ることもできるだろう。女性は同居するために夫のもとに自ら移り住むのではなく、移住を余儀なくされる。歴史を通じて、このように女性を奪って結婚してきた社会では、これが男女の力関係に影響を与えなかったとは考えにくい。先史時代から古代ギリシャ・ローマ時代において、「こうした初期の社会では、女性の大部分は、いわゆる支配的な文化の出身ではありませんでした」とジェームズ・スコットは言う。古代ギリシャの詩人ホメロスの著作と言われる壮大な叙事詩『オデュッセイア』は、たびたび奴隷に言及しているが、その多くは女性である。おそらく、侵略されたコミュニティの男たちは、すでに戦争や襲撃で殺されていたのだろう。スコットによれば、古代ローマでは、ローマ市民の妻のなかで奴隷出身の女性を指して、「野蛮人（barbarian）」という意味で「バーバラ（Barbara）」という名前が使われていた。この言葉のルーツは、古代ギリシャの人種差別的な用語［barbaroi バルバロイ］にあり、ギリシャ語を話せない外国人を意味していた。

そうした妻たちは、自分の父親や兄弟、あるいは母親や子どもさえも目の前で殺され、その殺した男と結婚していた可能性がある。だとすれば、彼女たちは新しい家庭でよそ者だっただけでなく、そうしたトラウマの痛みと怒りも抱いていたのだろう。古代アテネの文学に一貫して女性への蔑視と疑念が感じられるのは、そのためかもしれない。男たちは、妻である女性が家族や国家に忠実ではないかもしれない、いつか反乱を起こすかもしれないと不安を感じていた。多くの女性が捕虜の外国人だったことを考えれば、その不安は純粋な恐怖に根差していたのだろう。

「住民のかなりの割合が外国人で、それがほとんど女性だとしましょう。その場合、女性全般に対する人々の認識が変わってしまうと思います」とキャサリン・キャメロンは指摘する。

そう考えると、社会が結婚に関する規範をつくり始めたとき、奴隷制と父方居住の風習が互いに影響し合った可能性が浮かび上がるのだ。父方居住という社会制度のもと、女性は結婚すると生まれ育った家族を後にして、夫が暮らす家に移り住んだ。妻は新しい家庭でよそ者となる。一方で、よそ者をどう扱うかは、捕虜や奴隷の風習をモデルに決められた。

中世ヨーロッパの歴史資料を眺めると、その多くに「野生動物を飼いならすのと同じような言葉で、妻を従わせる方法が書かれている。まるで御《ぎょ》しやすい家畜を扱うかのように、妻の行動が管理できるかのように描かれている」とジェームズ・スコットは言う。だが、そもそも妻を「従わせる」必要があったことこそが、妻の置かれた境遇をよく表しているのではないか。

イギリスの社会主義者でフェミニストであるシーラ・ローボサムは、一九一七年のロシア革命以前のロシア農民の家庭では、「新郎が望めば権力を振るえるように、新婦の父親が新郎に新しい鞭《むち》を手渡す習慣があった」と書いている。

農民の女性は、いちばん高く買ってくれる男性に売られることも多かった。

*

「これまで知られているどんな奴隷社会でも、鞭はなくてはならない道具だった」とハーバード大学の社会学者であるオルランド・パターソンは書いている。パターソンは、かつて大農園での奴隷労働が砂糖産業を支えていたジャマイカで生まれ育ち、自由の概念と奴隷制度の歴史について人生をかけて研究してきた。彼は特に、奴隷の境遇が人の自己意識に与える破壊的な影響に注目している。奴隷になると、肉体は生き永らえても、それ以外はすべて無に帰してしまうと彼は説明する。奴隷になるということは、「社会的な死」にほかならない。

人間が精神的に健全でいるためには、何かに帰属し、自分で自分の人生をコントロールし、他者を信頼でき、人は本質的に善良だと思えることが不可欠だ。奴隷の境遇はそれらすべてを危うくするとパターソンは書いている。人が安心感を得て、精神的に安定するために必要な基本的な社会的要素を取り上げてしまう。人間の本質が損なわれてしまう。主人と奴隷の関係を超えて人間的なつながりを築く余地は、ほとんど残されていない。

「捕虜は捕らえられるとまず、アイデンティティを書き換えられます。頭髪を剃《そ》って、衣類を奪われます」とキャサリン・キャメロンは話す。身体に焼き印を押されることもある。その人が何者であるかを抹消《まっしょう》し、再構築する必要があるわけだ。そして、捕虜たちはそれを痛いほどわかっていた。生き延びるために、黙って従い、周囲に溶け込むことを何よりも望んだ。抵抗する者は真っ先に殺されたからだ。「逃げようとしたり、言葉や伝統を学ぼうとしなかったり、宗教に疑いを抱いたりすれば、大いに問題ある人物と見られてしまうでしょう」と彼女は言う。

しかも、歴史を見ればわかるように、捕虜の出自が忘れられることはめったになかった。捕虜はどこまでもよそ者だった。パターソンの言葉を借りれば、捕虜と奴隷は「内なる敵」、つまり内なる脅威であり、必要ではあるが完全に信頼できる存在とは思われていなかった。そうした感情的な距離も、捕虜の人間性を奪う際には重要だった。自分たちとは社会的に区別された存在とみなせば、まったく異質なものとしか想像できなくなり、彼らに対する残虐な行為は正当化される。古代ローマでは、奴隷は法律上は死者に分類されていた。つまり、そもそも人間ではなかった。アメリカ合衆国では、奴隷制度と結びついて広く浸透していた人種差別的なイデオロギーのせいで、アフリカ系アメリカ人は見下され、一九世紀には、白人の科学者や医師たちは、肌が黒い者は肌が白い者よりも痛みを感じにくいとさえ考えていた。

こうした古代の略奪社会における捕虜の存在自体が、暴力と不平等に関する人々の考え方を変える役割を果たした可能性がある、とキャメロンは言う。捕虜や奴隷がいたからこそ、仲間の人間に対するひどく不当な扱いが認められるようになった。特定の人たちを奴隷にすることで、卑劣な行為のハードルが低くなった。ごく普通の人がほかの人たちをグループ分けして服従させ、家庭や地域社会で暴力を常態化させ、個人の尊厳と主体性を否定し、無償労働を強いる方法を学んだのである。

今日、売春のために人身売買される女性たちは、「商品として売られ、繰り返し身体的・性的暴行を受けて孤立するという点で、かつての奴隷の経験に非常に近い」とパターソンは書いている。世界中で行われている女性の売買には、過去の捕虜と同じように人種的な要素もある。ネパールの女性はインドに、東ヨーロッパやアフリカの女性は西ヨーロッパに人身売買されている。彼女たちは新しい名前を与えられ、パスポートを取り上げられ、家族や友人から切り離される。アイデンティティを少しずつ変えられてしまうのだ。

「いったん打ちのめされたのちに新たな環境に慣れると、彼女たちは主人に完全に依存し、主人（または女主人。売春宿を経営する女性は非常に多い）のために、無給に近い条件で喜んで働くようになる」とパターソンは続ける。売春宿の経営者から直接得られた証言からは、彼らが女性たちを見下し、その存在を抹消するかのようにめちゃめちゃにし、彼女たちの依存を利用して金儲《もう》けをすることで快感と全能感を得ていたことがわかる。被害者の女性に対する「強い憎しみ」が虐待のきっかけになったと語った者もいる。こうした女性の人身売買は、歴史的記録に見られる奴隷制の史実に劣らず残酷だとパターソンは言う。

女性は使い潰《つぶ》されると彼は書いている。身体だけでなく、女性の「人間性全体」が壊されてしまうのだ。

こうした現代の奴隷制において、奴隷と主人の関係は密接なものであると同時に搾取を伴うものでもある。そういう点で、歴史上最も古い奴隷社会とよく似ている。古代エジプトでは、奴隷は「無条件に服従することで、主人と極端な形での親密な関係を築いた。主人のために自らのアイデンティティを完全に捨てて、主人と一体化する者が優れた奴隷だった」とパターソンは説明する。そうした愛着には名誉と服従が深く関係していた。奴隷は服従し、主人はそこから名誉を獲得していた。単に力で抑えつけて、地位を貶《おとし》めたわけではなかった。主人と奴隷とのあいだの、二人の絆でもあったのだ。

＊

一九七四年、社会学者のクリスティーヌ・デルフィは、フランスの貧しい農村家庭の消費文化を調べた研究を発表した。家族に十分な食べ物がないような貧しい家庭が対象だった。デルフィはそのなかで、若い農民が都会から来た二人の女性をお茶に招いたときの様子を描いている。女性たちがやって来ると、彼は質素なパテの缶を開けて振る舞った。

「そこには彼のおばが同席していた。彼の母親が病に臥《ふ》していたため、この年配の女性が代わりに家事を切り盛りしていたからだ」とデルフィは書いている。おばはその場の誰もが好まないようなパテの切れ端を、自ら進んで自分に取り分けた。「彼女がパンにのせたのは、脂身だけだった」。

なぜ誰も欲しがらないような脂の部分を取ったのか。そう尋ねられると、彼女は自分の選択を正当化するように「脂が好きだから」と答えた。

だが、デルフィは納得していなかった。彼女がこのような行動を取ったのは、自分は家族に奉仕するために存在し、家族への自分の貢献はほかの誰よりも小さいという、抜きがたい思い込みがあったからではないかとデルフィは考えた。彼女は自分には脂身以上の価値はないという考えを内面化していた。女性は健康や幸せをなげうってでも犠牲になるべきだ、というこうしたイデオロギーは、都市、田舎を問わずフランス全土で見られた。「家庭の主婦は無意識にいちばん小さいステーキを取る」とデルフィは言う。大都市のパリでも、ジャガイモが不足しているときは、働く夫のために高価なジャガイモを買おうと長い列に並ぶ女性たちの姿があった。女性と子どもは、値段の安いパスタや米を食べていた。

そもそも妻の家事労働が無償であるという事実ほど、妻の従属的立場を端的に表しているものはない。デルフィによれば、「彼女たちは貨幣交換の領域から締め出され、結果として、価値をもたない」。家庭の外でも、女性は男性と比べてボランティアとして働く傾向が強かった。それは仕事の性質によっては説明できない。掃除、料理、育児、農作業が常に無給だったわけではない。これらの仕事をするために雇われる人もいたし、そうした人たちは当然、賃金を得ていた。妻も何の見返りも得られないわけではなかったが、妻が得ていた見返りはあまりにも小さかった。

妻の役割は働き、敬い、従うことだったとデルフィは結論づけている。見返りは、扶養されることだった。

こうした状況は明らかに搾取的で、「農民は家事労働者を雇う余裕がないときには、妻を迎えた」という。妻の労働に金銭的な価値がないのではない。価値が与えられない原因は、妻の生産との関係性にあるとデルフィは主張した。その仕事を奴隷が行う場合に賃金が出ないのと同様、妻の立場で行っているから無給なのだ。家庭内でも、広い社会のなかでも、妻の労働の成果は夫のものとみなされていた。

そして、それは法律にも反映されていた。イギリスでは、一八七〇年に既婚女性財産法が制定され、女性はようやく、結婚後に稼いだお金や相続した財産を保有することができるようになった。だがフランスでは、一九〇七年になっても、既婚女性が稼いだ賃金はそのまま夫のものになった。一九六五年になっても、フランスの夫は法律上、妻が働きに出るのをやめさせることができた。「結婚とは、特定の人々、つまり女性や妻に対して無給労働が強制される制度だと私は考えている」とデルフィは述べた。彼女がフランスで調査した事例では、結婚とは、妻を一種の奴隷の境遇に留めておくための法的契約にほかならなかった。

社会にとっては、無償で行われる家事労働は、途方もなく貴重だ。アメリカの経済学者ナンシー・フォルブルによれば、アメリカ合衆国で行われるすべての労働のうち、幼い子どものそばにいる時間も含めて、市場で取引されない労働の代替コストは、国内総生産の少なくとも四四パーセントに相当する。だが、無償の家事労働は当然だと思われていただけではない。歴史上、比較的最近まで、妻にはそれが法律で義務づけられていた。一九世紀半ば以前のアメリカ合衆国では、婚姻法により、夫は妻の基本的な生活を扶養する代わりに、妻を支配する権限を与えられていたとフォルブルは書いている。「家庭の収入の一定割合を分け与えるのではなく、必要最低限の生活レベルを保証することと定められていた」。当時、夫の収入の半分に対する法的権利を妻に与えるよう求めるロビー活動が起きたが、失敗に終わっている。

だが、法律は問題の一面でしかない。デルフィを愕然《がくぜん》とさせたのは、女性に対する不当な扱いだけではなかった。誰も欲しがらないパテの脂身に関するおばの行動だった。自分が置かれた不平等な生活をしぶしぶ我慢するのと、それが自分にふさわしいと納得するのとでは、別物だ。

女らしさという概念には服従が織り込まれている、とイェール大学の哲学者であるマノン・ガルシアは言う。彼女は一八世紀にまでさかのぼり、哲学者ジャン＝ジャック・ルソーが、女性を「理性ではなく感情で動く存在、自由ではなく服従する存在」と描いていたと記している。女性は男性のために存在するのであって、自分自身のために存在するのではないとルソーは主張していた。

一九世紀初期のアメリカでは、「多くの州が妻の服従義務を定める法律を制定し、そのうちのいくつかは一九七〇年代になるまで法的強制力を持ち続けた」とフォルブルは続ける。女性は従順であるべきだというイデオロギーは、今でも一部の地域で生き続けている。フォルブルによると、一九九八年になっても、「米国最大のプロテスタント教派である南部バプテスト連盟は、妻は何事においても夫に従うべきであるという新約聖書の勧め［教会がキリストに従うように、妻もすべてにおいて夫に従いなさい。(『エフェソスの信徒への手紙』第五章二四節)」に従って、妻は夫のリーダーシップに『おとなしく身を委ねる』べきだと宣言した」。

妻は夫の支配権に全面的に従うべきだという考えは、家庭内暴力やレイプに関する世の中の意識にも根強く残る。現在ほとんどの国が、夫婦間レイプを犯罪として認めているが、それはここ数十年のことだ。インド、アフガニスタン、ナイジェリア、サウジアラビアなど、依然として認めていない国もある。サウジアラビアとカタールの法律では、女性は結婚する際に、男性の保護者の許可を得なければならないと定められている。国際的な人権団体ヒューマン・ライツ・ウォッチの報告によれば、カタールの家族法には、女性は「仕事や旅行をする前に夫の許可を得なかったり、『正当な』理由なく家を出たり、夫との性交渉を拒否したりすると、『不服従』とみなされる場合がある」と明記されているという。

さらに、何世代もの近親者が近隣や一つ屋根の下に住む文化では、妻は夫の両親にも従うことになる。社会学者の故ファティマ・メルニーシーは、一九七〇年代にインタビュー調査をしたモロッコの一部の家族で、夫は妻を愛さないようにときつく言い渡されていたことを明らかにした。メルニーシーによると、「そもそも男性が愛してもいい唯一の女性は、母親だった」。母親は息子の花嫁選びでも決定的な役割を果たしていた。そして、結婚後も引き続き、母親は大きな役割を果たす。義理の娘は服従を期待されたのだ。

伝統を重んじる家庭では、義理の母親の手に毎日キスをして、義理の母親を「ご主人様《ミストレス》」を意味する「ララ(Lalla)」と呼ぶのが妻の務めだった。

＊

アメリカ生まれの中国研究家であるドナルド・ホルツマンは、古代中国の親孝行に関する本を書きながら、子どもたちが年長者への献身を示すために努力を惜しまないことに非常に驚いた。

彼はある言い伝えを紹介している。妻が水汲みから帰ってくるのが遅かったために、義理の母親が罰として、彼女をしばらく家から追い出したという物語だ。妻は義母に恨《うら》みを抱いてもおかしくなかった。だが、彼女は恨みを抱くどころか、自分が稼いだわずかなお金で、名前を明かさずに義母に食べ物を贈った。ホルツマンは愕然とし、彼女の無欲な献身行為を「異様だ」と表現した。このような物語が立派な行為を示す教訓として伝えられてきたことが、彼には理解できなかった。

一方で、私自身はそれを容易に理解できた。アジア、アフリカ、中東の一部の社会では、親孝行や妻の義務は、計り知れないほど強いものだからだ。西洋で重視される個人主義と比較すればなおさらだ。逃げ出すなど、ほとんど想像できない。そんなことをすれば、物理的にも心理的にも自分を世界に根づかせている人間関係すべてを手放すことになってしまう。それだけでなく、社会秩序に背を向けることになってしまうのだ。

「名誉と権力は密接に結びついている」と社会学者のオルランド・パターソンは書いている。

こうした社会では、家父長制に基づく義務は、クモの巣のようにしっかり張りめぐらされ、意外な形で機能する。宗教、伝統、あるいは年長者に対する務めによって重みづけされ、罪や恥の意識を伴うこともある。だが同時に、他者への同調を求める社会が子どもたちの環境として適切なのかについて、純粋な懸念も寄せられている。ルール自体が不当でも、結局ルールに従えば得をすることになるからだ。

このように、家父長制社会ではさまざまな要素が複雑に絡み合っている。それは、世界各地で女性器切除［FGM］が根強く残る現状にも大きく影響している。アフリカや中東の一部で広く見られるこの風習の起源は、紅海沿いでの奴隷貿易にさかのぼると考えられている。当時、女性の奴隷は性的奴隷として売買されていた。当時も今も、女性器切除は性行為をできなくするか、あるいは耐えがたい苦痛を伴うようにするために行われる。目的はただ、結婚前の少女の処女性と結婚後の女性の貞節を守ることである。だから、ある意味で、これは女性を将来の夫に縛りつけようとする暴力的な性的束縛とも言える。世界保健機関［WHO］によると、現在存命中の二億人以上の女性や少女が女性器切除を受けており、さらに毎年三〇〇万人がその危険にさらされている。しかも、母親や親族の女性が少女にそれを強要することが多い。

自らがその身体的、精神的な苦痛を経験したにもかかわらず、年配の女性たちは女性器切除の継続を許し、時には法の目をかいくぐって娘に切除を強制する。母親らは、切除が求められる世界に娘を入れるための準備だと信じている。この通過儀礼を受けなければ、娘はコミュニティのなかで夫を見つけられないかもしれないと母親たちは恐れている。悪《あ》しき風習に身を委ねることは、道義的には非難されるべきかもしれないが、ほかにほとんど選択肢がない場合、現実的と思える場合もあるのだ。

考古学者のキャサリン・キャメロンが言うように、彼女が研究する歴史上の社会では、捕虜となった少女や若い女性が生き延びて安定を得るためには、多くの場合、妥協が必要だった。安全は、捕虜となった先の主人との結婚という形でもたらされることもあった。逃げられる望みがないのなら、せめて妻としてなら地位を変えられるチャンスがあるかもしれないからだ。「年齢を重ねれば、女性たちは影響力や権力を手に入れることができました」と彼女は説明する。

「ほかの集団から連れて来られた一四歳の若い少女には、力も何もありません。集団内のほかの女たちに酷使されたり、男たちにレイプされたりと、恐ろしいことが起きるかもしれません。でも、それを乗り越えて、ある男性の妻になれば、一種の安定が得られます」。結局、彼女はただひたすら最善を尽くす。夫との結びつきが強くなればなるほど、生活は安全になる。「子どもができれば、別次元の地位が得られます。男性の子どもを産めば、地位を向上させることができます」。

ロンドン大学東洋アフリカ研究学院の開発学の教授だったデニズ・カンディヨティは、一九八〇年代にこのように女性が自らの地位を確立していく手段を表現して、「家父長制取引」という造語を生み出した。権力をもつ年配の男性たち、いわゆる家父長が支配する体制の制約のなかで、女性たちは生き抜くためにさまざまな戦略を立てている。人間はある状態に閉じ込められたとき、そのなかにさらに檻が存在すると見抜くことが大切だとカンディヨティは言う。家父長制の形が異なれば、求められる取引も異なる。しかしその取引はいずれも、女性が受ける恩恵を最大化し、負担するべき代償を小さくするためのものだった。

父方居住の父系家族に嫁ぐ若い花嫁にとって、この取引は生涯にわたって展開される。今、苦難を経験していても、やがて彼女は姑として、義理の娘に対して権力を振るうようになる。彼女は「男性には服従するが、年齢を重ねて若い女性たちに対する支配権を手に入れることで、それが帳消しになる」とカンディヨティは書いている。

だから、年配の女性たちは、若い女性だけでなく若い男性に対しても、ジェンダーに基づく義務に従うようにと圧力をかける。女性にも男性にも、異性婚をして子どもをもうけるようにと強要する。父方居住の家族で息子を産んだ母親は、誰かが結束を乱して「間違った」相手と結婚し、パートナーへの愛情と年長者への忠義が対立してしまうことがないように気を配る必要がある。見合い結婚や強制結婚は、そのための手段となってきた。家族のなかの年長者に対する務めを守り、「家父長制取引」を機能させるための手段だった。これは、家父長制を維持するために女性が果たしている一つの役割だと言える。

そのことがよくわかる事件が、北西イングランド元首席公訴官のナジル・アフザルが二〇二〇年に発表した回顧録で詳しく紹介されている。イギリスでいわゆる名誉犯罪［不道徳とみなされる行為をした者に、家族や同胞の者たちの名誉を傷つけたという理由で私的な制裁を与えること。時に死に至らしめることもあり「名誉殺人」とも言われる］の撲滅に向けた活動を長年行ってきたアフザルは、ロンドンのヒースロー空港に勤務する若い税関職員だったスルジット・アスワルの事件を取り上げている。一六歳で不幸な見合い結婚をしたアスワルは、別の男性と不倫関係に陥った。やがて、彼女は夫に離婚を求めたが、それに激怒した夫の母親が彼女の殺害を命じた。家族はアスワルをインドにおびき出し、そこで夫のおじが彼女の首を絞めて、遺体を川に投げ捨てた。

アスワルの夫とその母親は、犯罪を隠蔽《いんぺい》しようとしたが、アスワルの兄のジャグディーシュが正義を求める運動を展開したのち、二人とも終身刑を受けた。だが、この事件についてアフザルを特に困惑させたのは、夫の母親が殺人に対してほとんど反省の意を示さなかったことである。刑務所で面会したとき、母親はパンジャブ語でアフザルを罵倒した。「彼女は二五年間、刑務所に収監されることになっても気にしていなかった」とアフザルは書いている。彼女に言わせれば、自分は英雄だった。家族の名誉を守った英雄だった。

彼女は取引の責任を果たしたのだ。

この「家父長制取引」は、異なる家父長制社会のあいだで女性たちが話し合う場合に、ますます複雑になる。二〇一四年、ナイジェリアでボコ・ハラムに拉致された数百名の女子生徒を救出するための必死の取り組みを促そうと、ソーシャルメディア上でハッシュタグ「#BringBackOurGirls」という呼びかけが広く展開された。ホワイトハウスのミシェル・オバマからバチカンのローマ教皇フランシスコまで、世界中が団結したキャンペーンだった。監禁中に亡くなった可能性の高い少女のニュースがたびたび報じられ、時には、何とか脱出に成功した少女に関する記事もあった。しかし、誰も予想していなかったことがあった。拉致された少女たちの一部は、自由の身になっても、自分たちを拉致した男のもとに留まることを選んだのだ。拉致され、過激な思想を植えつけられると、心に傷が残る。気持ちも混乱する。その結果、拉致の被害者は、性的奴隷として人身売買された女性が殴られて屈服するのと同じように、拉致した人物に執着するようになる。拉致した相手の子どもを出産すれば、少女は家族を捨てる気にはなれない。それに、両親は必ずしも少女たちの帰宅を歓迎していなかった。だが、そこには別の原因が影響している場合もあった。ＢＢＣが報じた記事で、ある若い女性は、「ボコ・ハラムの妻として周りの人たちの尊敬を集めるのが楽しかった」とジャーナリストのアダオビ・トリシア・ヌワウバニに語っている。その若い女性は女の奴隷を何人も支配下に置くことができたという。

ボコ・ハラムのメンバーを過激思想から脱却させる活動に携わってきた精神分析医は、次のように説明する。これらの少女たちは家父長的なコミュニティで生まれ育ち、ほとんどは働いたこともなく、権力も発言権も与えられていなかった。それが突然、捕虜としてではあっても、自分の言いなりになる三〇人から一〇〇人もの女性たちを指揮するようになった。すると少女たちは、どちらが自由かと比較して考えるようになる。彼女たちは故郷に戻っても、「戻る先の社会ではそんな権力はもてない」と悟ったのだ。そう精神分析医は語った。

＊

自由は、近代民主主義社会の中核となった概念だ。私たちは断固として自由を守ってきた。だが、オルランド・パターソンが主張したように、実際には多くの人間関係で、ある人間がほかの人間を何らかの形で所有、支配している。私たちが自由を特別なものとして考えるのは、歴史上多くの人がまったく自由のない状態で生きなければならなかったからだと彼は指摘する。現在でも、私たちはみな、両親であれ、パートナーであれ、雇用主であれ、国家であれ、ある程度は誰かの支配下にいる。法律や社会の目を通じて、支配されている。そうした関係性のなかでどれくらい主体性をもてるか、そのなかでどう折り合いをつけられるかによって、私たちの本当の自由度が決まっている。

アメリカ合衆国南西部、現在のニューメキシコ州北部に位置するラプラタ渓谷。ここで、およそ一〇〇〇年前に捨てられた六六人の女性の骨が発見された。二〇一〇年、この地でかつて起きたことを明らかにするために、ネバダ大学の研究者らが遺骨を調べて、その結果を発表した。遺骨に見られる外傷の具合から、研究者らは、この女性たちは捕虜で、乱暴に取り押さえられ、ありとあらゆる日用品で殴られた可能性が高いと推論した。死ぬまで酷使された女性もいたようだ。

とはいえ、このコミュニティのすべての女性がこのような扱いを受けていたわけではない。捕虜の遺体はうつ伏せに横たわっていたが、ほかの女性たちはもっと丁寧に、敬意を込めて埋葬されていた。捕虜の女性は地位の低い少数民族だったに違いないと研究者らは推測した。捕虜は社会にまったく溶け込んでいなかった。そのため、あらゆる方面からの虐待の犠牲になった。捕虜の女性たちが死ぬほど働いていた一方で、そばで暮らす地位の高い女性たちは、重労働を免《まぬが》れていた。彼女たちも捕虜の労働から恩恵を受けていたのだ。

ラプラタ渓谷の事例から明らかになるのは、女性には、奴隷と妻、捕虜と自由な女性という二つの領域があり、常にその振り分けが行われているということだ。どちらに属するにせよ、それを左右するのは、私たちが助けをどれだけ得られるか、他者からのケアやサポートをどれだけ期待できるかである。私たちが生存し、幸福でいるためには、最終的には人間関係が非常に重要になる。物事がうまくいかないときに頼れる場所があり、世間の荒波から自分を守ってくれるとわかっていてこそ、人間は安心できる。

インドのメガラヤ州のカーシ丘陵にある母系コミュニティを見れば、女性が結婚によって生まれ育った家族を離れる必要がなく、自分を大事にしてくれる家族の近くにいることで、生活が大きく変わることがわかる。二〇〇七年に公表された調査では、カーシ族の母親は、娘が結婚相手をうまく選べるよう手助けしていることが示された。こうした娘たちは、搾取されないようにサポートされており、その影響は体格にも表れていた。母親と同居する女性は、母親と別々に暮らす女性よりも「かなり背が高く」、よい食事を与えられ大事にされていることを物語っていた。ちなみに、夫からも母親からも自立して暮らすカーシの女性は、期せずして最も身長が高かった。

父系家族の台頭は「親族関係の破壊」を引き起こし、女性を一族の社会経済的、宗教的な結束から引き離した、と人類学者の故ルビー・ローリッヒは述べている。父方居住の家族のなかで、新婦は孤立し、その結果、あらゆる意味で姉妹間の連帯が損なわれた。兄弟同士は同じコミュニティに留まるのに対して、姉妹は結婚するとそれぞれ別のコミュニティに送り出され、不確かな未来に放り込まれてしまう。男性優位の制度は、家父長的な傾向の強い社会で大いに発展した。それは、血縁関係にある男性同士が信頼関係を育み、協力し合い、兄弟間の結束のなかで権力を固めることが容易であったからだろう。幼少期からの知り合いと切り離された妻には、そうした結束は不可能だった。

頼れる人が誰もいないとき、私たちは最も弱さを露呈する。オルランド・パターソンは、奴隷の境遇を「生まれながらの疎外」と表現した。あらゆる種類の家族の絆は意図的に不安定なものにされ、主人と奴隷、抑圧者と被抑圧者の関係に取って代わられる。それが奴隷という存在なのだと彼は指摘した。「奴隷も人間だ。親や親族と離れたくない、彼らを通じて先祖とつながりたいと強く願ったはずである。わが子を手元に置いて、家族の強い絆を維持したいと願ったはずである」と彼は書いている。「だが、あらゆる絆が不安定だった」。

私たちはそうした絆を探し求めている。絆がなければ、自分を見失ってしまう。心理学者のキャロル・ギリガンと精神分析医のナオミ・スナイダーは、男性は家父長制の影響を受けて、「男だけが自我をもつ」と思い込むようになったと主張する。反対に、女性は「女は無私無欲」だと考えるよう強いられる。それが行きすぎれば、男女は互いに気持ちが離れてしまう。つまり、家父長制は、「取り返しがつかないほど人間関係を壊してしまう」。だからこそ、長く続いてきたのだと彼女たちは指摘する。

そう考えると、自由や女性の解放という概念も、微妙な意味合いを帯びてくる。自由であること、誰とも一切つながりをもたない真の自由であることは、実際そうなれば、危険で不安定な状況になってしまうのではないか。別の虐待や搾取にさらされるのではないか。「特定の個人に権力が集まりやすい社会では、奴隷制を否定するためには、いわゆる対抗力と呼ばれるものが必要だった」とパターソンは言う。要するに、家父長制に代わって逃げ込むことができ、私たちを受け入れ、守ってくれる、別の強力なネットワークが必要なのだ。

抽象的な自由ではない。私たちを救い出してくれる仕組みが必要なのである。

第七章

革命

ドイツ帝国議会では慣例により、選出された最高齢の政治家が新しい会期の議長を務めることになっていた。一九三二年、その役目を果たしたのは七五歳のクララ・ツェトキンだった。当日、彼女は建物にたどり着けるかどうかも危ぶまれた。担架で運ばれ、立ち上がるのにも杖《つえ》の助けが必要だったと「タイム」紙の記者は伝えている。「ツェトキンおばあちゃん」とも呼ばれていた彼女は、痛みと疲れで汗をかいていた。階段を上る際には、「大きなお尻のたくましい」女性二人が手を貸した。議長のベルを鳴らすどころか、持ち上げることさえできないほど弱っているように見えたと記事は続く。全身がふらふらだった。彼女は額《ひたい》の汗をぬぐい、水を少し飲んだ。

そして、それから四五分間、演説を行った。

ツェトキンは、一五年近く国政で強い影響力をもっていたドイツ共産党の党員だった。当時、ドイツは歴史の転換点に近づきつつあった。その日、アドルフ・ヒトラーは議会に出席しており、ファシストのならず者たちが外に集まっていた。ナチ党が政権を握るのは、それから一年後のことである。ナチスが政権に就くと、共産党は活動を禁止された。何千人もの共産党支持者が命を落とし、あるいは強制収容所に送られた。そうした迫害や殺害は、すでに数十年前から続いていた。

だが、ツェトキンが演説をしたその日はまだ、事態は違う方向に向かうかもしれない、国民は母国に別の展望を描けるかもしれないというかすかな希望があった。ロシアの革命家であり、ソビエト連邦のリーダーだったウラジーミル・レーニンはかつて「ドイツの共産主義者には優れた人物が一人だけいる」と言ったという。それがクララ・ツェトキンだった。彼女はスポットライトを浴びたその日の演説で、想像上の輝かしい過去に戻るという空虚な約束で母国を掌握しようとする者たちを強く非難した。代わりに彼女が訴えたのは、それまでとは根本的に異なる新しい未来だった。

「現在の悲惨な苦しみに立ち向かう労働者の闘いは、同時に彼らの完全な解放のための闘いでもあります」と彼女は力説し、資本主義者や帝国主義者による搾取に対して立ち上がることで、何世代にもわたる歴史的な抑圧を一掃するよう一般労働者に呼びかけ、共産主義の思想を生み出したカール・マルクスやフリードリヒ・エンゲルスが乗り移ったかのように、数百万の女性たちを「性的奴隷という拘束」から解き放つ必要があると語った。彼女にとって、女性の解放は経済的自立を通じて達成されるものだった。夫や父親からの自立だけでなく、すべての抑圧者からの自立である。

同時代のほかの共産主義者と同様、ツェトキンは自分をフェミニストとは考えていなかった。決してそうではないと思っていた。彼女は、女性同士の普遍的な連帯のようなものがあり、それが「ブルジョワの婦人とプロレタリアの女性を結びつけるリボン」のような役目を果たしている、という考えを一笑に付した。それぞれの女性がそれぞれの問題を抱えている。豊かな特権階級にいる人々が一般労働者の生活を理解するのは不可能だった。社会の上層部にいる女性たちが、女性の使用人や工場労働者の安い労働力から直接恩恵を被っている場合はなおさらだ。だからツェトキンは、彼女がエリート資本主義者の「ブルジョワフェミニズム」とみなしていたものから、努めて距離を置いていた。

ツェトキンが目を向けていたのは、社会の最下層にいる人々だった。

何年も経ってから、これは多くの人たちの共感を呼ぶことになる。その一人が、アメリカ共産党とブラックパンサー党［一九六六年に結成された黒人解放闘争を展開した政治組織］の両方に所属していた影響力のある活動家、アンジェラ・デイヴィスだった。デイヴィスは一九八一年の著書『女性・人種・階級（*Women, Race & Class*）』で、「労働者階級の女性と黒人女性はともに、性差別ではなく階級による搾取と人種差別による抑圧によって、基本的には自分と同じ属性の男性と連帯した」と説明した。女性は長いあいだ、権力者の男性と手を組んで、ほかの女性の権利を抑圧してきた。アメリカの女性参政権運動における人種差別は、その一例だった。それに対して、デイヴィスは、「解放はすべての人のためのものでなければならない。でなければ、真の解放とは言えない」と主張した。

それが社会主義の誓約だった。

このメッセージは、二一世紀に入ってからもフェミニズム活動のなかで生き続けている。二〇一九年に刊行された『99％のためのフェミニズム宣言（*Feminism for the 99%*）』で、研究者であり国際女性ストライキの主催者でもあるシンジア・アルッザ、ティティ・バタチャーリャ、ナンシー・フレイザーは、ジェンダー平等は人種主義的・帝国主義的な社会では決して達成できないとはっきり述べている。「私たちはまた、問題の根幹は資本主義にあることも理解している」と著者らは書き、フェミニズムが幅広い政治の世界に希釈化されて何の意味があるのかと主張する。そして私たちが望めるのはせいぜい、少数の女性たちがガラスの天井を打ち破り、豊かな男性たちと同等の権力を握るなか、移民や労働者階級、下層カーストの女性たちは床で粉々になったガラスを片付けることとなのだろうか、と問いかける。

ツェトキンをはじめとする二〇世紀初期の社会主義者の女性にとって、問題は、共産党の指導者が男性に偏りがちで、彼らが男性を念頭に置いて発言することだった。一九〇八年まで、ドイツのほとんどの地域では、女性が政党に所属することが法律上、禁止されていた。共産党はマッチョでいかつい労働者の男たちというステレオタイプと結びつき、男らしさの崇拝を奨励する域を出ていなかった。ツェトキンは共産主義運動の卓越した闘士として、同志が女性解放に対する責任を忘れないよう尽力しようとした。一九一〇年にコペンハーゲンで開かれた大規模な会議で、ツェトキンは国際女性デーの制定を提唱し、この日［三月八日］は今も世界中で祝われている。しかし、共産党指導者の上層部には、男性の団結と女性への蔑視が根強く残り、それが完全に消えることはなかった。

そうした苦労にもかかわらず、一九三二年のその日、クララ・ツェトキンは世界の注目を集めていた。議会で彼女の演説に耳を傾けた人たちの多くは、彼女と政治的見解が同じだったわけではないだろう。だがそれでも、彼女は尊敬を勝ち取っていた。「ニューヨーク・イブニング・ポスト」紙の記事によれば、彼女が話し終えたとき、「聴衆は割れんばかりの拍手を送った。それは政治的なデモンストレーションではなく、年老いた革命家の純粋な肉体的勇気に対する賛辞だった」。

ツェトキンは存命中に、ドイツで自分が望んだ共産主義国家を見ることはなかった。ナチスが政権を握ると、彼女はソビエト連邦に亡命した。そして、それからまもなく、その地で亡くなった［一九三三年六月二〇日］。

＊

歴史は止まらない。クララ・ツェトキンの死から一〇年余りが経った頃、ドイツの政治は再び大きな変革を経験した。そして、それがついに彼女の希望を現実のものとすることになる。一九四九年、先の第二次世界大戦の敗戦を受けて、ドイツは二つに分割された。面積の大きい西側の地域は、アメリカ、イギリス、フランスから成る連合国の支配のもとで、資本主義経済体制を維持した。これが現在のドイツ連邦共和国である。面積の小さい東側の地域は、ソビエト連邦の衛星国となった。そして、ドイツ民主共和国（東ドイツ）として知られるようになった。

新しく誕生した社会主義国家で、ツェトキンは国の象徴として歴史の教科書に登場した。一〇マルク紙幣と二〇マルク硬貨には、彼女の顔が描かれた。東ドイツは彼女の肖像入りの切手を発行した。東ドイツのさまざまな都市が彼女の名前にちなんで通りの名前をつけた。アンジェラ・デイヴィスも反帝国主義者の英雄として称えられ、ポスターに描かれた。一九七二年、デイヴィスが東ベルリンを訪れた際には、彼女をひと目見ようと大勢の群衆が集まった。

東西ドイツの分断は、一九八九年のベルリンの壁崩壊の直後に再統一されるまで、四〇年間続いた。その間に起こったこと、つまり一九一七年以降のソビエト連邦で、さらにはその後ほかの社会主義国で起こったことは、おそらく現代史において人類の最も重大な実験だった。少なくとも理屈のうえでは、革命の目的は、人々の互いに対する考え方や行動の仕方を根本的に変えることだった。抑圧による経済的拘束だけでなく、精神的拘束からも人々を解放することだった。

その過程で、文化的伝統から古来の信仰まで、生活のあらゆる面が否定された。ソ連の指導者らは、宗教はブルジョワ的で搾取的だという信念に従って、無神論を推奨した。東ドイツでは、プロテスタントまたはカトリックのキリスト教信者を名乗る人の数は、一九五〇年の約九〇パーセントから、一九八九年には三〇パーセント強に減少した。子ども向けの本を含む文学作品は、ソビエト連邦の反資本主義や反帝国主義の政治思想を反映していた。西部劇を模倣《もほう》してつくられた、いわゆる「レッド・ウェスタン」と呼ばれる映画は、アメリカ先住民を英雄に、カウボーイを悪役に描くことで、ハリウッド映画の常識を覆した。弱者が主人公になったのだ。

すべての人が仕事に就いていた。物の値段は、市場ではなく国家が決めたため、生活は無理なく成り立った。だが、欧米からの輸入品は珍しく、人々が欲しがるものは必ずしも十分ではなかった。サプライチェーンは信頼できなかった。時々、過剰生産が起きると、特定の商品がいきなり過剰に供給された。クロアチアのジャーナリストであるスラヴェンカ・ドラクリッチは、共産主義下での自らの経験について、「物資の不足、独特の臭い、みすぼらしい服」と描写している。ある大人の男性が初めてバナナを食べたとき、皮を剝《む》かなければならないことを知らずに、皮ごと食べてしまったとドラクリッチは書いている。バナナが手に入らないことは、ごく普通の物が贅沢《ぜいたく》品になるソ連の日常生活を表すたとえ話として、よく使われるようになった。

だが知ってのとおり、共産主義のいちばんひどい点は物不足ではなかった。ソ連の指導者ヨシフ・スターリンのもと、ソ連の生活は血なまぐさく残忍で、粛清、処刑、強姦《ごうかん》、制限が果てしなく続くように見えた。何百万もの人々が労働収容所に送られた。体制を維持するために、広く監視が行われ、移動の自由はほとんどなく、政治に異なる意見を差しはさむ余地はまったくなかった。そうした恐怖を踏まえて、今日、ファシズムと共産主義は同列に語られる。両者の背後にある政治的イデオロギーは別物にもかかわらず、ジャーナリストで歴史家でもあるアン・アップルバウムはこう述べた。「共産主義の罪に対しても、ナチズムの罪に対するのと同じくらい強い嫌悪を感じるべきだ。さもなければ、私たちは自らの過去もほかの人たちの過去も見誤ることになる」。

そうした共産主義の罪は、今も色濃く感じられる。ドイツを旅したときに、私はそれを自分の目で確かめた。かつてはクララ・ツェトキンに捧げられていたベルリンの古い石畳の通りは、プロイセンの王女にちなんだドロテーエン通りという以前の名称に戻されていた。ベルリンのシュプレー川沿いにある東ドイツ博物館では、東ドイツがいかに重苦しい警察国家だったか、そして、そうした国家に別れを告げられたことにどれほど感謝すべきかを教えられる。取調室と独房は、見学者が足を踏み入れられるように再現されている。博物館の正面には、おんぼろの小型乗用車トラバントが展示され、冗談めかして〈段ボール製の車〉というラベルが添えられている。ブルータリズム建築の高層ビルからポリアミド生地の衣類まで、さまざまな展示物があり、必死に生き永らえようとした権威主義的なディストピアがよく描き出されている。

とはいえ、国家社会主義が遠い昔のように感じられる今でも、その時代を懐かしく思い出す人たちはいる。おそらく、私たちは日陰に光を求めずにはいられないのだろう。光を記憶に留めたいと願うのだ。ある女性は、ベルリンの壁が崩壊したあと、自分の街が衰退し、成人した子どもたちは仕事を見つけるために出て行くしかなかったと不満を漏らす。東ドイツ博物館では、見学者がしきりに家庭用品や玩具のレプリカなどの記念品を購入していた。

なかには、社会主義モデルを支えた急進派の夢を忘れない人もいる。しばらくのあいだ、彼らは別世界に暮らしていた。国民が一時的に、近隣の国々とはまったく異なるルールに従って暮らした異世界だった。ソビエト連邦は、革命論者がほんのつかの間、平等な世界観を実現できると信じた場所だった。最終的には失敗したが、目標のいくつかは何とか実現した。当時はさほど悪くなかったというノスタルジーから、今日の平等を求める闘いのルーツとして社会主義を見直す人たちさえいる。それは一世紀以上前、ツェトキンが支持した理想のなかに見ることができる。女性の選挙権、政治参加、大学進学、結婚における法的平等、性的欲望をめぐる道徳上のダブル・スタンダードからの解放、そしてとりわけ、どんな人も決して搾取されるべきではないという理念である。ある意味で、ツェトキンは、「インターセクショナリティ［人種、階級、ジェンダー、性的指向、国籍などの複数の要素が組み合わさって起こる差別や抑圧を理解するための枠組み］」という言葉がまだ存在しなかった時代に、変化を求める闘いのなかで、この言葉を実践していたと言えるだろう。

ベルリンの北方、ブランデンブルク州のビルケンヴェルダーに、ツェトキンが住んでいた家が、現在は記念館として残されている。ここを訪れたとき、私がこの聖地巡礼をする数少ない人間の一人であることは明らかだった。人気《ひとけ》のない通りに面した庭に、彼女のブロンズ像が立っている。ツェトキンは今も変わらず、女性の歴史のなかであまり顧みられない存在だ。国際女性デーでも、追悼されることはめったにない。だが、二〇世紀の国家社会主義の研究に力を注ぐ者たちにとって、その時代は残酷ではあったが、記録からわかる事実は注目に値する。ソ連でジェンダー関係は確かに変化した。旧体制の残骸のなかで、たとえそれが十分に認識されていないとしても、当初の理想は、女性に確かな利益をもたらした。

二〇世紀という時代に、家父長制を打ち砕くための真摯《しんし》な取り組みが確かに行われたのである。

*

二〇一八年の秋、夫と私は、プラハ中心部にある日当たりのよいモダンなレストランに座っていた。チェコ人のジェンダー研究者二人にランチに招かれたのだ。幼い子どもをもつ親として、私たちは当時、手頃な料金の保育のことで頭がいっぱいだった。この旅行のために、子どもはロンドンの祖父母のもとに預けていた。働く時間を確保するためだけに、給料が保育料に吸い取られるのがいかに大変か、私たちはいつも愚痴をこぼしていた。友人たち（そのほとんどが女性だが、わずかに男性もいた）は、自宅保育のためにキャリアを一時中断していた。チェコ共和国の家族もさほど違いはないだろうと私は想像していた。結局のところ、これは万国共通の闘いなのではないか。育児と家事の不平等は、女性の解放にとって永遠の悩みなのではないか。

テーブルの向こうから、女性の一人が私たちに微笑《ほほえ》んだ。「当時のことは覚えています。私たちは希望するあらゆる保育を受けられました」と彼女は言った。「今問題になっているのは、女性たちが家庭に留まって、昔ながらの主婦になりたがっていることです！」。

このヨーロッパの外れの国で、フェミニズムの歴史は、私が育ったイギリスとは違っていた。かつての社会主義国家では、闘争はまったく別の軌跡をたどっていた。北アメリカや西ヨーロッパの国々はずっと以前から、民主主義、個人主義、資本主義を強く支持し、そうした自由の代償として、ある程度の社会格差を受け入れてきた。誰もが望むものを全部手に入れることはできないけれど、少なくともそのために働くチャンスはある。子どもの教育や失業手当など、国民の基本的ニーズを満たすために国が介入することはある。だが概して、男性との完全な平等を望む女性たちは、何十年にもわたって、断片的な改革のために闘うしかなかった。

一方、共産主義者は国家が完全に消滅することを望んでいた。そうすれば、すべての財産は共同所有になる。階級制度も不平等もなくなるだろう。誰もが自分の才能を活《い》かして、共通の利益のために働くことになる。最終的には、家族も消えてなくなることを彼らは望んでいた。夫と妻の代わりに、対等で自立した個人が存在し、互いを尊重しながら自由に相手を愛することができる。子育ては社会全体で行えばよい。

この極端なユートピアが実現するまでは、革命的共産主義者らは、国家社会主義に甘んじることにした。つまり、不平等をできるかぎり早期になくすための政策や法律を、共産党の上層部が定めるという一種の妥協案である。実際には、現在判明しているように、この指導者たちは結局、想像を絶するほど冷酷かつ独裁的な方法で社会の舵取りをすることになり、理想とはかけ離れた事態に陥った。だが、彼らは少なくとも当初は、特に女性の解放について、いくつか目標を立ててすぐに行動した。

「すべての文明国では、高度な先進国でさえ、女性は実際には家庭内奴隷にすぎません。資本主義国家では、女性は完全な平等を享受していません。最も自由な共和国でも同様です」。一九一八年、前年の革命後にソビエト社会主義ロシア共和国のトップとなったウラジーミル・レーニンは、第一回全露労働婦人会議でそう断言した。その後も、既婚女性について、「つまらない家事が女性を押しつぶし、窒息させ、無気力にさせ、貶め、キッチンと子ども部屋に縛りつけるのだ」と書いている。彼はかつてのエンゲルスと同様に、抑圧との闘いは家庭の外だけでなく、家庭の内にもあると考えていた。

「ソビエト連邦のおもな任務の一つは、女性の権利に対するあらゆる制限を撤廃することである」とレーニンは宣言し、そして、まさにそれに着手した。共産党指導部がロシアで政権を握ってから最初に行った政治改革は男女を同等な法的立場に置くことだった、とイギリスの歴史学者で政治学者のアーチー・ブラウンは言う。一九一七年、イギリスよりも一年早く、アメリカよりも三年早く、ロシアはすべての女性に選挙権を与えた。宗教婚に代わって、民事婚が行われるようになった。離婚は以前よりも簡単に、安価にできるようになった。一九二〇年、ロシアは世界で初めて人工妊娠中絶を合法化した。

だが、どこでもそうであるように、男女平等の実現は不安定なものだった。一九三六年、スターリン率いるソ連は、出生率を上げるために中絶を違法とし、その後一九五五年、スターリンの死後に再び合法化した。ロシアとその近隣諸国では、何世紀にもわたって家父長制が深く根づいてきた。人々が何の葛藤もなく古い考えを手放すことはなかった。固定観念は消えなかった。ソ連の指導者らは、家庭内での男女の不平等と虐待にはおおむね目をつぶった。そうした葛藤と矛盾が、結果として体制を揺るがすことになる。だが当時、そうした初期の頃にジェンダー規範に変化が生じたことで、新たな世界観が生まれたのは確かだった。

結局のところ、ロシアでは依然として階級闘争が主役だった。ほかの不平等は、階級区分に根差していて、階級の崩壊とともにすべてなくなると考えられていた。こうした基本的な前提により、抑圧からの解放は労働を通じてもたらされると信じられていた。女性は自分の収入をもてば、望まない結婚や家庭に縛られることはなくなるという理屈である。労働は自由につながる道だった。そのため、初期のソ連では、男性だけでなく女性にも教育の機会が拡大した。性別にかかわらず、すべての人に有給で就労する権利が与えられた。そして、すべての人が仕事に就くことを期待された。一九三六年、共産党の最高政策決定機関であるソ連共産党政治局は、妊婦の就業を拒否したり、賃金を引き下げたりすることを犯罪行為と定めた。

第二次世界大戦では、世界中でそれまで男性が担ってきた仕事に女性が採用されたが、ソ連では、他国で見られないほど軍隊にも女性が参加した。ソ連は女性兵士を大規模に活用した国だったと歴史学者のパメラ・トーラーは書いている。八〇万人の女性が戦闘員として赤軍に所属し、そのうち数千人は狙撃兵や機関銃手、戦車兵などとして前線で戦った。戦時中、勇敢な行為に対して勲章を与えられた女性は一〇万人超にのぼると彼女はつけ加えている。

国家社会主義がロシアを越えて広まった中央・東ヨーロッパでは、女性は技術系の大学への進学を奨励された。卒業後は、科学者やエンジニアになった。家庭では当然のように、乳幼児や未就学児向けの保育を利用できた。東ドイツでは、子ども一〇〇〇人当たりの保育園の数が、一九五〇年の一三カ所から一九八六年には八一一カ所に急増した。家事や料理の負担も、公共の安価な洗濯店や食堂を利用することで、少なくともいくらか軽減できた。

それぞれの社会主義国家は、状況に応じて独自のアプローチをとった。たとえば、一九五〇年代初期のスロバキアは、ほとんどが農村地域だった。「国の目標は工業化でした。そのために、女性を家族経営の農場から工場や都心部に移動させる必要がありました」とプラハの社会学研究所に所属するジェンダー研究者、ブランカ・ニクロワは話す。国は若い女性たちに移動を呼びかけるために、都市の生活とは「家族から解放され、自分の将来を自分で決められることだと説明しました。結婚したいとは思えない相手と、一生同じ村にいる必要はないというわけです」と彼女は言う。

男性にとっても、女性と一緒に働くことは珍しくなくなった。ほとんどすべての職業や産業で、働く女性は一般的になった。そして、そうした状況は今日まで続いている。「社会主義国では、女性も仕事に就くことが期待されています」とニクロワは言う。

ところが現在、社会主義の歴史のこうした側面は、その時代を生きた人たちにも忘れられ、一般の人々の目に触れることはほとんどない。当時のよかった点を語ると、かつての独裁政権に共感していると思われかねないという恐怖心があるのかもしれない。だが、理解を阻《はば》む壁はほかにもある。私自身、ドイツやチェコ共和国やハンガリーを訪れて、その国の人たちに会うまでは、中央・東ヨーロッパの女性の生活についてほとんど知らなかった。それは一つには、第二次世界大戦後に東側諸国と西側諸国のあいだにイデオロギーの分断があったためだった。イギリスの元首相のウィンストン・チャーチルが一九四六年の演説でこれを「鉄のカーテン」と表現し、この言葉が定着した。

東西冷戦の初期の頃、ソビエト連邦の内部で何が起きているのかを、外部の人々はほとんど知る手段がなかった。情報は限られていた。ソ連は鏡の向こうの世界になった。今日に至るまで、その時代の文書はなかなか手に入りにくい。鉄のカーテンが崩壊するまで、向こう側で起きていることについて多くの手がかりをもたらすことができたのは、(ソ連のプロパガンディストを除いては)ソ連からの脱出者だけだった。

*

一九五〇年から一九五三年にかけて、ハーバード大学の研究者らは、ソ連を脱出した数百人の難民や亡命者にインタビューを行った。アメリカ空軍の支援を受けた調査だった。

アメリカ人である彼らは、「ソ連の体制の社会的、精神的な利点と弱点」を理解したいと考えていた。目的は、国家社会主義がどのように機能しているか、実際はどれくらい国民に支持されているか、広く普及するだけの強い力をもっているかを明らかにすることだった。インタビューが進むにつれて、タイプライターで打った黄ばんだメモが大量に作成された。それを読めば、人々が政治の劇的な変化についてどう感じていたかを把握できる。一部の研究者が簡略化して「ハーバード・プロジェクト」と呼ぶこのインタビューは、ソ連に関して非常に多くの事実を伝える情報源となってきた。

「ソ連の女性は一般に、家庭の外で働きたいのか、働きたくないのか、どちらだと思いますか」とプロジェクトのインタビュアーは尋ねた。

「女性は普通、家庭を好みますが、ソ連では、女性は若い頃から働き始めます」とある回答者は答えた。「だから、彼女たちはある程度自立しています。たとえば、離婚したら働く必要があります。女性は自由を手にしています。職を得ると自由を感じられますから」。さらに、次のように話した。「ただの主婦でいるのは恥ずべきことです。主婦はプチブルジョワジーならではの存在です」。

また別のインタビューでは、ある医者が、ロシアの医科大学にいたとき、学生の男女比はどれくらいだったかと尋ねられ、次のように答えている。

「私の在籍当時は、女性よりも男性が多かったですが、その後、女性のほうが多くなりました。法律上、特別に決められた男女比もありました」。つまり、人数の釣り合いを取るために男女別の定員があったことをほのめかしている。さらに、「ソ連には著名な女性の教授もいました。外科医として有名な女性さえいます」と答えた。

教育制度のもとで、女性は完全に平等に扱われていたと五六歳の速記者は語った。「優秀な女性化学者が何人もいました。ソ連では女性に対する差別はまったくなく、男性と同様、きつい仕事にも従事していました。たとえば、地下の炭鉱で働く女性もいます」。

革命後、女性が通りでタバコを吸うようになったと話す回答者もいた。女性は男性と同じように自由に離婚を切り出すことができ、そのために社会的に負い目を感じることもなかったと言う者もいた。

歴史学者はこうした類いの証拠を慎重に扱わなければならない。このインタビューは、ソ連をどうしても離れたいと願った人たちを対象としているため、すべてが信頼できるとは思えないからである。だが反対に、だからこそ、生活のほかの面は厳しくても、ソ連ではジェンダー平等が確かに実現されていると一部の人が率直に認めたことには大きな意味がある。「男女が平等なこと以外にいい点はありません」とある中年女性は言った。彼女は経済学者だったが、知的能力を十分に発揮できないことに不満を感じていた。

このように、ハーバード・プロジェクトのインタビューによれば、ロシアでの社会主義の実験が社会規範を揺るがしたのはほぼ間違いない。だが同時に、現代の研究者から見ると、アメリカ人のインタビュアーが、ソ連の女性の日常生活や彼女たちの仕事、人間関係の細かいところに必要以上の興味を抱いていたのは明らかだ。彼らが、共産主義者が次はアメリカにやって来るかもしれない、そして、ソ連の政治体制が女性たちの心をとらえてしまうかもしれないという不安を感じていたことは、行間から容易に読み取れる。

では、鉄のカーテンの反対側はどうだったのか。アメリカ郊外の生活は、ソ連とは似ても似つかないものだった。ハーバード・プロジェクトのインタビューが行われたのと同じ一九五〇年代、アメリカの中流階級の女性たちは、結婚したら仕事を辞めることを推奨されていた。異性婚は大人になるための唯一まっとうな道と考えられていた。離婚は眉をひそめられた。アメリカ合衆国では、逆説的に聞こえるかもしれないが、伝統的な男女の役割は戦後の現代的な家庭を支えるものだと考えられていた、と歴史家のエレイン・タイラー・メイは書いている。国として個人主義を掲げていたにもかかわらず、当時のほとんどの人は、社会の期待に応えようとした。第二次世界大戦中または戦後に成人した人のうち、約九五パーセントが結婚していた。常にそうだったわけではない。一九〇九年、ニューヨークで数千人の織物工が賃金の引き上げと労働条件の改善を求めてストライキを起こしたが、じつは彼らの多くは、移民とユダヤ人の女性だった。一九一〇年には、繊維労働者による別のストライキがシカゴで起きている。ジェンダーとセクシュアリティに関する歴史家のリリアン・フェイダーマンによると、一九二〇年までに、女性はアメリカ合衆国の労働人口のほぼ三分の一を占めるようになった。さらに第二次世界大戦に至るまでの数年間で、大学に進学し、家庭の外で働く女性の数が増加した。戦時中には、生産活動への女性の参加を促すために、筋肉がたくましく盛り上がった「ロージー・ザ・リベッター［リベット工のロージー。第二次大戦中の米国で、愛国心に駆られて工場で働く女性の姿をアピールするために使用された女性キャラクター］」のアイコンが利用されている。

ところが、終戦と同時に、働く女性に対する反動が起こった。国家は、より多くの子どもを産む家族を必要とし、戦いを終えて戻ってきた男性たちに仕事を与える必要があった。そのため、郊外の主婦が快適に暮らせるだけの収入を得る男性の稼ぎ手が、憧れの理想像として推奨されるようになった。アメリカ建国の父たちがアメリカ民主主義の土台としてそうした理想像を初めて掲げてから数世紀、再び同じ家族像が理想とされるようになったのだ。一九五〇年代は、戦前や戦後の数年間よりも結婚率が高かった。一九五七年に実施されたギャラップ社の調査では、「結婚しないことを選ぶ女性は、病弱か心配症かふしだらかのいずれかである」という考えに賛成するアメリカ人は八〇パーセントにのぼったとフェイダーマンは書いている。また、女性のファンションデザイナーは細いウエストと大きなヒップとバストを強調するようになった。雑誌や本は、妻として望まれる女性になる方法を教えるようになり、働く女性の子どもに起こりうるマイナス面について注意を呼びかけた。

その頃には、アメリカ合衆国の就労状況は、男女比が大きく偏るようになっていた。女性と男性が同じ仕事をするというのは、想像することさえ難しくなっていた。男性の科学者やエンジニアは、独創性や合理性やスキルを男らしさと結びつけようとする文化を育み、その結果、彼らの仲間に入ろうとする女性は締め出された。性別ステレオタイプは間違いなく、かつてないほど幅を利かせるようになった。

＊

ソビエト連邦にもステレオタイプが存在しなかったわけではない。特に管理者や指導者の女性をめぐっては、ステレオタイプは確かに存在した。ソ連の支配が終わる頃でさえ、共産党を運営しているのは男性だった。それでも一九五四年には、機械オペレーターの六四パーセント、鉄道機関車や自動車の運転手の四二パーセントを女性が占めていた。医師に占める女性の割合は、一九一三年の一〇パーセントから、一九五九年には七九パーセントに上昇した。また同年には、ソ連の薬剤師のほぼ全員が女性だった。

「一九九〇年代にアメリカを訪れたときのことです。人々が実際に自分たちで夕食をつくっているのを目にして驚いたことを覚えています」と、ブダペストとウィーンにある中央ヨーロッパ大学でジェンダー研究の准教授を務めるエヴァ・フォドルは言う。「私の想像をはるかに超えていました！」。

フォドルは国家社会主義が支配するハンガリーで、都会に暮らす、聡明な共働きの両親に育てられた。「学校の食堂で昼食をとり、家に帰って夕食にサンドイッチを食べていました。つまり、母はまったく夕食をつくっていませんでした。食堂から食べ物を持ち帰る人たちもいました」と彼女は言う。彼女の両親は、洗濯物を公共の洗濯サービスに持ち込んでいた。「ほとんど無料」で洗って戻してくれるのだ。彼女が知っていた子どもの多くは、一定の年齢になると幼稚園に通った。それが彼女のような中流家庭の暮らしだった。小さな町や農村地域の家庭では、そうした選択肢はもっと少なかった。だが国家は、彼女が属する社会集団の人々に対しては、家庭で行うべき仕事の少なくとも一部を、政府が補助金を与える公共サービスに外注させることで支援していた。

家事労働の完全な社会化である。活動家のアンジェラ・デイヴィスは一九八一年、著書でこの画期的なアイデアを取り上げた。食料生産が家族経営の小規模農場での過酷な家内労働から大手の農業法人や食品メーカーによる大規模生産に移行したように、家庭での仕事はなぜ産業経済に取り込まれないのか。彼女はそう問いかけた。「訓練を積んだ、高い賃金の労働者がチームになって、家庭から家庭へと回り、高性能の清掃機器を駆使すれば、現在、主婦が苦労して昔ながらのやり方でこなしている仕事を、迅速かつ効率的に仕上げることができる」と彼女は言う。こうして合理化すれば、誰もが負担できる料金で、家事を提供できるようになる。デイヴィスはこれを、資本主義社会の最も注意深く守られた秘密の一つだと説明し、「家事の性質を根本的に変える可能性が十分にある」と書いている。

もちろん、この夢は世界のどこでも実現されていなかった。だが、ヨーロッパの社会主義諸国では、少なくともそれに近づこうとする努力が見られ、女性は昔と同様に働くことができていた。エヴァ・フォドルは職場での男女の不平等について、彼女が育ったハンガリーと隣国のオーストリアを比較している。オーストリアは社会主義国ではないものの、第二次世界大戦後に政治体制が分かれるまでは、文化的にはハンガリーと同じ歴史をたどってきた国だ。一九四九年には、両国とも大学生の約五分の一が女性だった。一九七〇年代に、ハンガリーの大学では男女比が同じになった。一方、オーストリアで男女比が同じになったのはようやく二〇世紀も末になってからだった。一九八二年にハンガリー人女性で主婦と分類されていたのは、わずか五パーセントだったが、オーストリアの主婦の割合は四〇パーセントにのぼっていた。一九七〇年代に制定された法律では、オーストリアの既婚女性は、働く前に夫の許可を得なければならなかった。

ハンガリーはなぜ、それほど短期間にジェンダー平等を実現できたのだろうか。フォドルによると、それは法律、プロパガンダ、男女別の定員、たっぷりの出産休暇、工場や職場内に併設された幼稚園や保育所、仕事と結びついた社会・健康奨励金（子どもの看護休暇や補助金にによる温かい食事サービス）など、さまざまな要因が組み合わさった結果だった。ハンガリーの社会主義に基づく国家体制は、「短期にとどまらず長期にわたって、男女の不平等を変容させ、縮小し、再定義する」うえで重要な役割を果たしたと彼女は書いている。「それに対して、オーストリアでは、市場原理、高度な経済成長、自律的なフェミニズム運動のいずれも、ジェンダー平等を一気に実現することはなかった」。

これら両国を文化の実験場と見れば、どちらの国が急激な変化をもたらしたかは明らかだ。大胆な変化を起こすという点で優れていたのは、社会主義国だった。

旧社会主義国では労働形態が広範にわたって変化したため、鉄のカーテンの崩壊から三〇年以上が経った今でも、人々は働く女性について、私たちとは異なる考えをもっている。ドイツ労働市場・職業研究所によると、再統一から数十年が経った二〇一六年に、男女の賃金格差がドイツ東部では六パーセント強だったのに対して、ドイツ西部では二三パーセントを超えていた。ドイツ東部のブランデンブルク州にある学園都市コットブスでは、男女間で賃金を比べると、わずかに女性のほうが高かった。

「社会主義国家はジェンダー規範を変えました。賃金を得て働く女性に関する規範は、一五年のあいだに変化を遂げたのです」とフォドルは言う。「それは人々の考え方にも長期的な変化をもたらしました。女性が賃金を得て働くという考えは完全に普通のことになり、女性もキャリアをもち、仕事に意味を見出すようになりました」。

フォドルの同僚で、中央ヨーロッパ大学で比較文学とジェンダー研究の教授を務めるヤスミナ・ルキッチは、社会主義体制下のベオグラードで育ったため、「女性だから給料が下がるなど想像もできなかった」と書いており、一九七〇年代に学生としてカナダに移り住んだとき、あまりの違いに、そこでのフェミニズム闘争に参加する自分を想像できなかったとも話す。それまでの彼女の文化体験とはまったく異なっていたからだ。そして、「デイジーダックが間抜けなドナルドダックとしきりに結婚したがるのにも、ミニーマウスがガレージの壁に車をぶつけるのにも、いつも腹が立っていた」と言う。彼女の家族では、「運転できるのは母だけで、父は技術に関する知識もスキルもまったくなかった」とルキッチは書いている。

現在、西ヨーロッパとアメリカ合衆国では、科学、工学、技術の分野に携わる女性の割合が世界最低水準であり、その対策が続けられているが、中央・東ヨーロッパにはそうした問題は存在しない。国際科学雑誌の「ネイチャー」は二〇一九年、女性が執筆した公表論文の割合から判断すると、中央・東ヨーロッパの大学は、ジェンダーバランスが世界で最も優れていると報告した。ポーランドのルブリン医科大学とグダニスク大学は第一位と第四位だった。ベオグラード大学が第三位に入っている。対照的に、ハーバード大学は第二八六位、スイス連邦工科大学チューリッヒ校は第八〇七位だった。

旧社会主義諸国には今でも、女性の科学者やエンジニアを普通だと考える文化的遺産が残っている。「女の子がエンジニアになりたいと言っても、おかしいとは思いません。誰もそれを変だとは思わないでしょう」とフォドルは言う。彼女の母親は一九五〇年代に、エンジニアになるための訓練を受けていた。ハンガリーの女性たちが技術系の大学で学ぶことを推奨されていた時代だった。

カリフォルニア・ポリテクニック州立大学のコンピューター科学者であるハスミク・ガリビアンは、旧アルメニア・ソビエト社会主義共和国のエレバン国立大学のコンピューターサイエンス学部では、一九八〇年代から九〇年代まで、女性の割合が七五パーセントを下回ることがなかったと書いている。彼女も共著者も「これはタイプミスではありません」と指摘する必要があった。

また、ドイツのボンにある労働経済研究所は二〇一八年、数学の成績のジェンダー格差がドイツ西部よりもドイツ東部のほうが小さいことを示す論文を発表した。一九九一年以降、旧社会主義諸国は、高校生を対象に毎年開かれる国際数学オリンピックの大会に、他国よりも多くの女子生徒を送り込むようになっていた。ドイツが再統一されるまで、少女たちは何世代にもわたって、住んでいる場所によって異なる性別ステレオタイプを目にしてきたと研究者らは説明する。西ドイツでは、男子生徒と女子生徒は学校で同じカリキュラムを受けてさえいなかった。一方、東ドイツでは、一九四九年から一九八九年まで、非常に人気のある雑誌だった「ノイエ・ベルリナー・イルストリールテ」に、「ジャーナリスト、教授、准将、工場労働者としてプロフェッショナルに活躍する『解放された』女性」が掲載されていた。

同様に、一九九〇年代初頭に旧ソ連からイスラエルに移住した数千人のユダヤ人移民を対象とした研究では、この集団の女子高生は、旧ソ連から移住していない家庭の女子高生に比べて、科学、技術、工学、数学を専攻する傾向がはるかに強いことが明らかになった。旧ソ連出身のユダヤ人女性も、現地で生まれたイスラエル人やほかの移民と比べて、フルタイムで働く傾向が強く、科学や工学の分野で働く人も多かった。研究者らが注目したのは、こうした移民が十分な保育サービスの利用に慣れていたため、ほかの施設よりも運営時間がはるかに長い民間保育施設のネットワークを独自に築いていたことだった。

女性たちはかつて国家社会主義のもとで享受していた保育環境を、イスラエルで再現しようとしていたのだ。

*

「私たちが望んでいるのは、主婦の生活を楽にすることです」と当時アメリカ副大統領だったリチャード・ニクソンは、ソ連の指導者だったニキータ・フルシチョフに言った。一九五九年、モスクワで開催されたアメリカ博覧会の初日のことである。ニクソンが誇らしげに指し示したのは、当時の家庭としては贅沢の極みだった、一体型のフロントオープン式食洗機を組み込んだモデルハウスのキッチンだった。

女性が本当に望んでいるものについて、ニクソンとフルシチョフが意見を交わしたこのやり取りは、「キッチン討論」として知られている。

「ニクソンは、冷戦下でのアメリカの優位性は兵器ではなく、郊外の近代的な住宅での安全で豊かな家庭生活にあると主張した」と歴史家のエレイン・タイラー・メイは書いている。最後のアメリカ建国の父が亡くなってから一世紀以上が経っても、ニクソンは、アメリカ人女性が幸福と自由、有意義な人生を見出すのは家庭だと信じていた。

それに対して、フルシチョフは、ソ連はこのような「女性に対する資本主義的な態度」はとらないと答え、これでは人間を所有物として家庭に閉じ込めておくようなものだと主張した。ソ連の女性には、自由に働き、自立した生活を送り、夫と離婚する自由があった。社会は何千年ものあいだ、女性は劣っていて生まれつき服従する存在だとする神話のもとで苦しんできた。だがもはや、そういう神話には中身がないことが明らかになっていた。女性もチャンスを与えられれば何かを達成できる。女性には生まれつき何の制約もない。ソ連はそれを示したのだった。少なくとも表向きには、資本主義と比べて社会主義が近代的であることを示す象徴として、ジェンダー平等が喧伝された。

だが、実際には、ニクソンもフルシチョフも自国の現状をすべて語っていたわけではなかった。

アメリカでは多くの女性が職に就いていたが、その最大の理由は、ほかに選択肢がなかったからだ。家庭の主婦という夢は相変わらず、経済的に余裕のある人たちだけのものだった。そして、その夢自体にも亀裂が入り始めていた。ベティ・フリーダンは一九六三年の著書『新しい女性の創造（*The Feminine Mystique*）』で、ロマンチックな家庭の泡のなかに閉じ込められ、期待に応えて生きようとしても満たされない主婦たちの不満が高まっている様子を描いている。「長い間、ある悩みがアメリカの女性の心の中に秘められていた」とフリーダンは書いている。

そして次のように続ける。「郊外住宅の主婦たちは、だれの助けも求めずにひそかにこの悩みと戦ってきた。寝床を片づけ、食料品を買いに出かけ、子供の世話をし、夜、夫の傍らに横になる時も、『これでおしまい?』と自分に問うのをこわがっていた」。フリーダンが話を聞いた女性のなかには、満たされない気持ちを紛らわすために、アルコールや精神安定剤に手を出す者もいた。アメリカが世界に対して示していたイメージと国民の気持ちとのあいだに、乖離《かいり》が生まれていた。

主婦として家庭を守るために仕事の夢を犠牲にするアメリカ人女性は、ますます増えていった。フリーダンが指摘したように、それは高等教育における女性の割合が急激に低下していったことからわかる。一九二〇年には、アメリカの大学生の四七パーセントが女性だった。それが一九五八年には、三五パーセントまで減少した。家庭の主婦というアメリカの理想に潜む問題を列挙することで、フリーダンの著書は、アメリカで女性解放運動が起こる一つのきっかけとなった。

皮肉なことに、アメリカのフェミニストが要求したものの多くを、ソ連の女性はすでに手に入れていた。そして、フリーダンのおよそ七〇年前、早くも一八九六年には、クララ・ツェトキンが、ブルジョワの主婦は「人形の家の人形のような生活にうんざりしている」と書き残している[イプセンの『人形の家』は一八七九年初演]。

冷戦下のジェンダーをめぐるイデオロギー論争で、アメリカはソ連に勝利した。だがそれは、女性が幸せな主婦であること、社会では目立たない立場となり、家族のためにキャリアを諦《あきら》めることを前提としていた。「政治や経済の指導者たちは、女性解放とジェンダー平等というソ連のモデルと対比させて、家庭を守る専業主婦と稼ぎ手というモデルを、アメリカの成功を支えるシンボルとして強く支持していました。ソ連のモデルを大きな脅威と考えていたからです」と、ペンシルベニア大学でロシアと東ヨーロッパの国家社会主義における女性の役割を研究するクリステン・ゴドシー教授は言う。「一九四〇年代後半から五〇年代のアメリカでは、家父長的な核家族を維持すべきだという非常に強い圧力がありました」。

その結果として、それ以外を望む人にとっては行動の余地がほとんどなくなった。当時は、共産主義への支持を認めるのは誰にとっても危険だった。だから、ベティ・フリーダンも、一九四〇年代に左派労働組合のジャーナリストをしていた過去にはあまり触れず、私生活が仕事に大きな影響を与えたと強調するほうが好都合だったのかもしれない、とゴドシーは指摘する。アメリカでは、女性解放という思想は共産主義のイデオロギーと強く結びつくようになり、指導者らは政治的な動きを恐れて、女性の権利を求める活動家になかなか譲歩しようとしなかった。ソ連が行ったのと同じことをアメリカが行うことはできないという考えだった、とゴドシーは説明する。

そのため、アメリカでは女性の権利を求める活動が長年盛んに行われてきたにもかかわらず、差別禁止法は一九六〇年代から七〇年代まで導入されなかった。同様の法律が、ロシアではロシア革命の頃から存在したのとは対照的だった。人工妊娠中絶も一九七三年にようやく全米で合法と認められたが、その後も、賛否をめぐり世論が揺れている。

ゴドシーによれば、アメリカ政治には今でも、冷戦時のジェンダーをめぐる政治の影響が残っている。二〇一七年に「ニューヨーク・タイムズ」紙で「あなたのセックスが楽しくないのは資本主義のせいかもしれない」という物議を醸すタイトルの記事を執筆した際に、彼女はそれを痛感したという。社会主義国家は、女性が男性に経済的に依存しないようにすることで、女性に対して、資本主義国にはなかったある程度の主体性と性的自由を与えたとゴドシーは主張した。女性は仕事をして稼ぎ、また国家の支援もあったため、お金のために結婚したり、夫婦仲が悪くなっても結婚を続けたりする必要はなかった。ゴドシーは、記事に対してアメリカ人批評家からいくらか反発があるだろうとは予想していた。ところが、実際はそれどころではなかった。

記事を受けて、「この国の右寄りの人々からありとあらゆる憎悪、暴言、激しい批判が殺到しました」と彼女は語った。「本当に恐ろしかったです。殺害やレイプの脅しもありました」。批判の多くは保守派とキリスト教福音派からのものだった、とゴドシーは言う。彼らは、女性は家庭にいるほうが幸せで、女性が権利をもったために家庭が弱体化し、子どもに悪影響を与えてきたと信じていた。ゴドシーの意見に反対したのは、男性だけではない。女性もいた。「アメリカには、ある種の非常に保守的な傾向があります。一九五〇年代こそがアメリカが優位に立っていた絶頂期で、それは核家族に根差していたと考える人たちがいます」と彼女は言う。そうした人々にとって、女性の居場所は昔も今も家庭だった。

ソ連の指導者ニキータ・フルシチョフの言葉は、国家社会主義が女性に何を提供できるのかと不安に思っているアメリカ人を苛立たせたかもしれない。だが、ソ連の側も内心では、自分たちの大げさな主張に不安を抱いていた。じつは、共産党のトップに立つ男性たちは、真のジェンダー平等は実現しないだろうと考えていたのである。

一九六三年、ロシアの技術者だったワレンチナ・テレシコワは、世界で初めて宇宙に行った女性になった。彼女が帰還すると、フルシチョフは「ブルジョワジーはいつも女性を弱者のように扱ってきたが、社会主義は違う」と言って西側諸国を攻撃せずにはいられなかった。女性の宇宙飛行士が、おそらく人類にとって最も過酷な肉体の旅を生き抜いたのだ。しかし、テレシコワがのちにインタビューで明かしたように、ソ連は実際には女性を宇宙に送ることに大いに不安を感じていた。その後、次の女性が宇宙に行くまでに一九年という年月がかかったのは、そのためだった。

*

女性に関するアメリカの理想に亀裂が生じていたのと同様、ソ連の理想にも亀裂が生じていた。誰もが自分の仕事に満足していたわけではなかった。スラヴェンカ・ドラクリッチが書いたように、女性は「男のように働かなければならなかった……建設現場、高速道路、鉱山、畑、工場で働いた。男性とまったく変わらない見た目のたくましい女性。それが共産主義者の理想だった」。彼女によれば、党の機関誌は女性に、まずは優れた労働者であり党員であれと命じていた。これは、そんなふうになりたいと思わない人たちや伝統的な女らしさに憧れる人たちには、そう簡単には受け入れられなかった。ある反体制的なフェミニスト雑誌では、ロシア人記者が次のように力説していた。「私たちは母になりたい、妻になりたい、主婦になりたい――つまり女性になりたいのだ！」。

東側諸国でも西側諸国でも、問題は、女性たちが特定の女性像に従うようにと強制されたことだった。どちらの政治体制も、個々の女性がどんな自分になりたいと望んでいるかを時間をかけて調べようとはしなかった。鉄のカーテンの両側で、男らしさのステレオタイプはそのまま（ほとんど変わらず）残った一方で、女らしさは戦いの場となった。それぞれの側が、自分たちの政治的な優位性を示すために、独自の女らしさを誇示した。歴史家のシーラ・ローボサムによると、ソ連では、女性は当局のプロパガンダのなかで、夕日に向かってトラクターに乗る、ふくよかで健康的な顔色をしたヒロインとして描かれた。それに対して、西側の大衆文化では、ソ連の女性は女らしさに欠け、陰険な人さえいると風刺されていた。ソ連の女性は、「制服を着て机に向かって、男性を情け容赦なく批判していた」。

エヴァ・フォドルは、ソ連の多くの研究者と同様、共産主義のジェンダーに関する記録を大げさに取り上げることには慎重だ。強く支配的なソ連女性というステレオタイプにもかかわらず、共産主義には、ミソジニーが広く根強く残っていた。男性指導者らは、女性たちが社会主義闘争とは別に、権利を求めて団結するのではないかと疑念をもっていた。女性は働いていたものの、男女で分業されることが多く、それが事実上の賃金格差につながっていた。たとえば、医師の大部分は女性だったが、外科医はたいてい男性だった。そして、外科医は給料が高かった。

また、何をもって女性というか、男性というかについては、揺るぎない価値観があった。東ドイツでは、同性愛はイギリスで合法化された翌年の一九六八年まで合法化されなかった。イデオロギーとして平等を約束する体制下でも、ジェンダー規範の否定には限界があった。人間はゼロからスタートするわけではないことを考えに入れていなかったようだ。私たち人間は、伝統、名誉、期待、罪悪感、信念、偏見といった遺産とともに、あくまで自分が知っていることから始めるものだ。それに、私たちが短期間に受け入れられる変化には限界がある。

こうした失敗は本来、予測できたはずである。だが、かつての革命家、クララ・ツェトキンも家庭内での性別役割分業に疑問を抱いていなかった。それは単に、彼女のイデオロギー上の立場からだけではなく、現実的な立場からでもあった。国家は国民を必要とし、人々に国民を産み育ててもらう必要がある。そのため、女性解放という言説と人口を増やし続けるという国家の要求とのあいだには、常に緊張関係が生じた。ロシアをはじめとする国々の共産主義の歴史を通じて、女性はたとえ家庭の外で働こうと、まずは母であり養育者であるという信念は、消えることがなかった。

その結果、女性は家事労働の負担からほとんど自由にならなかった。家庭の外での仕事のうえに家事が加わることが多く、女性は二重の負担に疲れ果てていた。進んだ考えをもつとされる社会主義者の男性でも、そうした負担を分かち合おうとはしなかった。一体型のフロントオープン式食洗機で一息つくこともできないのであれば、ソ連女性の生活はある意味で大変に違いない、というリチャード・ニクソンの言い分は正しかった。

一九七八年の「ニュー・ジャーマン・クリティーク」誌の記事が、この問題を的確にとらえている。東ドイツでは当時、未婚女性が増え、出生率は低下していた。離婚の三分の二は女性からの申し立てだった。そして、破局の理由として最も多いのは、夫婦の性格や考え方の明らかな不一致だった。記事は、「おそらく家庭内での家事分担をめぐる意見の相違が大きく、それが不一致の一因に違いない」と推察している。

それでも国家は、国の社会基盤である働く男性の支持を失うことを恐れて、家庭内の家事分担の問題に対して見て見ぬふりをした。二〇世紀ドイツの歴史家、ドナ・ハーシュは、国家社会主義の女性を描いた著書『家庭の復讐（*The Revenge of the Domestic*）』で、「東ドイツの女性は、職業を自我に不可欠なものと考えるようになった」と書いており、共産党の指導者は、ほぼ全員が男性であり、「彼らは昔ながらの性別による家事分担の恩恵を受けていた」とも言う。家事の負担を公平にするという彼らの約束は、時にはリップサービスにすぎなかった。一九六五年に制定された東ドイツの家族法では、パートナーは家庭に対して互いに責任を分かち合うことが奨励されていたが、それはめったに実現しなかった。

「普通の夫は、仕事をもつ妻に合わせて自分の習慣を変えようとはしなかった」とハーシュは書いている。家庭の外の仕事では、男女を同じように扱うべきだと主張された。それなのに、社会主義の指導者たちは、いざ家庭に戻れば、家庭内での男女の役割は生物学的に決定されるという信念をそれとなく支持した。社会主義者の夢は、道半ばで途絶えてしまった。家父長制を打ち砕くことは、本来可能だったはずである。だが実際は、家父長制は弱体化しただけだった。ソ連の女性たちは仕事で稼ぎ、多くの権利を手にしながら、西側諸国で得られるような自由、物資、人手を省く便利な製品がほとんどない世界に閉じ込められていた。そんな彼女たちが、〝向こうの芝生は青い〟のではないかと考えたのは当然だろう。結局、彼女たちの不満が一因となって、人々は鉄のカーテンの崩壊を待ち望むようになったのである。

*

国家社会主義が崩壊したあとの中央・東ヨーロッパの一〇年間は、示唆に富んだ時代だった。この時期、人々は数十年ぶりに制限のない生活を経験していた。西側諸国の友人や家族に会い、旅行をし、異文化を楽しみ、世界中から商品を買いつけ、好きなものを読み、出版することができた。バナナも手に入った。新しいルールで生活しようと急ぐなかで、働く必要がなくなった今、働かないことを選んだ女性たちもいた。専業主婦になって子どもと家にいる女性が増加した。ライプニッツ社会科学研究所が発表した調査によると、西ヨーロッパで女性の労働参加率が上昇していた一九八九年以降、東ヨーロッパ一三カ国では、女性の労働参加率が二〇ポイントから二五ポイントも低下した。

だが、新たな資本主義社会の生活が現実として始まると、イデオロギーで分断されていた向こう側の芝生は、期待していたほど青々と茂っていないことが明らかになった。

「革命後は、桃がもっと大きく、甘く、黄金色《こがね》になると思っていた」。ジャーナリストのスラヴェンカ・ドラクリッチは著書『私たちはいかにして共産主義を生き延び、そして笑ったのか(*How We Survived Communism and Even Laughed*)』で、鉄のカーテンが崩壊したあとの時代を思い出して、そう書いている。人々は、欧米の映画やファッション雑誌でひそかに覗き見ていた華やかな世界に足を踏み入れるのだと想像していた。資本主義のもとで、ようやく白黒ではなく、色鮮やかな生活を送れるのだと思っていた。

「ところが、露店で列に並んでいた私は、桃がどういうわけか革命前と同じように、緑色で、小さくて、ひどく硬そうなことに気づいた。トマトは以前と同様、とても高かった。イチゴも酸っぱく、オレンジもパサパサして干からびていた」

エヴァ・フォドルと彼女の同僚らが記録しているように、ヨーロッパの国家社会主義が終わりを迎えるとまもなく、ほとんどの女性は生活水準の低下を経験した。失業、貧困、売春が増加した。西側諸国の人々にとって、東ヨーロッパ諸国は、代理母や安価なベビーシッターや家政婦の供給源になった。地域によっては、保育施設が減り始め、女性は働きに出るのが難しくなった。それが就労率低下の一因になったとも言われている。今後数十年のうちに、西ヨーロッパやアメリカでは、かつて社会主義国で見られたのと同じくらいのジェンダー平等が実現するだろう。すでにほとんどのヨーロッパ諸国では、ソ連で行われていた社会主義政策と似たようなものを穏健な形で導入している。いまや何百万もの人々が、有給の育児休暇、児童手当、国民皆保険、高等教育への補助といった恩恵を受けるようになった。

二〇一七年、歴史学者でジェンダー研究者でもあるスザンヌ・クランツは、さまざまな記録とインタビューから、国家社会主義の終焉前後の一般女性の生活を描き出した。東ドイツのゼンマーダーという町の大規模な事務機器工場で働く女性たちの姿である。この町では、男女平等を実現するための根強い取り組みが行われてきた。そのため、ドイツ語ではよく見かけた(そして、現在もよく見かける)性別に基づく文法形でさえ、一般には使われていなかったと彼女は説明する。働くことは、「内面化された自己認識の一部」になっていた。ほとんどすべての女性が、家庭の外に仕事をもっていた。何より、彼女たちは仕事をしていない自分を想像できなかった。ところが、一九九〇年代半ばになると、工場で働く全員が仕事を失うのではないかと心配するようになった。ある若い母親は、会社での自分の職を守るために闘うことになった。「ここ数か月で、公正な社会という理想や夢の多くが消えてなくなりました。でも、人間としての礼儀と尊厳や働く女性と母親に対する敬意は、決して失ってはなりません」と彼女は語った。

最終的に、ゼンマーダーでは工場での仕事の五分の四が失われた。この削減で最も大きな打撃を受けたのは女性だった。

プラハの社会学研究所に勤めるブランカ・ニクロワによれば、かつて化学産業で研究者や実験技師として働いていた年配の女性たちにインタビューをしたところ、自分の子どもたちは仕事を続けるのに苦労しており、「娘は学位をもった賢い女性ですが、保育園がないため窮地に陥っています。限界に近い状態です」と語ったという。

　もちろん、だからといって、人々は独裁的な共産主義体制のもとで再び暮らしたいとは思っていない。だが、ソ連時代への憧れがあるとすれば、「それはおもに福祉国家へのノスタルジーです。国家が面倒を見てくれることを期待しているのです」とフォドルは言う。人々は年金、福祉、医療を求めている。さらに、運動場や食堂のような、かつて人々を結びつけていたサービスも求めている。国家社会主義の保証した暮らしは、決して快適なものではなかった。ましてや贅沢なものでもなかった。それでも、国家社会主義はコミュニティや福祉ネットワークを提供し、仕事を保証することで、疎外を防ぎ、人々が虐待や搾取にさらされないようにした。これは特に、女性に当てはまることだった。

「社会主義は昔ながらの家父長制を完全に打ち破ることはできなかった」とクリステン・ゴドシーは書いている。だが、社会主義は「女性の完全な解放のための条件を整えようとした点で、大きな役割を果たした」のだ。

　フォドルがハンガリーで気づいたように、ゴドシーも、ブルガリア人がいくらかノスタルジーを感じていることに気づいていた。二〇〇〇年代初めには、ソ連時代の記念品を買い求める人の姿も見られた。「一九九〇年代を通して、幼稚園、病院、学校が順に閉鎖されるにつれて、ブルガリア人女性は、子どもや高齢者や病人の世話に責任を負うようになった」。だから、一部の女性は「古い体制」を懐かしく思い出している、とゴドシーは言う。

　そして、ノスタルジーは意外な形で作用することがある。こうした「古い体制」は、じつは当時はまったく新しいものだった。中央・東ヨーロッパでは、国家社会主義は二世代も続かなかった。短期間のうちに、リセットボタンを押すように、社会を新しいルールでつくり変えようとした。社会主義は、国家をどう組織するかが人々の自己認識や他者に対する考え方に大きな影響を与えることを証明し、おそらく歴史上のどの政権よりも急激に、そうした変革を行った。ジェンダー平等がうまくいかなかったのは、人間がロボットではなく、文化的な生き物であることを忘れていたからだった。私たち人間は、理由は理解できなくても、習慣や信念に固執する。平等の追求は、単に資本主義との闘いというだけではなく、過去との闘いでもあった。

社会主義はそれを生き抜いた一部の人々にとって、いまや古くて居心地のよい場所に感じられるかもしれない。だが、家父長制の伝統は、それよりもっと古いのだ。

*

地域レベルの家父長制は、国家社会主義のもとで、消滅しなかっただけではない。何十年ものあいだひっそりと受け継がれ、二一世紀に入り、以前にも増して強い影響力をもつようになった。

二〇二一年の秋、ロシアのウラジーミル・プーチン大統領は、自国の知識人と裕福なエリートを前にした演説で、世界中の平等を求める闘いは、「まったく馬鹿らしい攻撃的な独善に変わった」と言い放った。さらに、「ソ連共産党中央委員会のプロパガンダ部門よりもさらに悪い」と続けた。プーチンは権力を握って以来、いわゆる「伝統的」な価値観の擁護者として知られている。異性婚による家族を支持し、フェミニズムを嫌い、性的マイノリティの権利に反対の立場を取る。

共産主義は新たなイデオロギーに取って代わられた。いまや革新的な未来の可能性ではなく、過去を取り戻すことに目が向けられている。

ロシアでは、キリスト教が再び人気となり、存在感を示すようになった。ポーランドやハンガリーなどの旧社会主義国でも、状況は同じだ。ポーランドでは、共産主義の終焉から三〇年にわたって人工妊娠中絶に対する規制が強化され、現在ではほぼ全面的に禁止されている。この動きはカトリック教会の厚い支持を受けており、「伝統的」価値観への回帰とされた。プーチンと同じように、ほかの政治家も共産主義という幽霊を持ち出して、ジェンダー平等に反論した。ポーランドのアンジェイ・ドゥダ大統領は、性的マイノリティの権利向上運動について、共産主義よりもたちの悪いイデオロギーだと発言した。

ハンガリーは、女性に対する暴力の防止と撲滅を目指すイスタンブール条約の批准を拒否している。私がブダペストにいた二〇一八年は、オルバーン・ヴィクトル首相がジェンダー研究の高等教育課程への公的助成を停止してから間もない時期だった。その八年前には、幼児教育での性別ステレオタイプの排除義務が廃止されていた。私が現地で出会った研究者らはみな、政府が次はどこを狙うのかと心の底から恐怖を感じていた。ゲイ、レズビアン、トランスジェンダーの人々に対する国家の攻撃は、特に悪質なものになっていた。それはその後、さらに悪化した。「政府寄りのメディアでは、こうした人たちを容赦なく、毎日迫害しています。大げさに言っているわけではありません。本当に毎日記事が出ています」とエヴァ・フォドルは話す。最近では、フェミニズムや平等な権利を求めて闘う独立市民団体に対する侮蔑が一般市民にも見られる、と彼女は言う。

かつての社会主義国はいったいなぜ、右派の宗教保守派の牙城《がじょう》になってしまったのだろうか。理由の一つは、国が人口を増やす必要があるためだろう。国家は常に、できるだけ多くの子どもをつくるよう家族に働きかけてきた。そして、それを実現するためには、厳格なジェンダー規範を強制し、異性間の結婚を促すことが有効だった。古代アテネと同様、こうした人口問題は現代にも当てはまり、権力者はいつも緊張にさらされている。

「ここ数年、ハンガリー政府は、子どもの多い家庭に多額の支援金を与えるさまざまな出産促進策を導入しています。子どもが多ければ多いほど、お金をたくさんもらえます」とフォドルは言う。ある制度では、四人以上の子どものいる働く母親は所得税を免除される。また、三人以上の子どもがいれば、夫婦に貸しつけられた国家ローンが帳消しになる制度もあった。

しかし、右派の保守主義の台頭には、人口問題よりも大きな理由がある。鉄のカーテンの崩壊以降、人々は、共産主義と似たものに対しても不信感を抱くようになった。ソ連とそのイデオロギーから距離を置いた新たなナショナル・アイデンティティをつくり出そうとするなかで、ジェンダー平等を求める闘いはイメージが悪化した。旧体制とあまりにも密接に結びついていたからである。一九九〇年から一〇年ほどは、女性の権利について話すのは難しかった、とフォドルは語る。「私たちが使っていた『解放』のような言葉さえも、共産主義や社会主義の指導者たちが生み出した言葉だったため、使うべきではないとされていました」。

そうした環境では、ポピュリストの独裁者が登場しやすくなる。独裁者は、宗教や移民排斥主義を訴え、ソ連の支配下で自らの文化を疎外されてきた人々の心をとらえた。失ったと思っていたものを取り戻したいと願う者もいた。そして、家父長制はそうした失われたものと結びついていた。たとえば、中央アジアでの共産党の政策は、一夫多妻制や児童婚といった古い慣習をなくそうとしていた。一九二七年には、ソ連は中央アジア諸国のムスリム女性に対して、ベール［ヒジャブ］の着用も禁止している。だが、すぐに反動が起きた。ウズベキスタンでは、ベールを着用しなかったり共産党に協力したりしたとして、数千人の女性が殺害されたと、中央アジアの歴史家であるエイドリアン・エドガーは書いている。トルクメニスタンでは、男性たちが新しい離婚法に反対して暴動を起こした。「それに対して、ソ連は一九二〇年代後半に、解放への努力を理由とする女性の殺害や殺害未遂を極刑とする法律を制定した」。

ソ連が崩壊すると、過去を懐かしむ人々の気持ちは、古い家父長的な慣習への回帰に容赦なくつながっていった。たとえば、キルギスでは、誘拐婚の風習を地元の伝統、キルギス流の象徴だとして擁護する人もいる。

だが、かつて社会主義を経験した国々での伝統への回帰には、一つの矛盾がある。それは、家庭では妻や母として昔ながらの古風な役割に徹することを奨励される一方で、女性は一般に予想されるほど仕事から離れていないことである。一九九九年、これらの国々の就労パターンを数十年にわたって研究してきた経済学者のコンスタンティン・オグロブリンは、ある調査結果を発表した。それによると、一九九四年から一九九六年までのロシア人女性の就業率は、男性とほぼ同じであり、また女性のほうが高等教育を受ける傾向が強かった。女性は、同国の経済学者の四分の三以上、会計士と経理担当者の九〇パーセント超を占めていた。二〇〇二年までに、女性の労働参加率はわずかに低下したが、この低下は必ずしも自己選択によるものではなかった。男性も女性も九〇パーセント超の人々が、依然として就労を希望していた。

ハンガリーでも同様に、国家は子どものいる家庭を支援しており、女性が家庭外での仕事を辞めるようにと勧めてはいない。「ですから、これはキッチン・イデオロギー［女性はキッチンにいるべきだという考え方］への回帰ではありません。基本的には、女性にもっと働くことを強いる政策なのです」とフォドルは説明する。女性は専業主婦になることを奨励されていない。そのいちばんの理由は、そうなれば家計も国家経済も苦しくなることに、国は気づいているからだ。女性は働き、同時に多くの子どもを産むことを期待されている。ただし今度は、資本主義体制のもとで、それを期待されているのだ。

新しい指導者が喧伝してきた伝統は、古い時代への回帰ではない。むしろ、指導者たちの要求に合わせて、あえてつくり直された伝統だった。彼らは過去をそのまま復活させるつもりはない。現在の支配力を強化するために、過去を利用している。そして、こうしたご都合主義と偽善を帯びた支配の形こそが、家父長制に内在する不変のテーマなのである。

第八章

変化

一九八〇年五月八日の早朝、イラン政府で初めての女性閣僚が、銃殺隊に処刑された。その前年、イランは革命の真っ只中《まただなか》にあった。独裁者だった皇帝（シャー）のムハンマド・レザー・パフラヴィーを失脚させ、彼の王国に代わって共和国の樹立を目指した革命である。それは、イランの一般国民にすでに絶大な影響力を与えていた保守的なイスラム聖職者から、社会・経済的平等とジェンダー平等を求める煽動的な左派の学生や女性の権利活動家まで、社会のあらゆる層から支持された運動だった。政敵が排除され、議論が抑圧されるのを眺めながら、皇帝の揺るぎない権力下での生活に疲れた多くの人々が、変化を望んでいた。

「当時の私にとって、この革命は独裁政治の終わりを意味していました。そのために命を捧げる覚悟はできていました」とイラン人社会学者のチャーラ・チャフィクは話す。彼女は当時、学生運動に積極的に参加していた。彼女は言う。「高い山の頂上にいるような気分でした。珍しくきれいな空気を吸ったような気がしましたし、目の前に広がる澄み切った景色は、知りうるかぎりの美しい季節の到来を約束しているようでした。テヘランの通りでは、日に日に抗議デモが拡大していました。自由はすぐそこにあり、今にも手が届きそうでした」。

革命は、皇帝と国民の距離がいかに離れていたかを露呈した。皇帝はヨーロッパ製のスーツをスマートに着こなし、魅力的な愛人や妻を何人ももち、石油収入とアメリカやヨーロッパとの緊密な関係を利用して、イランの工業化を進めた。国民は伝統を捨てて、西洋的な近代化を受け入れることを奨励された。だが、そうした動きを性急すぎると感じる者もいた。彼らが恐れていたのは、皇帝が高級車や輸入物のフランス料理に国費を浪費しているあいだに、イランが自国らしさを失ってしまうことだった。やがて、亡命中だったイスラム聖職者、アーヤトッラー・ルーホッラー・ホメイニーを中心に、反対派が形成されていく。ホメイニーは、外国勢力から搾取されない、宗教に基づいた、文化的に正統な国家の未来を約束した。

だが、二〇世紀の多くの革命がそうであったように、結局、望んだ変化を手に入れることができたのは、一部の者だけだった。「あっという間に、夢が悪夢に変わりました」とチャフィクは言う。

亡命先から戻ったホメイニーは、神政国家を構築した。新たに生まれたイラン・イスラム共和国では、イスラムの教えや少なくともその解釈に反するとみなされる法律は、すぐに無効とされた。さっそく犠牲になったのは、女性の権利だった。聖職者らは、かつてのような古風な性役割への回帰を強く求めた。まもなく、女性が国外に旅行するには、男性保護者の許可が必要になった。学校は男女別学になった。中絶は禁止された。女子の法律上の結婚開始年齢は、一八歳から九歳に引き下げられ、その後一三歳に引き上げられた。児童婚への扉が再び開かれた。同性愛を公言する男性は、厳しい処罰を受け、死刑になることさえあった。

さかのぼること一九三六年、皇帝パフラヴィーの父親は、女性が人前でベール［ヒジャブ］を被ることを禁止する決定を下し、議論を呼んだ。だが、革命後は一転して、ベールの着用が義務となった。古いやり方への回帰を求めていた一部のイラン国民は、この保守的な転換を歓迎した。イランの伝説的な活動家で、一九一八年に保守派の強いイスファハンという町に初めて女子校を開設したセディーゲ・ドウラターバーディーの記念碑は、破壊された。ドウラターバーディーは、一九二六年にパリで開かれた女性参政権会議からの帰路で、公然とベールを着用しなかったことでも知られている。革命後のこうした変化に対して、自由を失うのではなく自由を得たいと望んでいた人々からは、すぐに反発が起きた。ベールの着用を義務づける規則が発表されると、数千人が集まって、首都テヘランの通りを行進した。

「大規模なデモ行進でした。学生、医師、弁護士など、あらゆる職業の女性が参加し、男性もいました。私たちは政治や宗教の自由、そして個人の自由を求めて闘っていました」と写真家のヘンガメ・ゴレスタンは、数年後のインタビューで当時を思い出して語った。抗議運動の目的は、ベールの着用に反対することではなかった。ベールを被りたいと考えるムスリム女性は、皇帝から着用を禁じられたことで屈辱と苦痛を感じていた。ベールを被らずに外出するのが怖くて、家に引きこもる女性もいた。デモ行進の目的は、着用を女性自身で決められるようにすることであり、ベールは個人の自主性の問題だった。

「皇帝も、ホメイニーも、どんな男性も、私に思いどおりの服を着せることはできません」。

「ニューヨーク・タイムズ」紙の記者によると、弁護士のファルザエ・ヌーリは群衆に向かってそう訴えた。

だが結局、抗議運動は失敗に終わった。その頃から、女性は道徳警察の監視下に置かれるようになる。ショックを受けたチャーラ・チャフィクは、「通りで小さな男の子に銃を向けられて、なぜベールを被っていないんだと言われたとき、この現実を理解しました」と言う。また、ゴレスタンは自分の写真を振り返って、テヘランの女性たちが頭を覆わずに自由に通りを歩いたのはあの抗議運動が最後だったと思い知らされた。

イランに住み、この時期の歴史を記録したイギリス人ジャーナリストのジェームズ・バカンは、その後数年間で何十万ものイラン人が国を出て、トルコやヨーロッパ、アメリカに向かったと書いている。その多くは学者や専門家だった。彼らにとって、それは生死を分ける問題だった。

チャフィクも国を出た一人だった。「私は左翼の過激な学生運動でかなり注目を浴びていました。同志の多くが逮捕され、身を隠すしかなかったのです。偽名で暮らし、イスラムの政治警察に踏み込まれそうになると、すぐに住む所を変えました」と彼女は話す。さらに、「反対者の捜索が広がるにつれて、ほかの多くの人たちと同様、亡命せざるをえなくなりました」と言う。彼女は徒歩と馬で三日かけてトルコ国境を越え、その後フランスに向かい、現在もそこで暮らしている。

イランでは、脱出前に捕らえられた左翼の活動家たちが棺桶《かんおけ》のような状態で投獄されていたとバカンは書いている。そして、「五〇〇〇人以上の若者が絞首台で命を落とし、一九八二年末までに抵抗勢力は壊滅した」と言う。

その頃には、イランの圧政は別の圧政に移行したことが明らかになっていた。

一九八〇年五月八日に処刑されたイラン初の女性閣僚、ファロクルー・パルサについては、公開されている情報が非常に少ない。わかっているのは、彼女が政界に進出する前はベテランの医師であり生物学の教師だったこと、そして常に女性の権利を求める活動の最前線にいたことである。パルサを出産したとき、彼女の母親は、ジェンダー平等に関する記事を発表して宗教保守派の怒りを買ったために自宅軟禁されていたと言われている。パルサはイラン人女性の選挙権獲得のために奮闘した。イランは一九六三年、女性に選挙権を与え、同年、彼女は国会議員に当選した。その後、教育大臣に任命されている。

革命後、パルサはすぐさまイラン・イスラム共和国の標的になった。一九八〇年に行われた裁判で、彼女に対する容疑には、「腐敗の原因をつくり、売春を広めた」という奇妙な疑惑が含まれていた。逮捕から数か月で、彼女は有罪となり、処刑された。

*

家父長制は抵抗に遭《あ》いながらも、なぜ長く続いてきたのだろうか。二一世紀の私たちは、そう疑問に感じずにはいられない。女性たちが変化を求めて懸命に闘い、平等を求める革命闘争に参加してきたにもかかわらず、いまだ平等が実現しないのはなぜなのか。いったい何が、家父長制という抑圧をこれほど強力なものにしているのだろうか。

今日、率直な発言をするイラン人フェミニストの多くは、イランでは安全に暮らせないと感じている。ジャーナリストのマシフ・アリネジャドもその一人だ。小作農家の孫娘で、労働者階級の出身である彼女は、ティーンエイジャーの頃に、政治パンフレットの作成に関わったとして短期間拘置され、取り調べを受けている。その後、テヘランの報道記者として、イランの政治指導者に時に面と向かって立ち向かったことで知られるようになった。現在はニューヨークに住み、ベールの着用義務に反対する国際キャンペーンを展開している。

「じつは、ヒジャブの着用強制への反対運動を立ち上げようと最初から計画していたわけではありません」とアリネジャドは言う。

始まりは二〇一四年。彼女がロンドンの通りで、ベールを被っていない姿で自撮り写真を撮って、それをソーシャルメディアに投稿したことだった。髪が風に揺れる単純な感覚に感激したのだという。その瞬間、オンライン上で水門が開いた。イラン全土で同じことをする女性が増えていったのだ。二〇一八年には、ヒジャブの強制に抗議した女性二九人が逮捕されたと報じられた。二〇一九年には、イランの司法当局がアリネジャドを特に名指しして、ベールを被っていない女性の動画をオンラインで共有した者を最長一〇年の禁錮刑に処すと発表した。二〇二〇年には、モジガン・ケシャヴァルズ、ヤサマン・アーリヤニ、その母親のモニレ・アラブシャヒという三人の活動家が、テヘランの地下鉄でベールを被らずに女性客に花を配ったとして投獄された。そして二〇二二年九月、二二歳のマフサ・アミニが「ヒジャブのつけ方が不適切」だとしてイランの道徳警察に拘束されたあとに死亡したことを受けて、イラン全土で抗議デモが勃発《ぼっぱつ》した。数週間のうちに、一〇代のニカ・シャカラミを含む数百人が負傷または死亡した。女子生徒や女子大学生たちは、ベールを脱ぎ捨て、座り込みの抗議を行った。

「彼女たちはなぜ抗議をするのでしょう。なぜなら、彼女たちはすでに政府から不当に扱われているからです」とアリネジャドは言う。「控えめな」服装をしていないといった理由で批判される屈辱を日々受けている、と彼女は言う。二〇二一年八月には、ある男性が、ベールのつけ方が不適切だとか、ベールを適切に被っていないと感じた女性二人を車で轢《ひ》き、重傷を負わせたと報じられた。

「女性は毎日のように路上で道徳警察に殴られています。この小さな布を被らなければ、あなたは存在できません。女性にとって、以前はそう言われるだけで十分でした……でも、今はうんざりしています。宗教独裁に心の底から嫌気がさしています。宗教に身体のことを決められるのは耐えられません」とアリネジャドは話す。家父長的な宗教国家を描いたマーガレット・アトウッドのディストピア小説『侍女の物語』の映画を観て、アリネジャドは、イランと非常によく似ていると感じ、「これは西洋のフィクションですが、私にとっては現実です。私たちの日常生活なのです」と言う。

ベール着用の義務化は、一般のイラン国民のあいだでは次第に支持を失いつつある。だが、今でも賛否が分かれる問題であることに変わりはない。アリネジャドが回顧録『私の髪のなかの風（*The Wind in My Hair*）』で描いたように、一九七九年のイラン革命は、彼女の家族内に緊張をもたらした。彼女の父親は、イスラム革命防衛隊の義勇軍に参加しており、道路を封鎖し、通行する車がアルコールや音楽カセットテープを積んでいないかをチェックしていた。政権はそれらを非イスラム的だと考えていたからだ。回顧録によれば、父親は彼女の道徳に反する行いが「悪魔を赤面させる」と口癖のように言っていた。彼女は子どもの頃から、ベールを脱いだら、たとえ地球上では罰を受けなくても、神に罰せられると教えられて育った。だから、ベールを脱ぐという決断は、非常に難しいものだった。

「自分とコミュニティとのあいだのつながりや絆を失いたくなかったのです。母を悲しませたくなかったたし、父を悲しませたくなかった」と彼女は震える声で言う。

アリネジャドの活動の結果、家族は、彼女を告発しろと圧力を受けてきた。彼女自身も中傷キャンペーンの標的になってきた。彼女が西側のスパイだという誹謗《ひぼう》中傷もあった。二〇二〇年には、イラン政府が陰で糸を引いたとされる誘拐未遂事件の標的にされた。彼女のアメリカ滞在中に兄がイランで逮捕され、のちに八年の懲役判決を受けたとき、アリネジャドは罪の意識に苛《さいな》まれ、自殺したいと思ったという。

「なぜ私が罪悪感を覚えるべきなのでしょうか」と彼女は問いかける。「市民として平和的に抵抗した無実の人々を投獄した人こそ、罪悪感を覚えるべきです！　路上で女性を殴った人こそ、罪悪感を覚えるべきです！」。

イランがこのような状況に陥るとは、誰も想像できなかっただろう。一九七六年、芸術家のアンディ・ウォーホルは、ファラー・パフラヴィー皇后の肖像画を描くためにテヘランを訪れたとき、女性たちが思いのままに自由に生きている様子を目にしたという。少なくとも都会の上流階級の女性たちは、化粧をして、ミニスカートをはいていた。女性と男性は一緒にレストランや映画館に行くことができた。その頃、人工妊娠中絶が合法化された。女性も兵役に就いていた。地方議会には数百人の女性が参加していた。

二〇世紀を通じて、イランでは、女性の権利を向上させるための取り組みが次第に強化されていった。一九一〇年までに、テヘランには五〇校ほどの女学校が開校した、とカリフォルニア大学サンタバーバラ校の宗教学教授で現代イランの歴史学者であるジャネット・アファリーは書いている。その二〇年後には、急進的な新聞や女性誌が、一夫多妻制やベールの着用、男性の安易な離婚に反対する記事を掲載している。女性たちは協力し合って、女子教育のための資金を集めた。一九三三年には、八七〇校の女学校に五万人以上の生徒が通っていたとアファリーはつけ加えている。一九七八年には、大学生の三分の一が女性だった。同じ頃、イランの教師と医学生のおよそ半数は女性だった。

*

このように、何十年にもわたって女性の権利獲得に向けて一定の進歩を遂げてきた国が、わずか数年で、そうした進歩の多くを失ってしまった。なぜそんなことになってしまったのだろうかと、イラン革命以来、学者やフェミニストたちは疑問を抱いてきた。

この疑問は、世界のほかの国々にも当てはまる。現在、ヨーロッパの旧社会主義国は保守主義へと転向し、アフガニスタンではタリバンが復権している。かつて家父長制を覆そうとした社会が、いまや正反対のことを成し遂げようとしているように見える。女性の解放に向けて一歩を踏み出すたびに、反動のリスクがあるようだ。

中国では、一九五〇年代から七〇年代にかけて、共産党がジェンダー平等を実現するための自国の取り組みを手放しで自画自賛していた。この国には、世界最大の女性労働力があった。だが、ジャーナリストのレタ・ホング・フィンチャーによると、現在の中国で共産党支配が続いているのは、家父長的な独裁体制によるところが大きいという。「中国政府は、伝統的なジェンダー規範をしきりに肯定し、女性を従順な妻、母、出産者という役割に縛りつけている」と彼女は、中国のフェミニストの覚醒を描いた二〇一八年の著書『監視国家に対する反逆（*Betraying Big Brother*）』のなかで書いている。一九九〇年から二〇一〇年までのあいだに、中国の都市部では、男女間の平均給与格差が一〇ポイント拡大した。大学は一部の課程で、男性よりも女性に入試での高い得点を求めるようになり、同時に「ジェンダー研究や女性学のカリキュラムに対するイデオロギー統制を強化している」とフィンチャーは言う。フェミニズムの活動家は、嫌がらせや取り調べを受け、投獄されることさえある。

一方、世界で最も進歩的な社会運動の本場とも言えるアメリカ合衆国では、一部の州の議員たちが、長年にわたって人工妊娠中絶の実施を制限しようとしてきた。また、ジェンダーや家族についての狭い定義を超えようという考え方に圧力を加える動きも見られる。二〇二二年に、連邦最高裁判所はこれまで保障されていた憲法上の中絶権［ロー対ウェイド判決。一九七三年、合衆国憲法により、女性の人工妊娠中絶の権利を最高裁が初めて認めた］を否定したが、それ以前から、テキサス州やオクラホマ州などいくつかの州は、世界で最も厳しい中絶禁止法案を可決していた。共和党の政治家は、「伝統的」な家族観に傾倒し、性的指向や性自認について教えることにも反対している。二〇二二年初頭にサウスカロライナ州で開かれた集会で、前大統領ドナルド・トランプは、人々が「セーブ・アメリカ（アメリカを救え）」のプラカードを掲げるなか、我が党、共和党は「アメリカ建国のユダヤ・キリスト教の価値観と原則を誇りをもって支持する」と聴衆に訴えた。

こうした主張のルーツは、初期の国家や帝国にあると言えるだろう。基本的に、国家や帝国は、人口を増やし、支配者への人々の忠誠心を勝ち取り、領土を広げ、守るために戦士を育てる必要があった。そのため、「有用な人間は、子どもを産み育てることができる女性と、戦うことができる男性の二種類しかいない」という原則に基づいて、法律や宗教がつくられるようになった。人生のさまざまな現実を抑え込み、個人の要求はないものとしなければならなかった。トランプはサウスカロライナ州での演説で、これについて、「どんな国家の運命も最終的には、国民が喜んで犠牲を払うかどうかにかかっている。国民は犠牲を払わなければならない。国を守るために命を捨てなければならない。軍の幹部には、性自認について指導するのではなく、戦争に勝つことを考えてもらいたい」と述べている。

しかし、そうした人口管理は、いつの時代も不安定だ。家父長的な価値観が「圧勝」したことは、これまで一度たりともない。むしろ、私たちが歴史を通して目にしてきたのは、抵抗だ。ニューヨークのブルックリンに暮らすギャル・ベッカーマンが書いているように、「社会規範を覆し、正統派の考えを揺るがすような変化は、最初はゆっくり起きる。人々は王の首を斬り落とすだけではない。何年も、あるいは何十年ものあいだ、王の噂話をし、王の裸や滑稽《こっけい》な姿を想像し、王を神のような存在から、過《あやま》ちを犯す者、そして死すべき者へと格下げしていくのだ」。

一九七九年にイランでついに皇帝が倒されたのも、そうした鬱積《うっせき》した不満が原因だった。何百万もの一般市民が、弾圧を行う政権に終止符を打つために、情熱をもって闘った。あらゆる社会的、経済的背景の女性たちが闘いに参加した。少なくとも革命の初期には、ほんのつかの間だが、何でも実現できると感じられる瞬間があった。時代の潮流は、保守的な聖職者だけの手に握られていたわけではなかった。

「イランの多くの若者にとって、それは忘れられない瞬間だった」と研究者のマセラット・アミール＝エブラヒミは書いている。「古い体制の崩壊と新しい体制の誕生の狭間で、公共の場に自由な空間が生まれた」。宗教音楽とともに、ポップミュージックが手に入るようになった。君禁制本が路上で売られていた。女性たちは何か月も家を離れて、同志と行動をともにした。君主制からも外国の勢力からも国を取り戻そうとしているという実感があった。チャーラ・チャフィクのような過激派の学生にとって、未来は期待に満ちていた。じつのところ、アーヤトッラー・ホメイニーでさえ「左派からリベラル派まで、宗教とは関係のない政治団体に好意的に受け入れられていました。皇帝と西側同盟国、特にアメリカに対して、過激な姿勢を示していたからです」とチャーラ・チャフィクは言う。

ところが、そんな時期は長続きしなかった。

「革命の勝利からまもなく、政治の空気が変わった。女性と若者は革命防衛隊の最初の標的になった」とアミール＝エブラヒミは説明する。イランの悲劇は、社会を大胆にリセットしようとしたにもかかわらず、家父長的な支配体制が再び幅を利かせたことだった。当時の楽観的な見方とは裏腹に、女性の権利は結局、得られるどころか、むしろ失われていった。多くの国民がイラン・イスラム共和国を支持したものの、裏切られる結果となった。

それから四〇年後、二〇〇三年にノーベル平和賞を受賞した人権活動家で弁護士のシーリーン・エバーディーは、「ワシントン・ポスト」紙のエッセイで、「私たちが犯した間違いをどうか許してください」と書いた。一九七〇年に裁判官だったエバーディーは、イラン・イスラム共和国のもとで、事務員に降格させられた。だが、革命が起こった当時、彼女と同世代の人々は、民主主義と自由の新しい時代が到来したと信じ込んでいた。女性を含むすべての人にとって、その後の人生がよりよいものになると期待していた。エバーディーも認めているように、彼らがアーヤトッラー・ホメイニーのような明らかに保守的な指導者の約束に惑わされてしまったのは、高い理想を掲げながらも世間知らずだったからかもしれない。

「ホメイニーが女性に関する新法を導入したまさにその日、私は思い知りました。宗教指導者でもペテン師になれるのだと」と彼女は書いている。「救世主になるはずだった男が独裁者になったのです」。

＊

アーヤトッラー・ホメイニーはスムーズに権力の座に就き、彼の望む保守的な宗教国家を素早く築き上げた。それには多くの理由があるが、一つは政治的なほかの敵対勢力が、すでにほぼ完全に無力化されていたことだと歴史学者のジャネット・アファリーは書いている。革命で失脚した皇帝は、国の近代化を進めるなかで、最終的に女性に選挙権を与え、少数の女性に大臣や裁判官になることを認め、人工妊娠中絶を合法化していた。だが、それは純粋に、女性の解放を目指す熱意から生まれたわけではなかった。政治的左派を倒し、「宗教とは無関係の独裁政権を通じた社会改革の可能性を示す」ための行動だった。

皇帝は、労働者の権利であれ女性問題であれ、どんな種類の草の根活動も許さなかったとアファリーは説明する。革命が始まるずっと以前に、社会主義団体は活動を禁止されていた。ファロクルー・パルサのような活動家は、大衆を煽動しないように、大臣として政府内に取り込まれていた。女性の権利問題をある程度取り入れることで、皇帝はさらに過激な要望が高まるのを防いでいた。反対勢力を食い止めたのだ――それができたのはしばらくのあいだだけだったが。革命が起きると、この戦略が女性の権利に深刻な影響を与えることになる。皇帝は、二〇世紀にイランで盛んだった草の根のフェミニズム運動のガス抜きをすることで、短期的に自らの政権に対する抵抗を抑えただけではない。将来にわたって、イランで家父長制に対する闘いを起こりにくくしたのである。

デューク大学でアラブ世界のジェンダーとセクシュアリティを研究するフランシス・ハッソは、家父長制国家におけるフェミニストの妥協を「悪魔の取引」と表現する。内部からの改革は、その時点では必要で有効と感じられるかもしれないが、いつの間にか、「性生活や家族生活に関する斬新な考え方が排除されてしまう」というマイナスの側面がある。人々が小さな変化でなだめられてしまえば、社会の大胆な再構築を進めにくくなる。

そして、内部の改革者たちにもわかっているように、小さな変化が起きるスピードはあまりにも遅い。今日、女性の選挙権は、ほとんどの国で、政治イデオロギーに関係なく広く認められるようになった。そこに議論の余地はない。だが、ヨーロッパや北アメリカなどでも、ほんの一世紀余り前には、女性参政権運動は過激と考えられていた。私たちが今、当たり前と考える多くの権利にも同じことが言える。一八八九年、アメリカの活動家たちは、少女の性的同意年齢を七歳から一八歳に引き上げるようデラウェア州に嘆願しようとして、地域の指導者から強い抵抗に遭った。同州の性的同意年齢は、一八七一年に一〇歳から引き下げられていた。ジョージア州では、性的同意年齢は一九一八年まで一〇歳のままだった。また、一部の国では、夫婦間レイプを犯罪とするかどうかなど、さまざまな問題が引き続き議論を呼んでいる。もちろん、法律や一般市民の意識の緩やかな変化は進歩と感じられるかもしれない。振り返って考えれば、必然とさえ感じられるだろう。だが、必然であるのなら、なぜ私たちはもっと早く目的地に到達しないのだろうか。

二〇世紀のイランの改革でも、それが問題だった。支配的な君主制のもとでは、女性の権利が常に不安定であることは広く知られていた。なぜなら、女性の権利は、そもそも公平かつ平等につくられた社会が生み出したものではなく、結局は皇帝が民衆に授けたものだったからである。皇帝は制度の変更について、家族である女性など周囲の人たちからプレッシャーを感じた可能性はある。だが結局、すべての権限は彼にあった。女性の解放は、皇帝が決めたペースでしか実現しなかった。ファロクルー・パルサは皇帝の政権と協力して実際に変革を起こしたが、変革はあくまで皇帝が許容する範囲に限られていた。依然として、皇帝は国の家父長と言える存在だった。

一方、「政治の民主化は進まず、工場や職場に独立した労働組合がなかったため、労働者はモスクや神学校を拠り所とするようになった。それらが不満を吐き出せる唯一の場所だったからだ」とアファリーは書いている。すでに大いに尊敬されていた聖職者は、さらに大きな影響力をもつようになった。フェミニズムは聖職者から繰り返し悪者扱いされた。それは、民意とかけ離れた都市部のエリートや、皇帝を支持する嫌われ者の欧米諸国と結びついていると見られていたからでもあった。

「二〇世紀後半、女性の社会的、経済的、政治的な権利の拡大といった近代的なイデオロギーに傾倒していた革新的な知識人らは、欧米の民主主義やフェミニズムに幻滅するようになった」とアファリーは説明する。最終的に、多くの人々には、アーヤトッラー・ホメイニーが皇帝に代わる唯一の現実的な選択肢だと考えるようになった。女性の権利と自由を革命に織り込み、家父長制に対する闘いを使命とするのではなく、フェミニズムに対して敵意をもつことが「新しい同盟の主要な柱の一つ」になったのである。

*

「思想的に革命的な男たちも、その他の人たちと違いがない」とエジプトのフェミニストで精神科医であるナワル・エル・サーダウィは、小説『0《ゼロ》度の女（*Woman at Point Zero*）』で主人公に振り返らせている。「他の人たちが金でものを買うとき、彼らは頭を使いました」。

イランでも似たようなことが言える。イラン人は、何十年も自国が外国の勢力に占領され、国の主権と富が貪欲な外国に流出するのを目の当たりにし、同時に、自分たちの文化と信仰は劣っていると言われ続けてきた。だから、彼らは（二〇世紀の中東、アジア、アフリカの多くの国々と同様）、自分たちのアイデンティティを犠牲にすることなく、自分たちの歴史と伝統を捨て去ることなく「近代化」する方法を模索していた。アーヤトッラー・ホメイニーが権力の座に就く以前は、まさにそれを実現する人物として、パリで教育を受けた、影響力とカリスマ性をもったある神学者が人々の信望を集めていた。

彼の名前はアリー・シャリーアティー。ある意味でイラン革命の背後にいた知識人だった。植民地主義と在外イラン人について研究する英語教授であるゾーレ・サリヴァンはそう書いている。シャリーアティーの主張は、「遠い過去に戻るのではなく、人々の日常生活のなかに存在する過去に戻る」ことだった。彼は資本主義的な欧米文化に反対する一方で、科学や産業には賛成し、ヨーロッパの左派が使う言葉を取り入れて、帝国主義との闘争や富の公平な再配分の必要性を強調した。だが、それはあくまでイスラム教の枠組みのなかでのものだった。また彼は、男女平等をある程度は支持したが、アメリカのような国で女性に対する性的搾取が見られることを非難した。

この政治色とイスラム色の強い斬新な主張は、欧米の資本主義が「商品の売り上げを伸ばすために女性の身体を利用している」と考える人々にとって、非常に魅力的に思えたとジャネット・アファリーは書いている。「若い女子学生は伝統的なイスラムのヘッドスカーフを被って、シャリーアティーの説教に熱心に通うようになった」という。彼女たちにとって、それは信仰の範囲内で主体性と存在感を保つための、文化的に正しく、社会的に受け入れられる方法のように見えたのだろう。ジャーナリストのジェームズ・バカンによると、一九七一年には、シャリーアティーの講義のコースに三五〇〇人もの若者が登録した。「シャリーアティーは、はつらつとして、忠実で、貞淑で、親しみやすい女性像を示し、多くのイラン人女性を魅了した」とバカンは言う。

イスラム的な女性らしさの画期的なモデルを提唱したのだ。

シャリーアティーはイラン革命が始まる前に、心臓発作で死んだ。アーヤトッラー・ホメイニーの政治的信条は、シャリーアティーと完全に同じではなかったものの、ホメイニーはシャリーアティーが使ったような言葉を演説で多用した。たとえば、「植民地主義」「搾取」「社会革命」のような言葉だとアファリーは説明する。ホメイニーは、女性の勇気や自立についても言及している。さらに、革命中に記者に対して、女性は「イラン・イスラム共和国では、自分の活動や将来や服装を自由に選ぶことができる」と語ったとバカンは言う。

しかし、その言葉は事実でないことがのちに明らかになった。ホメイニー自身、事実でないことを承知のうえで言ったのだろう。彼は長年、尊敬に値する敬虔《けいけん》なイスラム教徒の女性という特定の理想像に固執していた。皇帝が行ったジェンダー平等を支持する改革には、一貫して反対していた。女性の離婚する権利や親権を拡大した一九六〇年代と七〇年代の法律にも反対していた。にもかかわらず、イラン・イスラム共和国は独自のやり方で、宗教と革新主義、伝統と近代化を調和させようとした。政権は女性や少女にさまざまな制限を加えながらも、女子教育を推進し、女子の識字率の向上に努めた。男女を別学にすることで、娘を教育の場に送り出すことに不安を感じていた保守的な家庭を安心させた。最終的に、大学生の人数の男女差はなくなった。

ただし、葛藤もあった。「我々の問題と不幸は、自分自身を失うことから起きる」とホメイニーはかつて語ったと言われている。彼の目標は、イランを以前の姿に戻すことだった。するとどうしても、伝統と宗教が重視されることになる。女性にとって、それは妻や母としての役割が強調されることを意味していた。

「母性が政治に利用され、重んじられた」とゾーレ・サリヴァンは書いている。出生率は急上昇した。イラン・イスラム共和国では、女性の就業率が急落し、特に政府の仕事では女性が減った。男性の就業率は上昇した。女性や子どもの権利に関する国の法改正は、数十年にわたって大きな影響を与えている。二〇二一年の初めに、イラン統計センターは、前年夏に同国で登録された児童婚が九〇〇〇件を超え、そのほとんどが一〇歳から一四歳の少女だったことを公表した。

古代アテネでもそうであったように、国家の統一は女性の身体と密接に結びつき、国家の道徳的な健全性は、女性の行動や服装に反映されると考えられていた。善良なイラン人であるために、そして、外国の価値観を完全に拒否するために、女性は伝統に従う必要があった。ホメイニーが権力を握る以前から、こうした考えは女性の振る舞い方に織り込まれていた。ジェームズ・バカンによると、革命が最高潮に達した頃、それまで黒いチャドル（顔だけを露出させ、全身をゆったりと覆って手で押さえる衣服。一六〇〇年代頃からその着用がイランの習慣となった）を着たことがなかった女性たちが、欧米の洋服に対する拒絶を示すために、チャドルを着用するようになった。それは、ベールを被ることが多い、貧しい農村地域の女性たちへの共感を示すためでもあった。

チャドルは、中流階級の人々が労働者階級との連帯を表現するためのものになった。また一方では、皇帝に対する革命闘争のなかで、より宗教的で保守的な人々、つまり女性は必ずベールを着用すべきと考える人々からも、支持されていた。チャーラ・チャフィクは、抗議デモに参加したときのことを次のように語る。「黒いチャドルを着て、男性とは距離を置いて歩く女性が、少しずつ増えていきました。ある日、デモ参加者のあいだを回っていた男たちが私たちのグループにやって来て、男女で分かれて隊列を組むようにと言いました。また、皇帝に対抗する国民の団結を示すためにベールを被ったほうがいいとも言われました」。

皇帝の双子の妹で、イランにおける女性の権利向上において積極的役割を果たしていたアシュラフ・パフラヴィーは、革命中にヘリコプターから、路上を歩く大勢のデモ参加者を眺めたことがあったとバカンは書いている。眼下を動く黒い群衆が、じつは祖母が着ていたような黒いチャドルを着た女性だとパフラヴィーが気づくのに、少し時間がかかった。

「なんてことでしょう。こんなことになるなんて……」と彼女は思った。

女性の権利拡大を目指すイラン人活動家らはかつて、全身を覆うチャドルの着用を拒絶していた。それなのに、平等と自由を求めて闘う女性たちがそのチャドルを着ることを選択したという事実は、イラン国外の傍観者だけでなく、国内の一部の人たちをも驚かせた。だがその頃には、この衣服がもつ意味は以前とは違っていた。別の力が働いていた。チャドルはすでに、女性の貞淑や信仰心と結びついているだけではなかった。目に見える伝統の印でもあった。そして、そうなった瞬間、伝統は政治的抵抗のシンボルとなった。

*

革命が終わったとき、すべての女性は、新しいイラン・イスラム共和国で自らの居場所を確保する知恵を身につけなければならなかった。

それから数十年、多くの人が裏切られたと感じた。すでに書いたとおり、ファロクルー・パルサは国家に処刑された。何千人もの女性が国を脱出した。反対に、政権のために志願民兵団に加わり、歩兵となる女性もいた。女性警官が通りを巡回し、慎《つつし》み深い服装を求める国家の規則に女性たちが従っているかどうかをチェックした。髪の露出が多すぎる女性や、身体に密着した服装をしている女性を呼び止めるのだ。抗議デモの参加者に対して、警棒を振り上げる者もいた。少数ではあるが、国の指導的立場に就いたイラン人女性もいた。イラン・イスラム共和国を応援する女性もいて、彼女たちは家父長的な政府を全面的に支持していた。一方、政権との交渉を自ら切り開き、改革を戦略的に推し進める者もいた。

本来、革命後のイラン人女性の自由、宗教的なものと世俗的なものを共存させる方法、女性の多様な人生や希望を尊重する政治の実現方法、女性がすでに獲得した権利を守り拡大する方法を、もっと幅広く構想することはできたはずだ。ところが、それは、非宗教的な左派やフェミニズムをはじめとする抵抗勢力に対する弾圧によって、ずっと以前からすでに行き詰まっていた。その結果、新たに生まれたイラン・イスラム共和国では、女性の権利は再び、権力者の男性からの授かりものになってしまった。

かつて、支配者である皇帝が決めていた女性の自由を、男性の聖職者が決めるようになったのだ。革命は、家父長の権力以外、あらゆるものを転覆させた。そんなイランで、今度はベールを脱ぐことが政治的抵抗のシンボルとなった。

家父長的な権力の強さは、それが私たちの多くの文化にどれくらい深く浸透しているかによって決まる。人間は何にも増して、文化的な生き物だ。何かに帰属し、歴史をもち、自分の存在に自分自身を超えた何らかの意味があると感じたいと願っている。過去とのつながりがなくなれば、アイデンティティを確立する基準がなくなってしまう。だが、文化が守りたいものであると同時に抑圧の原因でもある場合、私たちはいったいどこに向かえばいいのだろうか。

＊

一世紀以上前にインドで起きたイギリスの支配に対する抵抗運動でも、革命後のイランと同様、女性が地域の伝統を捨てるのではないかという恐怖があった、と政治学者のパルタ・チャタジーは言う。「女性に関する一九世紀の文献の多くが、ベンガル人女性の西洋化を脅威として懸念しているのが印象的だ」と彼は書いている。男性には、自分の意思で行動する大きな自由が与えられていた。ところが、女性については、国家の象徴となるべきものを女性が体現できなければ、自由を求めるナショナリズム運動が危機に陥ると考えられていた。家父長制であろうとなかろうと、自分たちの文化的伝統を実践することが、外国による支配に抵抗した証だとされ、「女性に新たな、しかも十分に筋の通った服従を強いることになった」。

スリランカのフェミニズム研究者であるクマーリ・ジャヤワルダネが書いたように、女性は「依然として、国民文化、土着信仰、家族の伝統の守護者として行動しなければならなかった。

要するに、『近代』と『伝統』の両方を体現する必要があった」のだ。

とりわけ人生にはかなさを感じるとき、永遠に続く何かにすがりたいという願望が、私たちを文化や宗教の保護へと駆り立てる。何千年ものあいだ、この願望は世界中で私たちの拠り所となってきた。だが同時に、これこそが、革命、動乱、戦争などの危機の時期に、家父長的な権力が急激に台頭しがちな理由でもある。たとえば、現代のアフガニスタンでは、タリバンの影響力はしばらくは外国勢力によって抑えられたかもしれない。だが、現地の女性活動家が世界に理解を求めたように、紛争や災害は結局、保守派の声を大きくしただけだった。保守派は、大きな混乱のなかで安定を約束し、弱い立場にある人々の安全と安心を望む気持ちにつけ込み、一方で女性に対しては、イランよりもさらに抑圧的な宗教的家父長制に従うことを期待した。「アフガニスタンでは侵略と占領のせいで、超保守派の支配力が強まりました。外国の侵略から国を守るという力強いスローガンを掲げていたからです」と女性の権利を求める活動家のイファット・サスキンドは二〇二一年、「ネイション」誌で語り、「何十年も続いた戦争のせいで、アフガニスタンでは女性運動が成功しにくい状況が生まれています」と説明した。

民族的、宗教的ナショナリストには周知の事実だが、国民が文化的アイデンティティを主張できる敵がいることほど、ナショナリズム運動を大きく盛り上げるものはない。社会学者のザビーネ・ハークとポーラ＝アイリーン・ヴィラは、二〇二〇年刊行の共著『相違がもたらす未来（*The Future of Difference*）』で、ヨーロッパ各地の過激なナショナリスト政党が、移民の増加に直面して、外来の人や物を排斥するネイティビズム［土着主義］を自国の女性たちに訴える様子を描いている。そうした政党は、「弱い立場にある」白人女性に対して、自分たちの文化と相容れない文化をもつ「暴力的」な外国人男性からの保護を約束し、「国家、国民、核家族、キリスト教など、あらゆる『私たち』を外部の者から」守るとも約束する。ナショナリズムはこうして、外国人に対する嫌悪（ゼノフォビア）や家父長制と結びつき、危険な思想を生み出してしまうのだ。

一部の女性にとって、こうした家父長的なナショナリズムは心の支えになっている。ジョージ・ワシントン大学の研究者らは、アメリカで二〇二一年一月に起きた、極右による連邦議会議事堂の襲撃に加わった女性を対象に、調査を行った（翌年三月までに、この襲撃事件に関連した罪で一〇〇人超の女性が逮捕されている）。調査で明らかになったのは、多くの女性が自分の行動を説明する際に、守るべき母、妻、娘としての役割を強調し、あるいは外部の脅威から子どもを守る必要があると主張したことである。彼女たちは、アメリカ人が抱く家父長的な女性像に逃げ込むことで、自国の文化を守っていると考えていた。

社会で自分が果たすべき役割は、私たちのアイデンティティに組み込まれている。自分がその役割を果たさなければ社会が崩壊するかもしれないと考えるとき、そのアイデンティティはさらに重要になる。だが、人々が文化を守りながらも同時に文化に縛られてもいると、悲惨な結果が生じる。それに抵抗する者は、社会を裏切っただけでなく、自らを裏切ったとして非難される可能性があるからだ。

その結果、想像できないようなことが実際に起きる。女性の割礼《かつれい》とも言われる女性器切除の風習が、娘を将来結婚できるようにしたいと考える年配女性に支持されていることは、すでに書いたとおりである。ところが二〇〇七年、エチオピア南部の大地溝帯で暮らすアルボレ族の長老が、政府や慈善団体や宣教師の圧力を受けて、コミュニティでこの風習の廃止を決定したところ、少女たち自身がそれに抵抗したという。この決定時に居合わせた社会人類学者のエチ・ガバートが、あるティーンエイジャーの言葉を書き留めていた。「父や祖父から伝わる文化なのです。私たちの原点です。手放したくないのです」。

「文化は捨てられません。母が切除してくれないのなら、自分で切除します」と少女は言った。

＊

社会学者でフェミニストの故ファティマ・メルニーシーは、一九九四年の回想録『ハーレムの少女ファティマ（*Dreams of Trespass*）』で、二〇世紀半ばにモロッコの古代都市フェズに現存する最後のハーレム（大家族）で育った自らの子ども時代のことを書き記している。ハーレムとは、インドのケララの母系大家族《タラヴァード》と似たような裕福な拡大家族である。ただし、ハーレムは母系大家族《タラヴァード》とは違って、家父長的な組織だった。兄弟はそれぞれの妻と暮らすだけでなく（一夫多妻制を取ることもあった）、未婚の姉妹や離婚した姉妹、さらにはその子どもたちも全員一緒に暮らしていた。女性たちは強くて賢いと、メルニーシーは美化することなく、淡々と描いている。なかには、屈強な軍人や元奴隷の女性もいた。だが、このハーレムでは、女性は全員、高い壁に囲まれた同じ中庭を眺めて過ごし、男性の許可がなければ部屋を出ることができなかった。

そういう自分の境遇をどう考えるかは、女性によって異なる。メルニーシーの母親は、こんな生活は馬鹿げていると不満をぶちまけ、自立した生き方をしたいと強く願い、娘には自分自身のために新たな生活を思い描いてほしいと常々訴えていた（それもあって、メルニーシーは首都ラバトの学校に行き、パリとアメリカ合衆国で学び、のちにカリフォルニア大学バークレー校とハーバード大学の客員教授になった）。一方、さらに年配の女性には、ハーレムを守り続けるべき文化基盤として考える人もいる。彼女たちは、男性家族の要望に従う傾向があったとメルニーシーは書いている。家庭内の人数という点では、女性は男性よりも多かった。だが、だから女性が団結できるのかというと、それは微妙な問題であり、「女性が一致団結して男性に対抗することはめったになかった」と彼女は言う。

彼女の母親は、女性の苦しみのおもな責任は男性の肩をもつ女性たちにあるとして、そういう女性を「羊のふりをした狼《おおかみ》」と非難していた。女性が本当に団結すれば、ハーレムを出られるのにと苦々しく言ったという。

こうしたイデオロギーの違いは、小さなことに表れる。女性たちはみな、自分の境遇をどう感じているかにかかわらず、主体性を発揮する方法を各自で見つけていた。ハーレムでは、女性はできるだけ隔絶され、働くときも寛《くつろ》ぐときも、男性から隔離されていた。だが、メルニーシーの母親は時々ふてくされたように、ほかの女性たちと一緒に食事を取る代わりに、自分のために贅沢な朝食をつくった。高いテラスに軽々とのぼって、そこから周りの世界を眺める女性もいた。馬に乗ったり、川で泳いだりする女性もいた。だが、女性たちが集まると、衣服に何を刺繡《ししゅう》するかといったささいなことが言い争いの種になる。たとえば、斬新な新しい図案を試したい女性もいれば、伝統の守護者を自負して、先祖を尊重し、昔風の図案を使い続けたい女性もいた。

メルニーシーによると、彼女のおばは「女性を仲間と呼んでいた」が、「心のなかではまったく団結していなかった。女性たちの溝は埋められないほど大きく、刺繡のデザインをめぐる対立は、もっと深いところで対立する世界観の象徴だった」。

問題は、女性によって求めるものが違うことだ。子どもの頃からハーレムの女性たちを見てきたメルニーシーにとって、それは明らかだった。私たちは個人で幸福を追求する場合、その時々で、自分に都合のいいように妥協する。もちろんそれによって、団結できたかもしれない女性たちを失望させる可能性があることはわかっている。女性のための政治とは、純粋にジェンダーをもとに行われるものではない。それは男性のための政治も同じである。女性が利己的だからではない。多くの場合、安全や生存も同じくらい重要だからである。だが、そうして妥協をすると、私たちを取り巻く家父長制に迎合することになる。伝統のために伝統を受け入れ、どの権利を優先するかを決めて、家族や文化、国家や人種、階級やカーストのどれに忠実であるべきか、折り合いをつけなければならなくなる。おそらく、そうした葛藤が団結の可能性を妨げているのだろう。

弁護士でジャーナリストのラフィア・ザカリアは、著書『ホワイト・フェミニズムに抗う（*Against White Feminism*）』で、「世界中の女性の連帯」という主張がいかに空虚なものかを論じている。女性は常に互いの利益のために動いていて、何が互いの利益になるかをわかっているという考えは、欧米の軍事侵略を受けてきた国では特にむなしく響く。欧米のフェミニストが女性の要望を本当に理解しているのなら、一部のフェミニストのように、ジェンダー平等や女性解放という名のもとでアメリカがアフガニスタンに対して行った軍事攻撃を擁護するだろうか、と彼女は主張する。アフガニスタンの女性は何よりも家父長制支配から逃れたいのだろうとフェミニストたちは想像した。だが、誰でもそうであるように、そのときアフガニスタンの女性が逃れたかったのは戦争だった。

「破壊的な被害をもたらす爆撃で、何千人もの人々が殺され、障害を負い、家族が永遠に引き裂かれ、生活が破綻《はたん》した。だが、フェミニストにとって、それらはささいなことだった。輝かしい目的のために必要な犠牲だった」とザカリアは書き、「アフガニスタンの女性は、アフガニスタンの男性と密接な関係にあった」と説明する。男性は戦いの敵ではなかった。彼らは夫であり、兄弟であり、息子だった。

メルニーシーの家族が伝統に固執したのは、モロッコが長いあいだ、植民化を狙う外国勢力の標的になってきたからでもある。彼女の家では、古いやり方を守り続ける責任は、女性の肩にかかっていた。守るべき国家があるとき、個人の要求や願望は重要ではなかった。彼女の父親は、母親がいくら懇願してもハーレムから出ようとせず、「伝統だから」といつもの言い訳を口にした。「大変な時代なんだ。外国の軍隊に国を占領されている。文化が脅かされている」と父親はメルニーシーに言った。

「私たちに残されているのは、この文化だけなんだ」

＊

モロッコのハーレムは、ファティマ・メルニーシーの人生のなかで過去の出来事となったが、ハーレムで育ったことは、彼女のキャリアに大きな影響を与えた。彼女は社会学者として、家父長制を支える思想を理解することに力を注ぐようになった。知り合いの優秀な女性たちが、家父長制に諦めを感じるどころか、支持さえしているのは、そうした思想が家父長制にイデオロギー的な力を与えていたからだった。

イスラム教徒の知識人らが男女を問わず何世紀も主張してきたのと同様、メルニーシーも、女性の従属が最初から宗教に組み込まれていて、そこには神学的、歴史的に揺るぎない根拠があるという仮説に異議を唱えた。確かに、文化と宗教は、彼女が育ったハーレムを形づくる接着剤のような役割を果たしていた。だが、それらは決して不変のものではない。私たちが考える「伝統」の歴史がじつは非常に浅いことを彼女は明らかにした。

それを裏づける証拠はたくさんあった。たとえば、イスラム法のもとでは女性は国を支配することができない、とメルニーシーは言われてきた。だが、彼女が子どもの頃に祖母から聞いた話では、一二五〇年、奴隷だったムスリム女性が夫の死後にエジプトの王位に就いている。メルニーシーの父親が、女の子である彼女をモスクに連れて行くのをためらっていたときには、彼女のおじが、現代イスラム教徒の模範とされる預言者ムハンマドの話をしてくれた。ムハンマドは、目の前で女の子を遊ばせながら祈りを捧げたと言われている。さらには七世紀、預言者のひ孫であるスカイナは、ベールの着用を拒み、五、六回も結婚し、夫に対する服従を誓わなかったと言われている。

「七世紀、何千人もの女性たちが貴族的なメッカを逃れて、預言者の町とされるメディナに入った。イスラム教は、男性、女性、主人、使用人を問わず、万人の平等と尊厳を約束したからだ」とメルニーシーは著書『ベールと男性エリート（*The Veil and the Male Elite*）』で書いている。そして、「この本を書き終えたとき、私はあることを理解した。現代のムスリム男性にとって、女性が権利をもつことが問題なのだとしたら、それはクルアーン（コーラン）や預言者、あるいはイスラムの伝統が理由なのではない。単に女性の権利が男性エリートの利益と対立するためなのだ」と結論づけた。家父長制は、決して過去への回帰ではなかった。じつのところ、家父長制は今も常につくり変えられていて、時には以前よりも大きな力をもつこともある。

宗教は、生活のほかの多くの側面と同様、長いあいだ権力に奉仕し、支配者の男性のために役立ってきた。メルニーシーはそのことを明らかにした。男女の性質の違いに関する神話のような説と同様、宗教で正当と認められた男性支配には、それ自体に強さがあった。女性を劣った存在とするために、哲学者や科学者たちが生物学の力を借りたのに対し、宗教家たちは神の力を借りたのだ。

「宗教原理主義者にとって、女性は民族と文化の純粋さの象徴だ」と社会学者のファトゥ・ソウは書いている。ソウは、女性を精神的指導者の地位から排除し、女性器切除を推進し、母系制を弱体化させようとするイスラム教の解釈を通じて、家父長的思想がセネガルで広まってきた過程を研究してきた。「原理主義団体は、イデオロギーと政治の手段として宗教を操り、特に女性が権利をもつことを問題視している」とソウは言う。その手口は露骨で明白だ。伝統は盛んに書き直され、女性はそれに従うべきとされている。

「家父長的な秩序に従うことは、神への忠誠と信仰心の表れだとみなされている」とソウは言う。

宗教を永遠に変わらない信条のように感じている人もいるだろう。だが、宗教の意味は、その時代の政治に合わせて常に操作されている。たとえば、カトリック教会は、「伝統的」な家族、女性の役割、性別二元論について、その主張を絶えず組み立て、強化してきた。ヨゼフ・ラッツィンガー枢機卿《すうききょう》は、ローマ教皇になる前の二〇〇四年、カトリック教会の司教らに宛てて、女性司祭に反対する主張を記した手紙を送り、女性が自分のために権力を得ようとすれば、「人類に有害な混乱がもたらされ、家族の構成に、非常に差し迫った、危険な影響が生じてしまう」と語っている。

ラッツィンガーは続けて、フェミニズムについても、「一部のフェミニストは『自分のため』の要求をするが、女性は本来、命を生み出し、他者の成長と保護に貢献する行為こそが人生の善だという深い直感をもっている」と率直に言及した。彼の考えによれば、女性がそれを受け入れるかどうかにかかわらず、すべての女性の真の存在意義は、男性と子どもをサポートすることだった。

権力をもつことの特権の一つは、何が道徳的で、何が自然で、何が正しいかの定義を自分自身が決められることである。イラン・イスラム共和国の理想主義者たちも、新しいイランを構築したとき、自分たちの政治に適した方法で宗教を解釈していた。女性の権利に関するアーヤトッラー・ホメイニーの見解に時に矛盾が見られるのは、そのためかもしれない。彼は革命以前、少なくとも公の場では、女性には好きなものを着る自由、自分で選択する自由があると語っていた。その言葉は、彼の信念に沿っていたのだろう。ところが、彼の意図にかかわらず、そうした権利が実現することはなかった。そして、その決断は宗教的な理由によるものとされた。

メルニーシーの主張が正しいことが、これでわかるはずだ。古い歴史、伝統、不変の信仰が根拠となって女性の生き方が制限されるのなら、現代の支配者たちはなぜ、何が許され、何が許されないかを決めることができるのだろうか。支配者は過去や伝統を自分の意のままに捻《ね》じ曲げることができるのに、権利と自由の拡大を求める女性は、なぜ同じことができないのだろうか。

自ら目の当たりにしてきた偽善がきっかけとなったのだろう。ファティマ・メルニーシーは、イスラム・フェミニズムとして知られる学派の創始者となった。宗教は不変のように見えるけれど、その解釈は時代によって形づくられるのであり、これまで常にそうだったと彼女は主張した。そして、保守的な聖職者が扱ったのと同じ文献を違った視点で研究し、彼らの解釈に誤りや曖昧な点があることを明るみに出した。歴史を詳しく調べて浮かび上がったのは、アラブ世界には、現代の人々が考えるよりもはるかに多様な社会が存在したことである。解釈の余地が常にあったことを踏まえれば、宗教書をフェミニズムの考え方に沿って解釈できない理由はないとまで彼女は指摘した。

＊

メルニーシーによれば、かつてはイスラムの歴史家のなかにも、「イスラム教徒の家庭には古い習慣を断ち切る傾向があり」「明らかに家父長的とはいえない家庭」もあったと主張する者がいた。古い文献を見ると、女性は権力と自由を享受していたことがわかる。なかには、女性が過去にはさまざまな性的権利を享受していたことを示す証拠もあると彼女は主張した。結婚しても、子どもは実の父親と身内にならず、女性は複数の性的パートナーをもつことができた。夫のことが嫌いになれば、決まったやり方でそれを簡単に示して、夫を追い払う妻もいた。夫が妻の家族と同居する母方居住の結婚もあった。

また、モスクワ大学の人類学者アンドレイ・コロターエフは一九九五年、三世紀のアラビア半島南部に、母系の血統が存在することを確認した。男性の親族は兄弟のみで、子孫は全員女性であることがわかる文献が存在する。このコミュニティの女性は、男性と同じように指導的立場に就いていたことを示す証拠もあった。

メルニーシーのアプローチは、確かに斬新だ。だが、宗教の家父長的な側面にどこまで異議を唱えることができるか、そこには限界があると主張する人もいる。世界のおもな信仰がジェンダー平等を完全に受け入れることができると、すべてのフェミニストが信じているわけではない。特に、その教えに、男性支配を命じているとしか解釈できない文言が含まれている場合はなおさらだ。たとえば、クルアーンには、女性は夫に「服従」すべきだと書かれている。オハイオ州にあるマイアミ大学の歴史学者、キンバリー・ハムリンは、アメリカの女性参政権論者ヘレン・ハミルトン・ガーデナーの伝記である著書『自由な思想家（*Free Thinker*）』で、一九世紀の活動家の苦労を描いている。当時、アメリカの人々は、「女性が男性に従うのは当然だ。聖書にそう書かれているのだから」と考えており、女性の権利拡大を求める活動家は、そうした人々への反論に非常に苦労したという。

ハムリンは、その伝記のなかで「女性に関する聖書の文言のほとんどが女性を貶めるものであるため、ガーデナーはこう考えた。『完全に正統派のキリスト教徒でありながら、同時に女性参政権論者であるのは難しい。両立は諦めなければならないのだろうか』」と、ガーデナーの言葉を引用している。

しかし、ガーデナーのような活動家たちは、宗教の力が強い国で広く大衆に自分たちの要求を理解してもらうためには、宗教を避けて通ることはできないとわかっていた。そのため、一九世紀後半になると、フェミニストによるキリスト教批判とその再解釈が相次ぎ、注目を集めるようになる。エリザベス・キャディ・スタントンの『女性の聖書（*The Woman's Bible*）』も、その一つだった。こうした努力が、信仰とフェミニズムの両立の道を見つけることにつながった。

そもそも社会が宗教的な基盤の上に構築され、ほかの思想体系と対立するようになると、フェミニストは、宗教以外で権利を主張する場をほとんど失ってしまう。メルニーシーもそれに気づいていた。要するに、ムスリム女性は、平等を主張するための現実的な方法を見つける必要があった。メルニーシーのアプローチが結果的に人々に大きな影響を与えたのは、支配者の縄張りのなかで支配者に挑んだからであり、自分たちがまさに否定しようとする文化のなかから生まれたフェミニズムだったからだ。そして、彼女の説は今も影響力を持ち続けている。エジプト生まれのアメリカ人ジャーナリストのモナ・エルタハウィは、中東にも独自のフェミニズムの遺産があり、それが西洋から輸入されたものではないと知った喜びを、次のように書き記している。「大きな力と闘い、もう立ち向かえないと諦めかけていた若い女性にとって、メルニーシーの言葉は待望の弾薬だった」。

さらに最近では、イラク系イギリス人の映画製作者でドラァグ・パフォーマー〔派手な衣装や化粧などで女装するパフォーマー。ゲイ文化の一環として生まれた〕のアムロウ・アル＝カディも、二〇一九年の回想録『ユニコーンとしての人生（*Life as a Unicorn*）』で、同様の興奮を覚え、宗教書を独自に研究し、イスラム教のなかに自分が受け入れられる場所を見つけた喜びを伝えている。アル＝カディは「イスラム世界に生きるクィア［性的マイノリティ］」の少年として、自分の内面のせいで地獄に堕《お》ちるのではないかという恐怖は、現実的で決して消えないものだった。中東とロンドンを行き来する私は、イラク人のなかでは同性愛者の自分を強く感じ、同性愛者のなかではイラク人の自分を強く感じていた」と書いている。だが、クィアのイスラム教徒たちは、自らイベントを主催しそれに参加することで、物事を批判的に考え、宗教にとらわれない議論をするイスラムの伝統を学ぶようになった。それは貴重な体験だった。そして彼は、「クィアである私を否定したのは、アッラーではなかった。クルアーンに別の解釈が十分にありうることを無視した人々だった」と結んでいる。

自分自身についてどんな物語を語るかが、私たちの生き方を左右する。それがメルニーシーの研究を貫く糸のような考え方である。物語を書き直したら、世界はどのように見えるだろうか。想像力を働かせれば、社会や国家が制約を加え操作した要求から自由になれるのではないか。彼女はそう問いかける。「あなたの小さな頭のなかでイメージを踊らせることから、解放が始まるのよ」と幼少期におばのハビーバから言われたことを彼女は思い出す。そうしたイメージから言葉が生まれる。「そして、言葉にお金は要らないのだ！」。

＊

社会のさまざまな集団のなかで、あるいは集団同士のあいだで対立が起きるのは、決して悪いことではなく、じつはそれが社会の変化を促していく。ナチス・ドイツを逃れてアメリカ合衆国に渡った左派の社会学者、ルイス・アルフレッド・コーザーは、二〇世紀半ばにそう主張した。地位や貧富の差を問わず、すべての人にうまく合う体制などめったにない。だから、端のほうで摩擦が起こり、それが次第に全体に広がって、新しい考え方が生まれていく。「社会が生き物のように死ぬことはない。なぜなら、社会が誕生した瞬間や死んだ瞬間を生き物のように正確に特定するのは難しいからだ」と彼は書いている。むしろ社会に起きるのは、絶え間ない闘いである。

権力を求める人もいれば、権力に逆らう人もいる。制限の多い権威主義的な社会が生まれる時期もあれば、そうでない時期もある。私たちが家父長制と呼んでいるものは、常に続くそうした闘いの一つの要素と考えられるだろう。その中心には、自然、歴史、神を引き合いに出して、他者に対して優位性を主張しようとする人たちがいる。彼らはこうした主張を繰り返しつくり出し、それは成功することもあれば、失敗することもある。一方で、公平で平等な社会をつくり出そうとする闘いもまた、常に行われている。

一九七九年の革命以前のイランは、イラン・イスラム共和国の誕生によって消えてなくなったわけではなかった。イランの社会学者のマセラット・アミール＝エブラヒミは、革命後の出来事を世代を追って分析するなかで、革命中の女性たちはのちの世代の女性が「限界を打ち破る変化の担い手」になるための土台を築いたと書いている。彼女たちは隅に追いやられたが、そこから変化を生み出した。そして、彼女たちは「自由を求めて懸命に闘い、公共の場の完全なイスラム教化に抵抗した反体制的な母親だった。さまざまな制限や度重なる屈辱に遭いながらも、大学に通い、働き続けた。女性たちは抑圧と処罰に直面しながらも、主体性を保っていた」とエブラヒミは続ける。

家庭のなかでも変化は見られた、と人権弁護士のレイラ・アリカラミは話す。革命直前のイランで生まれた彼女は、テヘラン大学で学び、現在はロンドンで暮らしている。彼女は幼い頃、祖母から男きょうだいと違う扱いを受けたことを覚えている。祖母は祭日に特別なクッキーを用意してくれて、「私はそのクッキーが大好きだった」が、祖母はいつも、クッキーはレイラや姉妹たちのためではなく、男きょうだいのために特別につくったとわざわざみなに話していたという。「傷つきました。私はいつも父に文句を言い、祖母には会いたくないと言いました。でも父は、祖母は高齢で、差別したいとは思っていないし、孫を傷つけたいとも思っていない。そういう性格なんだと言いました。祖母が育った環境のせいだと言うのです。祖母は男の子を大事にしていました」と彼女は言う。

アリカラミの両親の世代では、性別に関する考え方はすでに変わっていた。「私の母はまったく違います。母とは語り合うことができます。ほかの家族もそうです」。家族は彼女の教育とキャリアを応援していた。イラン政府は今も社会的には保守的で、男性を優遇する差別的な法律が依然として存在する。だが、個人がどのような生き方を選ぶか、どのように自分の居場所をつくるかは、また別の問題だ。彼女は言う。「人々はいまや教育を受け、文化的には政府よりも進んでいます」と。

たとえば、イランの相続法は、息子には娘の二倍の権利があると定めている。だが、アリカラミは、「私の親族では、息子と娘に平等に財産を分け与えた人が大勢います」と話す。婚姻契約でも、夫には妻の就労や旅行や離婚請求を認めない権利があるが、その権利を放棄する夫もいるという。そうすることで、高額な持参金を払わなくて済んだり、共働きをして世帯収入を増やしたりできるのなら、男性は喜んで交渉に応じる。

ただし、これは必ずしも簡単ではない、と彼女は言う。現実には、公証人がこの類の契約に反対することがあるし、男性とその両親が譲歩したがらない場合もある。「権力を手放したくないために同意しないこともあります。わかった、僕は権利を放棄する。離婚する権利も、働く権利も、旅行する権利もあげよう。でも母や家族にどう説明すればいいんだ、と男性が言い出すこともあります」。アリカラミが見聞きしたあるケースでは、男性は自分の行動を家族に知られないことを条件に、権利の放棄に同意したという。

歴史学者のジャネット・アファリーと、ナショナリズムやアイデンティティの研究者であるジェシリン・ファウストが、二〇二一年の共著『デジタル時代のイラン人の恋愛（*Iranian Romance in the Digital Age*）』で書いているように、イラン政府がどんなに伝統的な家族像や母親像を喧伝しても、結婚やとりわけ見合い結婚の件数は、減少の一途をたどっている。二〇一八年には、テヘランでは結婚した三組に一組が離婚した。二〇一六年には、テヘランの全単身者世帯のうち六〇パーセント超が女性だった。イラン・イスラム共和国の誕生から四〇年が経ち、今では経済的に家族を養う女性もいる。

女性たちはかつて変化を求めて闘った。一九七九年の革命は、その変化を実現できなかったかもしれないが、変化を止めることもできなかった。

これは中東、北アフリカ、南アジア各地で見られる傾向と重なる、とアファリーとファウストは言う。結婚率と出生率は低下している。昔ながらの見合い結婚を選ぶ人は減っている。四〇年前と比べて、高等教育を受けて職をもつ女性の数はおおむね増えている。自由を主張するチャンスがあれば、女性はそのチャンスをつかみに行く。二〇二二年二月、ある鉄道会社がサウジアラビアで女性運転手を募集したところ、三〇人の枠に二万八〇〇〇人の応募があったという。

出生率が低下するにつれて、娘は家族から大事にされるようになり、娘の教育に対する投資も増えている。それがどこよりも明らかなのは中国だ。一九七九年に強制的な一人っ子政策が導入されてから、結婚可能な女性の数は減少した。その結果、中国の一部の地域では、女性は結婚にあたって条件を話し合うことができると気づくようになった。中国のほとんどの地域での慣例に従って夫の家族と同居するのではなく、夫を説得して自分の家族と同居する女性もいた。事実上の母方居住の強制である。ロンドン大学東洋アフリカ研究学院のジェンダー研究の教授であるビエ・ガオが、湖南省での現地調査をもとに明らかにしたとおり、このような家庭に生まれた子どもには、父親ではなく母親の名前がつけられた。地元の方言で「チャオラン(zhaolang)」と呼ばれる習慣である。

ビエ・ガオがインタビューをした中国人女性は、子育てを手伝ってくれる親族が近くにいるためか、経済的に自立している傾向が強かった。ある女性の状況は、ガオ自身の家族にたとえると「息子の代わり」のようだったとガオは言い表している。女性たちは一般的な性役割を逆転させていた。そして、二人目の子ども（偶然にも娘）を産んだことで国家が処罰を与えようとすると、彼女たちは「抑圧的な国家に逆らって変化を起こす力」を見出した。

世界中で、出生率は五〇年以上にわたって低下している。世界銀行のデータによると、一九六〇年代のピーク時には女性一人当たりが五人以上を産んでいたのが、現在では二・五人を下回っている。中国でも、過去の一人っ子政策が人々を苦しめたにもかかわらず、複数の子どもを産む選択肢を与えられても、女性はなお出産回数を減らしている。二人っ子政策の開始によって、出生率は上昇するどころか、二〇一六年以降、低下している。希望する数だけ子どもを産む自由をめぐって、国家と国民のあいだで熾烈《しれつ》な争いが繰り広げられているのだ。

また、ジェンダー境界についても、家父長制社会と国家が何世紀も厳しく取り締まってきたにもかかわらず、あらゆる面で疑問が投げかけられている。二〇二二年夏の時点で、世界の三一カ国では、同性婚が合法とされている。二〇一四年には、インド最高裁判所が第三の性の存在を公式に認め、ネパールやバングラデシュが切り開いたのと同じ道をたどることになった。「今日、私は初めてインド人であることをとても誇りに感じています」とトランスジェンダーの活動家、ラクシュミー・ナラヤン・トリパティは記者たちに語った。

世界にはさまざまな習慣があり、家父長制はその一つでしかない。

インドのメガラヤ州にあるカーシ丘陵の母系社会では、息子と娘を平等に扱うべく相続法の改正案が提出されたものの、娘を優先する古い伝統を守っていくことが決まった。カーシの民族性にしっかり織り込まれた母系制を失うことはアイデンティティの放棄につながると、現地の人々が感じたからである。社会学者のティプルット・ノンブリによると、彼女が話をしたカーシの高齢男性でさえ、母系制の終焉を見たくないと語った。

「社会が壊れてしまうと彼らは感じているのです」と彼女は言う。母系制を失えば、家族を形づくる基盤が破壊されてしまう。すでに脅威にさらされている土着の民族にとって、文化の存続は何よりも重要だった。だからこそ、カーシ丘陵の人々は男性も女性も、忍び寄る家父長制に抵抗し、女性の権利を守ることに熱心だった。

*

一方で、インド南部のケララ州は、表向きは一九七六年に母系制を廃止したものの、一周回って元に戻ってきた。二一世紀の現在、この地域は、女性の権利拡大を導く道しるべとして自らを位置づけている。二〇一三年、かつてカリカットと呼ばれていたコーリコードの町に、広さ一〇万平方メートルの〈ジェンダー・パーク〉がつくられた。パークには博物館とフェミニズム専門の図書館が置かれ、トランスジェンダーの女性の物語を含む女性の歴史を調べることができる。その八年後には、ケララのある地区の公立小学校が、子どもたちに七分丈のズボンとシャツから成る男女兼用の制服を導入した。それは政治家や著名人に広く歓迎され、学校は導入を決めた理由の一つとして、ケララの母系の伝統を挙げている。ほかの学校もあとに続いた。

伝統とは、私たちが意識的につくり出すものだと私は考えている。

数十年前、反植民地主義の思想家で精神科医でもあったフランツ・ファノンは、同じような気づきを得て、執筆に打ち込んだ。「私は〈歴史〉の虜ではない。私は〈歴史〉のうちに私の運命の意味を探すべきではない」と彼は著書『黒い皮膚・白い仮面（*Black Skin, White Masks*）』で書き、「私は私自身の礎であるのだ」とも言っている。望む世界を創造するためのツールを、私たちはもう手にしているのだろう。

それなのに、私たちは古代ギリシャやローマであれ、古代インドや北アメリカであれ、過去に目を向けて、そこに生き方の魔法の公式があるかのように考えてしまう。だが、過去は現在よりもよくも悪くもなかった。ただ、もっと変化に富んでいただけだった。私たちが知るかぎり、人類はジェンダーとその意味に関するルールを常に取り決めながら、非常にさまざまな方法で社会を組織してきた。変わらないものは何もなかった。ところが何千年もかけて、私たちは徐々に、人類にはごくわずかな生き方しかないと信じ込まされてきた。そして今では、私たちの社会システムは人為的なものではなく、自然に生まれたものに違いないとまで感じるようになっている。

本書を執筆するなかで、私は遠い過去から揺れ動く現代まで、長い歴史をたどってきた。その旅が終わろうとしている今、こう感じずにはいられない。現在の私たちがつくる進歩的な社会がいつの日か、未来の習慣や風習の土台になるのではないか。社会を柔軟に変えていく力をどうやって取り戻せばいいのだろうか。私たちは社会や政治の大胆な変化を嫌い、無気力に陥っている。既存の体制や制度がうまく機能していないとわかっていても、諦めてしまう。崖《がけ》っぷちに立ったとき、後ろを振り返り、失うかもしれないものに恐怖を感じてしまう。

そうではなく、得られる可能性のあるすべてを思い浮かべて、変化を起こそうではないか。

おわりに

人民を支配する力を手に入れるための最も効果的な戦略は、「分断・統治」である。古代ギリシャ・ローマ時代のはるか昔から、軍事指導者はそれがよくわかっていた。小さな集団に分けることで、不信感が生まれ、人々は団結しにくくなる。人々がお互いに抱いていた忠誠心は、支配者に向かうようになった。この戦略は驚くほどうまくいき、ローマのユリウス・カエサルから大英帝国に至るまで、歴史のなかでたびたび使われてきた。

こうした分断は、家父長制を強化する。ジェンダーに基づく抑圧から生まれる悪影響は、経済的なものや身体的なものだけではない。感情的、精神的な悪影響も生まれる。娘は両親と疎遠になり、夫婦間には感情的な距離が生まれ、狭いジェンダー規範に従わない者は悪者扱いされてしまう。その結果、私たちが本来、安らぎを見出すはずの人たちのあいだで、恐怖と憎しみが生まれ、大きくなっていく。私たち人間は、他者を愛し、信頼できることを知っている。社会的動物である人間の生存は、そうした愛と信頼にかかっていることも知っている。しかし、このような分断・統治が行われてきたことで、私たちはそれが難しいと思い込むようになった。家父長制が親密な人間関係を壊してしまうのだ。

家父長制に基づく支配は、ある意味では、ほかの支配体制と変わらない。違うところがあるとすれば、家族レベルでも機能することだ。私たちの最も身近な人たちを敵に変えることができる。そこに、家父長的支配の国家戦略としての強さがある。この戦略は、父系制から父方居住の習慣へと進化し、その結果、女性は自分の産んだ子どもから切り離された。また、女性を捕虜として連れて帰るという非人間的な蛮行も、この戦略をもとに生まれた。そうした孤立化と支配の歴史を経て、最近の法律や考え方に至るまで、そこには一貫して伝わる糸のようなつながりを見ることができる。だが、世界中どこでも同じ状況だと考えることはできない。すべてが自然に起きたわけではなかった。家父長制が何千年も続いている地域もあれば、わずか数世紀前に確立された地域もある。

それに、家父長制は単独の現象として存在しているわけではない。もっと正確に言うと、家父長制の多くは、さまざまな文化のなかで、独自のやり方でさりげなく織り込まれた糸のようなもので形づくられ、地域の権力構造や既存の不平等な体制と結びついて機能している。国家は、人間同士の分断とジェンダーに基づく法律を制度化した。奴隷制は、父方居住の結婚に影響を与えた。帝国は、ジェンダーに基づく抑圧を地球の隅々にまで輸出した。資本主義は、ジェンダー格差を拡大した。そして、宗教と伝統は今も、男性優位の考え方に心理的な力を与えるべく利用されている。社会構造に新しい糸を織り込む営みは、現在も続いているのだ。真に公平な世界を築こうとするのなら、これらすべてを解きほぐす必要がある。

こうした途方もない作業に直面すると、平等を求める闘いは、消耗戦のように感じられるかもしれない。私自身、いくつもの法律事務所や銀行で、性差別が蔓延する職場環境で出世する方法を知りたがる女性たちと話をしたことがあるが、彼女たちは誰ひとりとして、自分たちの退社後に、生活できるぎりぎりの低賃金を得るためにオフィスを清掃する女性たちのことは、気にも留めていなかった。

国家の要求よりも個人の要望を大事にし、世の中の仕打ちから私たち一人ひとりを守ってくれる。そんな政治体制を私たちは今もつくり出せていない。すべての法律ができるかぎり公平なものになっても、性別ステレオタイプを乗り越えて万人をありのままに受け入れるようになっても、さらには言語や文化が平等な価値観を反映するようになっても、何らかの新しい方法で他者に対して権力を振るおうとする人がいなくなるわけではない。

この闘いは果てしなく続くように見えるかもしれない。だが、そこには必ず価値がある。平等を求めて闘うとき、私たちは自分のためだけに闘うわけではない。他者のために闘うのだ。そして、たいていの場合、闘いの末に私たちはどこかにたどり着く。闘わなければ、状況はさらに悪くなるだろう。人間の本質を考えることに多くの時間を費やしてきた科学ジャーナリストとして、私は、これこそが人間の最も優れた部分だと感じている。私は本書を執筆するための調査を通じて、人生とキャリアを人間の尊厳と自由のために捧げてきた人々に会い、彼らの研究成果を読んだ。私たちはみな、自分が不当に扱われることに耐えられないのと同様、他者が不当に扱われることにも耐えられない。会ったことのない見知らぬ人に対しても同じだ。彼らの痛みを分かち合い、手を差し伸べたいと願う。

家父長的な権力による悪影響を正そうとするのなら、このように互いを思いやる人間らしい心を育むしか道はない。たとえ分断によって他者を支配しようとする人がいても、人を愛そうとする気持ちを何とか大切にするしかない。それでも、人間にはなぜか他者を抑圧する欲望が植えつけられていて、人間は本質的に利己的で暴力的で、どんな人間も生まれつき支配的か従属的か、どちらかに分けられると主張する人たちがいる。しかし、私はそうした主張に、こう疑問を投げかけたい。もしそれが正しいのなら、なぜ私たちは、これほどまでに互いを気にかけ、互いを大切に思っているのだろうか、と。

謝辞

二〇一七年に私が性《セックス》とジェンダーにまつわる科学について書いた著書『科学の女性差別とたたかう——脳科学から人類の進化史まで（*Inferior – How Science Got Women Wrong*）』（東郷えりか訳、作品社、二〇一九年）のなかに、男性の優位性に関する章がある。出版後に読者のみなさんから寄せられた質問のうち、最も多かったのは、次のようなものだった。「これまでずっと男性が優位だったわけではないとしたら、現在これほど家父長制による抑圧が蔓延していることをどう説明するのか」。私が本書を書いたきっかけは、そうした反響にある。予想外だったのは、本書のほとんどを新型コロナウイルス・パンデミックの最中に書くことになったことだった。つかの間の安全な時期を見計らってはあちこちを訪れ、電話やオンラインでさまざまな人にインタビューすることになるとは思ってもみなかった。

私のために貴重な時間を割《さ》いてインタビューに直接応じ、ときには追加の質問や問い合わせに対応してくれた方々、エイミー・パリッシュ、フランス・ドゥ・ヴァール、スティーヴン・

ゴールドバーグ、ロビン・ジェフリー、マニュ・ピライ、ティプルット・ノンブリ、ニコル・クレンザ、アダム・クーパー、ブライアン・スティール、アウェンジオスタ・マイヤーズ、ジェニファー・ネズ・デネットデイル、ルース・トリンガム、レシト・エルゲネル、ミリアム・ロビンス・デクスター、シンシア・エラー、コリン・レンフルー、カリーナ・クラウチャー、イアン・ホッダー、フィダン・アタセリム、メルク・オンデル、クリスチャン・クリスチャンセン、ポントゥス・スコグランド、サラ・ポメロイ、ステファニー・ブディン、ジェームズ・スコット、レベッカ・フト・ケネディ、アルウィン・クロークホルスト、ファイザ・ハイカル、アンドルー・ベイリス、ウォルター・ペンローズ、ファイルーズ・チョードゥリー、ベナイファー・バンダリ、キャサリン・キャメロン、ブランカ・ニクロワ、エヴァ・フォドル、クリステン・ゴドシー、チャーラ・チャフィク、マシフ・アリネジャド、レイラ・アリカラミに感謝したい。

また、そのほかの方法で支援と知恵を与えてくれた方々にも深謝する。サバハッティン・アルカンスは、経験豊富なガイドとして私を連れてアナトリアを案内し、アレクサンダー・フォン・フンボルト財団は、ベルリン滞在中の私を支援してくれた。また、ニューヨークのローガン・ノンフィクション・プログラムのフェローシップのおかげで、私は家庭生活のプレッシャーから離れて必要な執筆時間を捻出《ねんしゅつ》することができ、ノンフィクション作家のコミュニティに加わることもできた。英国作家協会はK・ブランデル・トラストの助成金で、私の研究を惜しみなく支援してくれた。

ニューヨーク公共図書館、長年にわたって私を応援してくれたすばらしい友人のジェス・ウェイド、それにアレックス・オブライエンの尽きることのない厚意、ペイジ・ベスマン、ティム・パワー、スーザン・パーキンス、フィオナ・ジョーダン、ティム・リクワース、パラミータ・ナート、ドナ・ハーシュ、ジャネット・アファリー、ショムシア・アリ、ラフィル・クロール＝ザイディ、ルタ・ニムカル、ネダ・セパールヌーシュ、ピッパ・ゴルトシュミットの寛大な援助と助言にもお礼を申し上げたい。

ここ最近の仕事では、フォース・エステート社のルイーズ・ヘインズ、ビーコン・プレス社のエイミー・コールドウェル、サイエンス・ファクトリー社のピーター・タラックとティセ・タカギに大変お世話になった。彼らは私を心から信頼し、励ましてくれた。この本が彼らを失望させないことを願っている。

本書のファクトチェックを担当してくれたマリヤム・ハイダーは、一流のファクトチェッカーで、ときには学術資料の誤りさえも見つけてくれた。執筆を進めるなかで、彼は私の相談役であり、友人でもあった。情報収集と記憶力のたぐいまれな才能をもつピート・ローベルにも感謝したい。彼の鋭い観察眼と膨大な作業時間がなければ、本書も私の二冊の前著も、はるかに説得力のない本になっていただろう。彼の寛大な心と知恵には感謝してもしきれない。優れた編集者であるビーコン・プレス社のスーザン・ルメネロとフォース・エステート社のケイト・ジョンソンにも心からお礼を申し上げたい。

最後に、私の辛抱強く美しい家族、両親と義両親、息子のアナイリン、夫のムクル、（私の）

姉妹のリマとモニカに愛と感謝を捧げたい。本を執筆するたびに、私はありのままの世界を少しずつ理解できるようになった。この世界が彼らそれぞれにとってよりよいものになることを願っている。

解説　家父長制は永遠ではない

上野千鶴子

さまざまな家父長制

今から半世紀前、フェミニズムが日本社会の家父長制批判をしたときに、多くの（男性）学者は困惑した。戦後新憲法のもとで戦前の「家」制度が廃止されてから、日本にはもはや家父長制は存在しない、ことになっていたからである。

家父長制は男性支配の社会制度に与えられた名称であり、男尊女卑（男性の優越・女性の従属）はその現象形態である。家父長制の最広義の定義は「年長男性による年少男性と女性の支配」を言う。戦前の「家」制度は家父長の専制支配を指すマックス・ウェーバーのPatriarchalism に対応しており、それに対してPatriarchyは、歴史と社会と文化によってさまざまなかたちをとる。両者とも日本語では「家父長制」と訳されるが、後者の「家父長制」はもっと広義の歴史貫通的な概念である。たしかに「家」制度のもとでは、戸主は家族の成員の結婚に許可を与え、妻の就労を禁止し、親権を独占的に行使する権限を持っていた。戦後、それらの「戸主権」はなくなったが、「誰のおかげで食べさせてもらっていると思うんだ」「オレと同じだけ稼いでからモノを言え」という夫の支配も、家父長制である。戦後の核家族のもとでの家父長制は、「父権支配」というより「夫権支配」というほうがよいかもしれない。

家父長制は多様で、かつ変化する。わたしたちは近代の家父長制については知っているが、近世の家父長制、中世の家父長制、古代の家父長制については知らない。また東アジアやヨーロッパの家父長制については知っているが、イスラム圏の家父長制、社会主義圏の家父長制についてはあまり知らない。

これだけ世界に拡がり、定着した家父長制というシステムの起源について、誰も知らない。本書の著者、アンジェラ・サイニーはその難問に挑戦した果敢なサイエンス・ジャーナリストである。本書はイギリスのジャーナリストによる二〇二三年ウォーターストーンズ・ブック・オブ・ザ・イヤー政治部門を受賞し、同年、政治的著作に与えられるオーウェル賞の最終候補作となった。

危険な問い

家父長制の起源について答えるのは危険な試みである。もしそれが人類史の始めから人間の社会システムに埋め込まれているとしたら、家父長制は人類の運命であり、DNAであり、変えられないものだということになるからだ。だが著者の答えは「ノー」である。

「どんな抑圧であれ、その最も危険な点は、ほかに選択肢がないと人々に信じ込ませてしまうことだ。人種、カースト、階級に関して古くからある誤った考えを見れば、それがわかる。だとすれば、なぜ男女の不平等だけを例外として扱わなければならないのか――男性支配の理論の問題点はそこにある」【六〇～六一頁】。

人間にもっとも近い動物である霊長類の社会が多様なジェンダー構成によってできあがっていることはよく知られている。ゴリラのように一頭のオスが多数のメスを率いる一夫多妻の社会もあれば、テナガザルのように生涯一夫一婦のカップルをつくる種《しゅ》もいる。ニホンザルのように群婚の社会では、母系が集団の結束の要《かなめ》になるし、オスのボスザルといえどもメスの支持なくしてはリーダーの位置に立てない。ボノボのようにメス同士の性的接触で集団を維持するところもある。ヒトの原種であるホモ・サピエンスがどの社会構成を引き継いでいるかは、定かでない。

人類が始まってから、狩猟採集民の世界ではどうだったのだろうか？

「決まっているさ、男が狩りに出かけ、女は赤ん坊を抱いて洞窟で男の帰りを待っていたのだ」という答えが返ってくる。「なにしろヒトはネオテニー（幼体成熟）で生まれるから、子育てに手がかかるからね。したがって子育てする女は男に依存しないわけにいかないのだ」、そのため「一年中セックスで男をつなぎとめるために発情期を失ったのだ」と。

あなたがこの説を信じているとしたら、これは完全に神話だと言ってよい。「神話」とは、「根拠のない信念集合」の別名のことだ。

そのために著者は先史時代に赴《おもむ》く。文書史料のない先史時代について、著者が訴えるのは考古学的資料である。このところ、科学的な判定方法が格段に進歩したおかげで、先史時代考古学の精度は飛躍的に向上した。

炭素同位体資料による年代測定のみならず、DNA鑑定による性別や親子関係の特定、ミトコンドリアDNAによる女系の系譜の判定など、新たな測定技術の開発は枚挙にいとまがない。それらの発見によれば、女性がハンターや戦士である例もあれば、頭蓋骨に武器が刺さっている人骨もあるという。副葬品からあきらかに首長だとわかる埋葬もあるのに、固定観念にとらわれた男性考古学者がそれを認めたがらないというバイアスも指摘される。

女はただ腹を空《す》かせて、狩りに出た男の帰りを待っていたわけではない。先史時代考古学には、排泄物から古代人が何を食べて生きていたかを推定する栄養人類学という分野もある。それによれば大型獣を獲物に追いかける狩りには当たり外れがあり、ハンターたちは手ぶらで帰ってくることもある。そんなリスクの多い狩りに生存を託すわけにはいかない。男たちが狩りに出ているあいだ、女たちは居住地の近くで小動物を狩り、植物性資源を採集し、結果として栄養の六割は女性の収穫物で採取されていた、という研究結果もある。女は無力でもなければ、無能でもなかったのだ。

ジェンダー編成の多様性

ジェンダー（gender：社会的性別）は男女のふたつの項に与えられた名詞ではなく、人間の集団を「性（機能）」によって分類（分割）する差異化のカテゴリーである。人間の集団のなかには、ジェンダーより年齢や身分がもっと大きな差異化の作用をした社会もあるし、人種や支配-被支配関係が重要な差異化の役割を果たした社会もある。

国家が成立してからも、ジェンダーより地位や階級が影響力を持つことはめずらしくなかった。古代には女性の首長が何人もいた。女性の戦士もハンターもいた。ジェンダー編成は多様であり、変化してきた。

その点で著者が古代ギリシャの諸部族について与えた分析はおもしろい。

支配とは何か? 富や財産に対する支配以上に、もっと重要なのは人に対する支配である。大小の都市国家《ポリス》がつねに戦争状態にあったペロポネソス半島では、敗《ま》ければ男も女も征服者の奴隷になる運命が待っていた。権力者であるということは、どれだけの人を支配しているかという指標で測られた。わけても女は価値ある戦利品だった。なぜなら女は子どもを産む、つまり人が人を生産するからである。「社会に同化させやすい若い女性と子どもは重宝された」【二五三頁】と著者は言う。ヘロドトスの『歴史』には、戦いに敗けた部族が、勝者に女・子どもを奴隷として差し出す描写がある。殺すわけではない。有益な資源だからだ。男の子たちは戦士に育てられ、女の子たちは妻にされる。近年、イスラム過激派勢力のボコ・ハラムが子どもを誘拐するのも、同じ理由からだ。女が集団のヨソモノである起源は、この略奪と征服の歴史によるかもしれないと著者は言う。女は奴隷化されたが、それというのも、もともと奴隷がいる社会だったからだ、と。そういえば、ラテン語の「ファミリア(familia)」とは、ドムス(domus:世帯)の長である自由民男性が所有する「妻子と奴隷と家畜」を指す集合名詞だった。

この多様性の発見は「女性らしさ」についての固定観念をもくつがえす。

著者は書く。

「一九世紀以降、欧米の学者は、歴史を完全な二項対立とみなしてきた。「男性は暴力を振るう残酷な人間で、女性は母性をもった平和な人間だ」」【一八八頁】と。厳格なジェンダー二元論は、一九世紀ヨーロッパの産物である。それを二〇世紀の社会思想家イヴァン・イリイチは「近代の性的アパルトヘイト（隔離体制）」と呼ぶ。

だが女がいつでも非暴力的な平和主義者であるとは限らない。ジェンダーを相対化した古典的な著作、人類学者マーガレット・ミードの『男性と女性――移りゆく世界における両性の研究』によれば、パプアニューギニアに住む各部族のあいだで、たいして距離が離れているわけでもないのに、ジェンダーのありかたは多様だった。たとえばアラペシュ族の女は母性的で平和的なのに対し、ムンドグモール族の女は攻撃的でリーダーシップがある、というように。同じように古代ギリシャでも、アテネの女たちは「物静かで、従順」だが、スパルタの女たちは戦士を産むだけでなく、土地を相続し、財産を管理した。アテネの女に財産の所有権はなかった。スパルタの女たちは日に焼けたたくましい体格をし、よく食べたという。

女も権力者になれば、男と同じように支配的にも抑圧的にもなる。「男らしさ」「女らしさ」はＤＮＡやホルモンで決まるわけではない。本書はジェンダーの社会構築性を論じてジェンダー研究に先鞭《せんべん》をつけたミードの『男性と女性』の、歴史版と言ってよい。

家父長制の代理人

変化はジグザグに進行する。一歩前進二歩後退だってありうる。

日本の読者にとって情報価値が高いのは、イスラム圏の家父長制についての記述だろう。とりわけイラン革命についての記述は興味深い。独裁者の皇帝、パフラヴィーによる近代化路線のもとで女性のヒジャブ（ベール）着用が禁止されたあと、宗教的指導者ホメイニーによる保守化によって、ベールの着用が強制された。イラン革命に際して反西欧・反帝国主義を掲げるナショナル・アイデンティティを誇示する女性たちは、全身をすっぽり覆う伝統的なチャドルで路上に登場した。

「女性の権利拡大を目指すイラン人活動家らはかつて、全身を覆うチャドルの着用を拒絶していた。それなのに、平等と自由を求めて闘う女性たちがそのチャドルを着ることを選択したという事実は、イラン国外の傍観者だけでなく、国内の一部の人たちをも驚かせた」【三四〇頁】。文脈によっては、チャドルを着ることが「政治的抵抗のシンボル」になることもありうるのだ。

世界保健機関（WHO）によると今日でも二億人以上の女性が経験している女性器切除も、「自らがその身体的、精神的な苦痛を経験したにもかかわらず、年配の女性たちは女性器切除の継続を許し、時には法の目をかいくぐって娘に切除を強制する」【二六六頁】。

二〇〇七年、エチオピアのアルボレ族のコミュニティがこの風習の廃止を決定したところ、少女たち自身がそれに抵抗したという。彼女たちにとっては文化的アイデンティティが重要だった。

「一部の女性にとって、こうした家父長的なナショナリズムは心の支えになっている」【三四四頁】と著者は言う。二〇二一年一月の、アメリカ大統領選で落選したドナルド・トランプ支持者によるワシントンDCの連邦議会議事堂襲撃事件では、一〇〇人以上の女性が逮捕された。この襲撃に加わった女性を対象に行われた調査では「多くの女性が自分の行動を説明する際に、守るべき母、妻、娘としての役割を強調し、あるいは外部の脅威から子どもを守る必要があると主張した」【三四四頁】。

女性の連帯は、容易ではない。「女性が一致団結して男性に対抗することはめったになかった」【三四六頁】と、著者はファティマ・メルニーシーの言葉を引用する。女たちの求めるものが互いに違い、利害が対立するからである。女性たちは「分断・支配」され、互いに対立させられる。そればかりか、女は「家父長制の代理人」になることも、共犯者になることもある。女性にとって「多くの場合、安全や生存も（筆者注：平等や自由と）同じくらい重要だからである」【三四七頁】。

日本古代史とジェンダー考古学

日本ではどうだろうか？

日本でもジェンダーが古代史に持ちこまれて以来、とりわけジェンダー考古学は飛躍的に発展した。最新の古代史研究の成果である「シリーズ　古代史をひらくII」（全六巻、岩波書店、二〇二三年～）のうち、『古代人の一生――老若男女の暮らしと生業』に論考を寄せた菱田淳子《ひしだじゅんこ》はこう書く。

「人または人間という言葉は男女両者を含んでいるはずなのに、人間の歴史や社会や生活を語る際、女性は除外されたり、存在していても語るに足らない存在・見えない存在として扱われる場合が多々ある」

菱田は筋骨格ストレスマーカーの分析による身体活動の測定や、人骨の同位体および微量元素による食性分析、歯資料による授乳・離乳パターンの分析を紹介している。

そのなかに東北地方沿岸の漁具の出現頻度から、こんな発見がある。

「外洋性漁業に勤しんでも釣果は芳しくないが、それでも男性は外洋に向かい、女性は近場の食料獲得によって生活を支えていたという、何とも皮肉な解釈」である。集団の暮らしは男に依存していたのではなく、女が支えていたのだ。

菱田はこう書く。

「現在もジェンダーをめぐって根強い対立があり、さまざまな場面で厳しい状況が続いている。「この国古来の伝統」という言葉によって語られる言説の中には、歴史学の観点から即座に否定されるようなものも多々みられる。ファクトチェックを受けるまでもないような説であっても、それに学問的反論をすることは非常な労力を要」する、と。その例に彼女は「夫婦同姓」を挙げる。

それに加えて明治期に成立した皇室典範にある「天皇男系男子説」も、歴史家のエリック・ホブズボームの言うように近代以降の「創られた伝統」と言うべきだろう。

家父長制は一枚岩じゃない

家父長制とは、ことほどさようにあいまいな概念である。したがって学界では、「家父長制」という概念を避けて、もっとニュートラルな「ジェンダー秩序」とか「ジェンダー体制」という概念を使うよう提唱する研究者もいる。だが、「ジェンダー」という用語は日常用語に定着したが、「ジェンダー秩序」も「ジェンダー体制」もいっこうに普及する気配がない。代わって日本語の自然言語のなかに取り入れられたのは「家父長制」であった。そして今日では「家父長制」のことを戦前の「家」制度に限定して用いる者は誰もいない。

なぜなら……「家父長制」という概念は支配-被支配関係を含意することで、怒りと不当感をかきたてるからである。概念にはこういう力がある。

「家父長制はなぜ続いてきたのだろうか?」という問いに対する著者の結論はこうである。

「家父長制は、決して過去への回帰ではなかった。じつのところ、家父長制は今も常につくり変えられていて、時には以前よりも大きな力をもつこともある」【三五〇頁】。

歴史は一定の方向へ進むとは限らない。事実、「資本主義は、ジェンダー格差を拡大した」【三六七頁】。

ということはつまり、家父長制を維持・再生産するためには、そのつど努力も要れば、協力者や共犯者も必要だということを意味する。著者は決して楽観を許さないが、その過程に介入し、「闘い続ける」こともまた可能だし必要なのだ。軍事主義とジェンダーを研究してきたシンシア・エンローも『〈家父長制〉は無敵じゃない――日常からさぐるフェミニストの国際政治』（原著二〇一七年）の中で、「家父長制は一枚岩ではない」と指摘する。わたしたちはそのわずかな亀裂に楔《くさび》を打って、それを押《お》し拡《ひろ》げることもできるのだ。

フェミニズムはジェンダーが運命でもなく宿命でもないことを証明してきた。同じように、家父長制は普遍でもなければ不変でもない。歴史のどこかに起源のあるものには、必ず終わりがある。今あるものは変えられると信じることのできる、希望の書である。

参考文献

ヘロドトス『歴史』上・中・下、松平千秋訳、岩波文庫、一九七一年

イヴァン・イリイチ『シャドウ・ワーク』玉野井芳郎・栗原彬訳、岩波文庫、二〇二三年

マーガレット・ミード『男性と女性――移りゆく世界における両性の研究』上・下、田中寿美子・加藤秀俊訳、東京創元社、一九六一年

シリーズ　古代史をひらくII『古代人の一生——老若男女の暮らしと生業』吉村武彦・吉川真司・川尻秋生編、岩波書店、二〇二三年
シンシア・エンロー『〈家父長制〉は無敵じゃない——日常からさぐるフェミニストの国際政治』佐藤文香監訳、岩波書店、二〇二〇年

Human Rights Campaign Foundation. "Marriage Equality Around the World." https://www.hrc.org/resources/marriage-equality-around-the-world (last accessed 2 May 2022).

"India Court Recognises Transgender People as Third Gender." BBC News, 15 April 2014. https://www.bbc.com/news/world-asia-india-27031180 (last accessed 19 February 2022).

Karmakar, Rahul. "Matrilineal Meghalaya to Give Land Rights to Men." *The Hindu*, 26 October 2021. https://www.thehindu.com/news/national/other-states/matrilineal-meghalaya-to-give-land-rights-to-men/article37175110.ece (last accessed 14 November 2021).

Jacob, Jeemon. "How a Kerala School Has Set the Trend with Gender-Neutral Uniform." *India Today*, 16 November 2021. https://www.indiatoday.in/india-today-insight/story/how-a-kerala-school-has-set-the-trend-with-gender-neutral-uniform-1877283-2021-11-16 (last accessed 19 November 2021).

"Now, Gender Neutral Uniforms for Plus One Students of Balussery School." *The Hindu*, 18 December 2021. https://www.thehindu.com/news/cities/kozhikode/now-gender-neutral-uniforms-for-plus-one-students-of-balussery-school/article37954516.ece (last accessed 5 March 2022).

Fanon, Frantz. *Black Skin, White Masks* (1952), translated by Charles Lam Markman. London: Pluto Press, 1986.（『黒い皮膚・白い仮面 新装版』海老坂武、加藤晴久訳、みすず書房、2020年）*

Ratzinger, Joseph Cardinal. "Letter to the Bishops of the Catholic Church on the Collaboration of Men and Women in the Church and in the World." Vatican, 31 May 2004. https://www.vatican.va/roman_curia/congregations/cfaith/documents/rc_con_cfaith_doc_20040731_collaboration_en.html (last accessed 17 February 2022).

Seedat, Fatima. "Islam, Feminism, and Islamic Feminism: Between Inadequacy and Inevitability." *Journal of Feminist Studies in Religion*, vol. 29, no. 2, Fall 2013, pp. 25–45.

Golley, Nawar Al-Hassan. "Is Feminism Relevant to Arab Women?" *Third World Quarterly*, vol. 25, no. 3, 2004, pp. 521–36.

Korotayev, Andrey. "Were There Any Truly Matrilineal Lineages in the Arabian Peninsula?" *Proceedings of the Seminar for Arabian Studies*, vol. 25, 1995, pp. 83–98.

Bakhshizadeh, Marziyeh. "Three Streams of Thought in the Near East and Iran and Their Views on Women's Rights." In *Changing Gender Norms in Islam Between Reason and Revelation*. Opladen, Germany: Verlag Barbara Budrich, 2018, pp. 101–12.

Hamlin, Kimberly A. *Free Thinker: Sex, Suffrage, and the Extraordinary Life of Helen Hamilton Gardener*. New York: W. W. Norton, 2020.

Eltahawy, Mona. *Headscarves and Hymens: Why the Middle East Needs a Sexual Revolution*. New York: Farrar, Straus and Giroux, 2015.

Al-Kadhi, Amrou. *Unicorn: The Memoir of a Muslim Drag Queen*. London: 4th Estate, 2019.

Coser, Lewis A. "Social Conflict and the Theory of Social Change." *British Journal of Sociology*, vol. 8, no. 3, September 1957, pp. 197–207.

Alikarami, Leila. *Women and Equality in Iran: Law, Society and Activism*. London: I. B. Tauris, 2019.

"Inheritance Law." Iran Data Portal. https://irandataportal.syr.edu/inheritance-law (last accessed 13 February 2022).

Afary, Janet, and Jesilyn Faust, editors. *Iranian Romance in the Digital Age: From Arranged Marriage to White Marriage*. London: I. B. Tauris, 2021.

Barlow, Rebecca, and Shahram Akbarzadeh. "Women's Rights in the Muslim World: Reform or Reconstruction?" *Third World Quarterly*, vol. 27, no. 8, 2006, pp. 1481–94.

Kandiyoti, Deniz. *Gendering the Middle East: Emerging Perspectives*. Syracuse, NY: Syracuse University Press, 1996.

Mir-Hosseini, Ziba. "The Conservative: Reformist Conflict over Women's Rights in Iran." *International Journal of Politics, Culture, and Society*, vol. 16, no. 1, Fall 2002, pp. 37–53.

Ortiz-Ospina, Esteban, and Max Roser. "Marriages and Divorces." OurWorld InData.org. https://ourworldindata.org/marriages-and-divorces (last accessed 19 February 2022).

"Saudi Arabia: 28,000 Women Apply for 30 Train Driver Jobs." BBC News, 17 February 2022. https://www.bbc.com/news/world-middle-east-60414143 (last accessed 17 February 2022).

Gao, Biye. "State, Family and Women's Reproductive Agency in China." *feminists @law*, vol. 6, no. 2, 2017.

Yip, Waiyee. "China: The Men Who Are Single and the Women Who Don't Want Kids." BBC News, 25 May 2021. https://www.bbc.co.uk/news/world-asia-china-57154574 (last accessed 2 May 2022).

World Bank. "Fertility Rate, Total (Births per Woman)." https://data.worldbank.org/indicator/SP.DYN.TFRT.IN (last accessed 19 February 2022).

Cambridge, MA: Harvard University Press, 2013.

El Saadawi, Nawal. *Woman at Point Zero*. London: Zed Books, 1983.（『0《ゼロ》度の女——死刑囚フィルダス』鳥居千代香訳、三一書房、1987年）＊

Sullivan, Zohreh T. "Eluding the Feminist, Overthrowing the Modern? Transformations in Twentieth-Century Iran." In *Remaking Women: Feminism and Modernity in the Middle East*, edited by Lila Abu-Lughod. Princeton, NJ: Princeton University Press, 1998, pp. 215–42.

Kar, Mehrangiz, and Azadeh Pourzand. "Iranian Women in the Year 1400: The Struggle for Equal Rights Continues." Atlantic Council, Issue Brief, 2021.

Osanloo, Arzoo. "Lessons from the Suffrage Movement in Iran." *Yale Law Journal* (Forum), vol. 129, 20 January 2020.

Borjian, Maryam. "The Rise and Fall of a Partnership: The British Council and the Islamic Republic of Iran (2001–09)." *Iranian Studies*, vol. 44, no. 4, July 2011, pp. 541–62.

"Statistics Center of Iran: More Than 9,000 Child Marriages Were Registered in the Summer of 1999." *RFI*, 2 January 2021. https://bit.ly/321K7zD (last accessed 3 February 2022).

Sadeghi, Fatemeh. "Foot Soldiers of the Islamic Republic's 'Culture of Modesty.'" *Middle East Research and Information Project*, no. 250, Spring 2009.

Chatterjee, Partha. *The Nation and Its Fragments: Colonial and Postcolonial Histories*. Princeton, NJ: Princeton University Press, 1993.

Chatterjee, Partha. "The Nationalist Resolution of the Women's Question." In *Recasting Women: Essays in Colonial History*, edited by Kumkum Sangari and Sudesh Vaid. New Delhi: Kali for Women, 1989.

Chattopadhyay, Shreya. "As the US Leaves Afghanistan, Anti-War Feminists Push a New Approach to Foreign Policy." *The Nation*, 9 August 2021. https://www.thenation.com/article/world/afghanistan-feminist-foreign-policy (last accessed 19 February 2022).

Hark, Sabine, and Paula-Irene Villa. *The Future of Difference: Beyond the Toxic Entanglement of Racism, Sexism and Feminism*. London: Verso, 2020.

Matfess, Hilary, and Devorah Margolin. *The Women of January 6th: A Gendered Analysis of the 21st Century American Far-Right*. Washington, DC: Program on Extremism, George Washington University, April 2022.

Razavi, Shahra, and Anne Jenichen. "The Unhappy Marriage of Religion and Politics: Problems and Pitfalls for Gender Equality." *Third World Quarterly*, vol. 31, no. 6, 2010, pp. 833–50.

Gabbert, Echi Christina. "Powerful Mothers, Radical Daughters: Tales About and Cases of Women's Agency Among the Arbore of Southern Ethiopia." *Paideuma*, no. 60, 2014, pp. 187–204.

Mernissi, Fatima. *Dreams of Trespass: Tales of a Harem Girlhood*. New York: Basic Books, 1994.

Zakaria, Rafia. *Against White Feminism: Notes on Disruption*. New York: W. W. Norton, 2021.

Mernissi, Fatima. *Beyond the Veil: Male-Female Dynamics in Modern Muslim Society, Revised Edition*. Bloomington: Indiana University Press, 1987.（『ハーレムの少女ファティマ——モロッコの古都フェズに生まれて』ラトクリフ川政祥子訳、未來社、1998年）＊

Mernissi, Fatima. *The Veil and the Male Elite: A Feminist Reinterpretation of Women's Rights in Islam*. New York: Addison-Wesley, 1991.

Sow, Fatou. "Fundamentalisms, Globalisation and Women's Human Rights in Senegal." *Gender and Development*, vol. 11, no. 1, May 2003, pp. 69–76.

www.bbc.com/news/world-middle-est-63143504 (last accessed 19 October 2022).

"Iran Man 'Drives Car into Two Women' for 'Not Wearing Hijab.'" *New Arab*, 11 August 2021. https://english.alaraby.co.uk/news/iran-man-drives-car-two-women-not-wearing-hijab (last accessed 21 January 2022).

Gritten, David. "Iran Protests: Schoolgirls Heckle Paramilitary Speaker." BBC News, 6 October 2022. https://www.bbc.com/news/world-middle-east-63143504.

Wright, Robin. "Iran's Kidnapping Plot Exposes Its Paranoia." *New Yorker*, 19 July 2021. https://www.newyorker.com/news/daily-comment/irans-kidnapping-plot-exposes-its-paranoia (last accessed 13 February 2022).

Fazeli, Yaghoub. "Iranian Journalist Masih Alinejad's Brother Sentenced to 8 Years in Prison: Lawyer." *Al Arabiya English*, 16 July 2020. https://english.alarabiya.net/News/middle-east/2020/07/16/Iranian-journalist-Masih-Alinejad-s-brother-sentenced-to-8-years-in-prison-Lawyer (last accessed 21 January 2022).

Washburn, Dan. "Interview: What It Was Like to Travel to Iran with Andy Warhol in 1976." *Asia Blog*, Asia Society, 22 October 2013. https://asiasociety.org/blog/asia/interview-what-it-was-travel-iran-andy-warhol-1976 (last accessed 20 May 2022).

Afary, Janet. "Steering Between Scylla and Charybdis: Shifting Gender Roles in Twentieth Century Iran." *NWSA Journal*, vol. 8, no. 1, Spring 1996, pp. 28–49.

Fincher, Leta Hong. *Betraying Big Brother: The Feminist Awakening in China*. London: Verso, 2018.

Kasakove, Sophie. "What's Happening with Abortion Legislation in States Across the Country." New York Times, 14 April 2022. https://www.nytimes.com/article/abortion-laws-us.html (last accessed 2 May 2022).

"Oklahoma Passes Bill Banning Most Abortions After Conception." BBC News, 20 May 2022. https://www.bbc.com/news/world-us-canada-61517135 (last accessed 21 May 2022).

Trump, Donald. "Former President Trump in Florence, South Carolina." C-SPAN .org, 12 March 2022. https://www.c-span.org/video/?518447-1/president-trump-florence-south-carolina (last accessed 2 May 2022).

Gessen, Masha. "Family Values." *Harper's Magazine*, March 2017.

Beckerman, Gal. *The Quiet Before: On the Unexpected Origins of Radical Ideas*. New York: Crown, 2022.

Amir-Ebrahimi, Masserat. "The Emergence of Independent Women in Iran: A Generational Perspective." In *Iranian Romance in the Digital Age: From Arranged Marriage to White Marriage*, edited by Janet Afary and Jesilyn Faust. London: I. B. Tauris, 2021.

Ebadi, Shirin. "I Thought the Iranian Revolution Would Bring Freedom. I Was Wrong." *Washington Post*, 25 February 2020. https://www.washingtonpost.com/opinions/2020/02/25/i-thought-iranian-revolution-would-bring-freedom-i-was-wrong (last accessed 14 January 2022).

Hasso, Frances Susan. "Bargaining with the Devil: States and Intimate Life." *Journal of Middle East Women's Studies*, vol. 10, no. 2, Spring 2014, pp. 107–34.

"The Age of Consent and Rape Reform in Delaware." *Widener Law Blog*, Delaware Library, 7 July 2014. https://blogs.lawlib.widener.edu/delaware/2014/07/07/the-age-of-consent-and-rape-reform-in-delaware (last accessed 9 February 2022).

Freedman, Estelle B. *Redefining Rape: Sexual Violence in the Era of Suffrage and Segregation*.

9 May 2005. http://www.iranian.com/ArdavanBahrami/2005/May/Parsa/index.html (last accessed 12 January 2022).

Abdorrahman Boroumand Center for Human Rights in Iran. "Farrokhru Parsa." https://www.iranrights.org/memorial/story/34914/farrokhru-parsa (last accessed 12 January 2022).

Childress, Diana. *Equal Rights Is Our Minimum Demand: The Women's Rights Movement in Iran, 2005*. Minneapolis: Twenty-First Century Books, 2011.

Esfandiari, Golnaz. "Hijabs & Harassment: How Iran Soured Its 'Sisters' on the Revolution." Radio Free Europe, 23 February 2019. https://www.rferl.org/a/hijabs-harassment-how-iran-soured-its-sisters-on-the-revolution/29786447.html (last accessed 12 January 2022).

Cain, Sian. "Hengameh Golestan's Best Photograph: Iranian Women Rebel Against the 1979 Hijab Law." *The Guardian*, 3 September 2015. https://www.theguardian.com/artanddesign/2015/sep/03/hengameh-golestans-best-photograph-iranian-women-rebel-against-the-1979-hijab-law (last accessed 14 January 2022).

"100,000 Iranian Women March Against the Hijab Law in 1979 Tehran." *Flashbak*, 14 October 2017. https://flashbak.com/100000-iranian-women-march-hijab-law-1979-tehran-388136 (last accessed 13 January 2022).

Ibrahim, Youssef M. "'Death to Despotism Under Any Cover,' Was the Cry Last Week." *New York Times*, 11 March 1979. https://www.nytimes.com/1979/03/11/archives/irans-new-women-rebel-at-returning-to-the-veil.html (last accessed 26 January 2022).

Buchan, James. *Days of God: The Revolution in Iran and Its Consequences*. New York: Simon & Schuster, 2012.

Jecks, Nikki. "'I Was Iran's Last Woman Minister.'" BBC News, 19 August 2009. http://news.bbc.co.uk/2/hi/middle_east/8207371.stm (last accessed 16 January 2022).

Alinejad, Masih. *The Wind in My Hair: My Fight for Freedom in Modern Iran*. New York: Little, Brown, 2018.

Dehghan, Saeed Kamali. "Tehran Hijab Protest: Iranian Police Arrest 29 Women." *The Guardian*, 2 February 2018. https://www.theguardian.com/world/2018/feb/02/tehran-hijab-protest-iranian-police-arrest-29-women (last accessed 21 January 2022).

Ceasefire Centre for Civilian Rights. *Beyond the Veil: Discrimination Against Women in Iran*. London: Ceasefire Centre for Civilian Rights, Centre for Supporters of Human Rights, and Minority Rights Group International, September2019. https://www.ceasefire.org/wp-content/uploads/2019/09/Beyond-the-Veil_CEASEFIRE_MRG_Iran_EN_Sept19.pdf (last accessed 13 February 2022).

"Flower Protest in Paris for Iranian No-Headscarf Activist." Associated Press, 8 March 2021. https://apnews.com/article/paris-iran-middle-east-womensrights-2cc61bf90a93907a9bbf2b47a3d9d91d (last accessed 16 January 2022).

"Iran Protests Spread, Death Toll Rises as Internet Curbed." *Reuters*, 21 September 2022. https://www.reuters.com/world/middle-east/four-iranian-police-officersinjured-one-assistant-killed-after-protests-irna-2022-09-21/ (last accessed 22 September 2022).

Rasmussen, Sune Engel. "Iran Protests Erupt After Teenage Demonstrator's Death." *Wall Street Journal*, 5 October 2022. https://www.wsj.com/articles/iran-protests-erupt-anew-after-a-teenage-protesters-death-11664993771.

"Iran Protests: schoolgirls heckle paramilitary speaker", BBS News, 5, October 2022, https://

Sudau, Christel, and Biddy Martin. "Women in the GDR." *New German Critique*, no. 13, Winter 1978, pp. 69–81.
Harsch, Donna. *The Revenge of the Domestic: Women, the Family, and Communism in the German Democratic Republic*. Princeton, NJ: Princeton University Press, 2006.
UN Development Fund for Women. *The Story Behind the Numbers: Women and Employment in Central and Eastern Europe and the Western Commonwealth of Independent States*. UNIFEM, March 2006. https://www.refworld.org/docid/46cadad40.html (last accessed 18 June 2021).
Fodor, Éva, and Anikó Balogh. "Back to the Kitchen? Gender Role Attitudes in 13 East European Countries." *Zeitschrift für Familienforschung* (*Journal of Family Research*), vol. 22, no. 3, 2010, pp. 289–307.
Kranz, Susanne. "'Der Sozialismus Siegt': Women's Ordinary Lives in an East German Factory." *Journal of International Women's Studies*, vol. 18, no. 4, 2017, pp. 50–68.
Ghodsee, Kristen. "Red Nostalgia? Communism, Women's Emancipation, and Economic Transformation in Bulgaria." *L'Homme*, vol. 15, no. 1, January 2004, pp. 23–36.
"Vladimir Putin Meets with Members of the Valdai Discussion Club. Transcript of the Plenary Session of the 18th Annual Meeting." Valdai Club, 22 October 2021. https://valdaiclub.com/events/posts/articles/vladimir-putin-meets-with-members-of-the-valdai-discussion-club-transcript-of-the-18th-plenary-session (last accessed 23 April 2022).
Kirchick, James. "Why Putin's Defense of 'Traditional Values' Is Really a War on Freedom." *Foreign Policy*, 3 January 2014. https://foreignpolicy.com/2014/01/03/why-putins-defense-of-traditional-values-is-really-a-war-on-freedom (last accessed 23 April 2022).
Neumeyer, Joy. "Poland's Abortion Ban Protests Changed the Country Forever." *Foreign Policy*, 8 November 2021. https://foreignpolicy.com/2021/11/08/poland-abortion-ban-women-strike-catholic-religion-progressive-politics (last accessed 10 February 2022).
"Polish Election: Andrzej Duda Says LGBT 'Ideology' Worse Than Communism." BBC News, 14 June 2020. https://www.bbc.co.uk/news/world-europe-53039864 (last accessed 2 July 2021).
"Hungary to Stop Financing Gender Studies Courses: PM Aide." Reuters, 14 August 2018. https://www.reuters.com/article/us-hungary-government-education/hungary-to-stop-financing-gender-studies-courses-pm-aide-idUSKBN1KZ1M0 (last accessed 18 June 2021).
Fodor, Éva. *The Gender Regime of Anti-Liberal Hungary*. Cham, Switzerland: Palgrave Macmillan, 2022.
Edgar, Adrienne. "Bolshevism, Patriarchy, and the Nation: The Soviet 'Emancipation' of Muslim Women in Pan-Islamic Perspective." *Slavic Review*, vol. 65, no. 2, Summer 2006, pp. 252–72.
Borbieva, Noor O'Neill. "Kidnapping Women: Discourses of Emotion and Social Change in the Kyrgyz Republic." *Anthropological Quarterly*, vol. 85, no. 1, Winter 2012, pp. 141–69.
Ogloblin, Constantin G. "The Gender Earnings Differential in the Russian Transition Economy." *Industrial and Labor Relations Review*, vol. 52, no. 4, July 1999, pp. 602–27.
Ogloblin, Constantin. "The Sectoral Distribution of Employment and Job Segregation by Gender in Russia." *Regional and Sectoral Economic Studies*, vol. 5, no. 2, 2005, pp. 5–18.

第八章　変化

Bahrami, Ardavan. "A Woman for All Seasons: In Memory of Farrokhrou Parsa." Iranian.com,

Institute for Employment Research, Nuremberg, Germany, 2019.

Lukić, Jasmina. "One Socialist Story, or How I Became a Feminist." *Aspasia*, vol. 10, no. 1, Ten Years After: Communism and Feminism Revisited, edited by Francisca de Haan, March 2016, pp. 135–45.

Guglielmi, Giorgia. "Eastern European Universities Score Highly in University Gender Ranking." *Nature*, 29 May 2019.

Eveleth, Rose. "Soviet Russia Had a Better Record of Training Women in STEM Than America Does Today." *Smithsonian Magazine*, 12 December 2013. https://www.smithsonianmag.com/smart-news/soviet-russia-had-a-better-record-of-training-women-in-stem-than-america-does-today-180948141 (last accessed 8 June 2021).

Gharibyan, Hasmik, and Stephan Gunsaulus. "Gender Gap in Computer Science Does Not Exist in One Former Soviet Republic: Results of a Study." *Association for Computing Machinery Special Interest Group on Computer Science Education Bulletin*, vol. 38, no. 3, June 2006, pp. 222–26.

Lippmann, Quentin, and Claudia Senik. "Math, Girls and Socialism." *Journal of Comparative Economics*, vol. 46, no. 3, May 2018, pp. 874–88.

Friedman-Sokuler, Naomi, and Claudia Senik. "From Pink-Collar to Lab Coat: Cultural Persistence and Diffusion of Socialist Gender Norms." IZA Discussion Papers 13385, Institute of Labor Economics, Bonn, Germany, June 2020.

Friedan, Betty. *The Feminine Mystique*. New York: W. W. Norton, 1963.（『新しい女性の創造』三浦冨美子訳、大和書房、2004年）*

Gosse, Van. "Betty Friedan." In *The Movements of the New Left, 1950–1975: A Brief History with Documents*. The Bedford Series in History and Culture. New York: Palgrave Macmillan, 2005.

Horowitz, Daniel. "Rethinking Betty Friedan and the *Feminine Mystique*: Labor Union Radicalism and Feminism in Cold War America." *American Quarterly*, vol. 48, no. 1, March 1996, pp. 1–42.

Ghodsee, Kristen Rogheh. *Why Women Have Better Sex Under Socialism: And Other Arguments for Economic Independence*. New York: Nation Books, 2018.

Ghodsee, Kristen. "Opinion: Why Women Had Better Sex Under Socialism." *New York Times*, 12 August 2017.

Ghosh, Pallab. "Valentina Tereshkova: USSR Was 'Worried' About Women in Space." BBC News, 17 September 2015. https://www.bbc.co.uk/news/science-environment-34270395 (last accessed 30 May 2021).

Schuster, Alice. "Women's Role in the Soviet Union: Ideology and Reality." *Russian Review*, vol. 30, no. 3, July 1971, pp. 260–67.

Schulte, Elizabeth. "Clara Zetkin, Socialism and Women's Liberation." Socialist-Worker.org, 7 March 2014. https://socialistworker.org/2014/03/07/clara-zetkin-and-socialism (last accessed 23 April 2022).

Rowbotham, Sheila. *Women, Resistance and Revolution: A History of Women and Revolution in the Modern World* (1972). New York: Verso Books, 2013.

Honeycutt, Karen. "Clara Zetkin: A Socialist Approach to the Problem of Woman's Oppression." *Feminist Studies*, vol. 3, nos. 3/4, Spring–Summer 1976, pp. 131–44.

Drakulić, Slavenka. *How We Survived Communism and Even Laughed*. London: Random House, 1993.

Hoffmann, David L. "The Great Socialist Experiment? The Soviet State in Its International Context." *Slavic Review*, vol. 76, no. 3, Fall 2017, pp. 619–28.

Applebaum, Anne, and Anatol Lieven. "Was Communism as Bad as Nazism?" *Prospect*, 20 October 2020.

Addelmann, Quirin Graf, and Gordon Freiherr von Godin, editors. *DDR Museum Guide: A Companion to the Permanent Exhibition*. Berlin: DDR Museum Verlag GmbH, 2017.

Funk, Nanette. "Feminism and Post-Communism." *Hypatia*, vol. 8, no. 4, Autumn 1993, pp. 85–88.

Goldman, Wendy Z. Women, the State, and Revolution: Soviet Family Policy and Social Life, 1917–1936. Cambridge: Cambridge University Press, 1993.

Smith, Hedrick. "In Soviet Union, Day Care Is the Norm." *New York Times*, 17 December 1974. https://www.nytimes.com/1974/12/17/archives/in-soviet-union-day-care-is-the-norm.html (last accessed 6 February 2022).

Lenin, V. I. Speech at the First All-Russia Congress of Working Women, 19 November 1918. Marxists.org, https://www.marxists.org/archive/lenin/works/1918/nov/19.htm (last accessed 18 April 2022).

Brown, Archie. *The Rise and Fall of Communism*. London: Bodley Head, 2009.

Ruthchild, Rochelle Goldberg. "Women and Gender in 1917." *Slavic Review*, vol. 76, no. 3, Fall 2017, pp. 694–702.

Bauer, Raymond A., Alex Inkeles, and Clyde Kluckhohn. *How the Soviet System Works: Cultural, Psychological and Social Themes*. Cambridge, MA: Harvard University Press, 1956.

The Harvard Project on the Soviet Social System Online. Harvard Library. https://library.harvard.edu/sites/default/files/static/collections/hpsss/index.html (last accessed 30 May 2021). Transcripts referred to Schedule A, vol. 2, Case 11 (interviewer J.R., type A3); Schedule A, vol. 32, Case 91/(NY)1124 (interviewer M.S., type A4); Schedule B, vol. 22, Case 607 (interviewer M.F.); and Schedule B, vol. 23, Case 67 (interviewer K.G.).

May, Elaine Tyler. *Homeward Bound: American Families in the Cold War Era*. New York: Basic Books, 1988.

Faderman, Lillian. *Woman: The American History of an Idea*. New Haven, CT: Yale University Press, 2022.

"Postwar Gender Roles and Women in American Politics." Essay from the *Women in Congress, 1917–2006* exhibition. History, Art & Archives, United States House of Representatives, 2007. https://history.house.gov/Exhibitions-and-Publications/WIC/Historical-Essays/Changing-Guard/Identity/ (last accessed 2 June 2021).

Bix, Amy Sue. *Girls Coming to Tech! A History of American Engineering Education for Women*. Cambridge, MA: MIT Press, 2013.

Ruthchild, Rochelle. "Sisterhood and Socialism: The Soviet Feminist Movement." *Frontiers: A Journal of Women Studies*, vol. 7, no. 2, 1983, pp. 4–12.

Fodor, Éva. "The State Socialist Emancipation Project: Gender Inequality in Workplace Authority in Hungary and Austria." *Signs*, vol. 29, no. 3, Spring 2004, pp. 783–813.

Fuchs, Michaela, et al. "IAB Discussion Paper 201911: Why Do Women Earn More Than Men in Some Regions? Explaining Regional Differences in the Gender Pay Gap in Germany."

Nwaubani, Adaobi Tricia. "Letter from Africa: Freed Boko Haram 'Wives' Return to Captors." BBC News, 26 July 2017. https://www.bbc.co.uk/news/world-africa-40704569 (last accessed 15 March 2021).

Patterson, Orlando. *Freedom in the Making of Western Culture, Volume I: Freedom*. New York: Basic Books, 1991.

Martin, Debra L., Ryan P. Harrod, and Misty Fields. "Beaten Down and Worked to the Bone: Bioarchaeological Investigations of Women and Violence in the Ancient Southwest." *Landscapes of Violence*, vol. 1, no. 1, art. 3, 2010.

Leonetti, Donna L., et al. "In-Law Conflict: Women's Reproductive Lives and the Roles of Their Mothers and Husbands Among the Matrilineal Khasi." *Current Anthropology*, vol. 48, no. 6, December 2007, pp. 861–90.

Rohrlich, Ruby. "State Formation in Sumer and the Subjugation of Women." *Feminist Studies*, vol. 6, no. 1, Spring 1980, pp. 76–102.

Gilligan, Carol, and Naomi Snider. *Why Does Patriarchy Persist?* Cambridge: Polity Press, 2018.

第七章　革命

Luxemburg, Rosa. "The Socialisation of Society," December 1918, translated from German by Dave Hollis. Marxists.org. https://www.marxists.org/archive/luxemburg/1918/12/20.htm (last accessed 25 April 2022).

"Germany: New Reichstag." *TIME*, 12 September 1932. http://content.time.com/time/subscriber/article/0,33009,744331,00.html (last accessed 30 May 2021).

Zetkin, Clara. "Fascism Must Be Defeated." SocialistWorker.org, 10 January 2014. http://socialistworker.org/2014/01/10/fascism-must-be-defeated (last accessed 30 May 2021).

Zetkin, Clara. *Clara Zetkin: Selected Writings* (1984). Chicago: Haymarket Books, 2015.

Dollard, Catherine L. "Socialism and Singleness: Clara Zetkin." In *The Surplus Woman: Unmarried in Imperial Germany, 1871–1918*. New York: Berghahn Books, 2009, pp. 164–75.

Boxer, Marilyn J. "Rethinking the Socialist Construction and International Career of the Concept 'Bourgeois Feminism.'" *American Historical Review*, vol. 112, no. 1, February 2007, pp. 131–58.

Harsch, Donna. "Approach/Avoidance: Communists and Women in East Germany, 1945–9." *Social History*, vol. 25, no. 2, May 2000, pp. 156–82.

Davis, Angela Y. *Women, Race & Class*. New York: Random House, 1981.

Arruzza, Cinzia, Tithi Bhattacharya, and Nancy Fraser. *Feminism for the 99%: A Manifesto*. London: Verso, 2019. （『99%のためのフェミニズム宣言』菊地夏野解説、惠愛由訳、人文書院、2020年）＊

Kaplan, Temma. "On the Socialist Origins of International Women's Day." *Feminist Studies*, vol. 11, no. 1, Spring 1985, pp. 163–71.

Evans, Richard J. "Theory and Practice in German Social Democracy 1880–1914: Clara Zetkin and the Socialist Theory of Women's Emancipation." *History of Political Thought*, vol. 3, no. 2, 1982, pp. 285–304.

Breuer, Rayna. "How Angela Davis Became an Icon in East Germany." DW.com, 12 October 2020. https://www.dw.com/en/how-angela-davis-became-an-icon-in-east-germany/a-55237813 (last accessed 14 July 2021).

Marriage and Birth Outcomes." University of Central Asia, Institute of Public Policy and Administration, 2016. https://www.ucentralasia.org/Content/Downloads/Forced%20Marriage%20and%20Birth%20outcomes%20updated.pdf (last accessed 12 May 2021).

Steiner, Susan, and Charles M. Becker. "How Marriages Based on Bride Capture Differ: Evidence from Kyrgyzstan." *Demographic Research*, vol. 41, no. 20, 22 August 2019, pp. 579–92.

Arabsheibani, Reza, Alma Kudebayeva, and Altay Mussurov. "Bride Kidnapping and Labour Supply Behaviour of Married Kyrgyz Women." IZA Institute of Labor Economics, Discussion Paper No. 14133, 3 March 2021. https://papers.ssrn.com/sol3/Delivery.cfm/dp14133.pdf?abstractid=3794079&mirid=1 (last accessed 31 March 2021).

Rowbotham, Sheila. *Women, Resistance and Revolution: A History of Women and Revolution in the Modern World* (1972). New York: Verso Books, 2013.

Patterson, Orlando. *Slavery and Social Death: A Comparative Study* (1982). Cambridge, MA: Harvard University Press, 2018.

Patterson, Orlando. "Trafficking, Gender & Slavery: Past and Present." Speech delivered at The Legal Parameters of Slavery: Historical to the Contemporary conference. Published by the Charles Hamilton Houston Institute, Harvard Law School, Cambridge, MA, 2011.

Delphy, Christine. *Close to Home: A Materialist Analysis of Women's Oppression* (1984). New York: Verso Books, 2016.（前掲『なにが女性の主要な敵なのか』）

Abramowicz, Sarah. "English Child Custody Law, 1660–1839: The Origins of Judicial Intervention in Paternal Custody." *Columbia Law Review*, vol. 99, no. 5, June 1999, pp. 1344–92.

Folbre, Nancy. *Rise and Decline of Patriarchal Systems: An Intersectional Political Economy*. New York: Verso Books, 2021.

Garcia, Manon. *We Are Not Born Submissive: How Patriarchy Shapes Women's Lives*. Princeton, NJ: Princeton University Press, 2021.

Ephesians 5:24. Bible, New International Version.（新約聖書『エフェソの信徒への手紙』第5章24節、聖書協会共同訳、日本聖書協会、2018年）*

Human Rights Watch. *"Everything I Have to Do Is Tied to a Man": Women and Qatar's Male Guardianship Rules*. New York: HRW, 29 March 2021. https://www.hrw.org/report/2021/03/29/everything-i-have-do-tied-man/women-and-qatars-male-guardianship-rules (last accessed 31 March 2021).

Mernissi, Fatima. *Beyond the Veil: Male-Female Dynamics in Modern Muslim Society, Revised Edition*. Bloomington: Indiana University Press, 1987.

Holzman, Donald. "The Place of Filial Piety in Ancient China." *Journal of the American Oriental Society*, vol. 118, no. 2, April–June 1998, pp. 185–99.

Corno, Lucia, Eliana La Ferrara, and Alessandra Voena. "Discussion Paper: Female Genital Cutting and the Slave Trade." Centre for Economic Policy Research, London, December 2020.

World Health Organization. "Female Genital Mutilation." 3 February 2020. https://www.who.int/news-room/fact-sheets/detail/female-genital-mutilation (last accessed 15 May 2021).

Kandiyoti, Deniz. "Bargaining with Patriarchy." *Gender and Society*, vol. 2, no. 3, September 1988, pp. 274–90.

Afzal, Nazir. *The Prosecutor: One Man's Pursuit of Justice for the Voiceless*. London: Ebury Press, 2020.

"Improvements Introduced to Marriage Registration System." UK.gov, 4 May 2021. https://www.gov.uk/government/news/improvements-introduced-to-marriage-registration-system (last accessed 12 May 2021).

Stretton, Tim, and Krista J. Kesselring, editors. *Married Women and the Law: Coverture in England and the Common Law World*. Montreal: McGill-Queen's University Press, 2013.

Levin, Bess. "Samuel Alito's Antiabortion Inspiration: A 17th-Century Jurist Who Supported Marital Rape and Had Women Executed." *Vanity Fair* online, 3 May 2022. https://www.vanityfair.com/news/2022/05/samuel-alito-roe-v-wade-abortion-draft (last accessed 19 May 2022).

Deuteronomy 21:10–25:19. Bible, New International Version.（旧約聖書『申命記』第21章11〜13節、聖書協会共同訳、日本聖書協会、2018年）*

Gelb, I. J. "Prisoners of War in Early Mesopotamia." *Journal of Near Eastern Studies*, vol. 32, nos. 1–2, January–April 1973, pp. 70–98.

Colley, Linda. "Going Native, Telling Tales: Captivity, Collaborations and Empire." *Past & Present*, no. 168, August 2000, pp. 170–93.

Cameron, Catherine M. *Captives: How Stolen People Changed the World*. Lincoln: University of Nebraska Press, 2016.

"World of Domesday: The Social Order." National Archives. https://www.nation alarchives.gov.uk/domesday/world-of-domesday/order.htm (last accessed 17 April 2022).

Rossiter, W. S. *A Century of Population Growth: From the First Census to the Twelfth Census of the United States; 1790-1900*. United States Census Bureau. https://www2.census.gov/library/publications/decennial/1900/century-of-growth/1790-1900-century-of-growth-part-1.pdf (last accessed 22 September 2022).

Hochschild, Adam. *Bury the Chains: Prophets and Rebels in the Fight to Free an Empire's Slaves*. Boston: Houghton Mifflin, 2005.

Helgason, Agnar, et al. "Estimating Scandinavian and Gaelic Ancestry in the Male Settlers of Iceland." *American Journal of Human Genetics*, vol. 67, no. 3, September 2000, pp. 697–717.

Cocks, Tim, and Issac Abrak. "Nigeria's Boko Haram Threatens to Sell Kidnapped Schoolgirls." Reuters, 5 May 2014. https://www.reuters.com/article/uk-nigeria-girls-protester/nigerias-boko-haram-threatens-to-sell-kidnapped-schoolgirls-idUKKBN0DL0LH20140505 (last accessed 15 May 2021).

Mbah, Fidelis. "Nigeria's Chibok Schoolgirls: Five Years On, 112 Still Missing." AlJazeera.com, 14 April 2019. https://www.aljazeera.com/news/2019/4/14/nigerias-chibok-schoolgirls-five-years-on-112-still-missing (last accessed 25 September 2021).

Taylor, Lin. "Nearly 10,000 Yazidis Killed, Kidnapped by Islamic State in 2014, Study Finds." Reuters, 9 May 2017. https://www.reuters.com/article/us-mideast-crisis-iraq-yazidis-idUSKBN18527I (last accessed 15 March 2021).

"Kyrgyzstan: Fury over Death of 'Bride Kidnapping' Victim." BBC News, 8 April 2021. https://www.bbc.co.uk/news/world-asia-56675201 (last accessed 23 April 2021).

Taylor, Lin. "One in Five Girls and Women Kidnapped for Marriage in Kyrgyzstan: Study." Reuters, 2 August 2017. https://www.reuters.com/article/us-kyrgyzstan-women-bride-kidnapping-idUSKBN1AH5GI (last accessed 15 March 2021).

Becker, Charles M., Bakhrom Mirkasimov, and Susan Steiner. "Working Paper No. 35: Forced

Discourses. Minneapolis: University of Minnesota Press, 1997.

Plato. *The Republic*, translated by Benjamin Jowett. New York: Modern Library, 1982.（『国家』上下、藤沢令夫訳、岩波文庫、1979年）

Harvard Law Review Association. "Patriarchy Is Such a Drag: The Strategic Possibilities of a Postmodern Account of Gender." *Harvard Law Review*, vol. 108, no. 8, June 1995, pp. 1973–2008.

Surtees, Allison, and Jennifer Dyer, editors. *Exploring Gender Diversity in the Ancient World*. Edinburgh: Edinburgh University Press, 2020.

Von Stackelberg, Katharine T. "Garden Hybrids: Hermaphrodite Images in the Roman House." *Classical Antiquity*, vol. 33, no. 2, October 2014, pp. 395–426.

Fletcher, Judith. "The Virgin Choruses of Aeschylus." In *Virginity Revisited: Configurations of the Unpossessed Body*, edited by Bonnie MacLachlan and Judith Fletcher. Toronto: University of Toronto Press, 2007.

第六章　疎外

Euripides. *Hecuba*, translated by William Arrowsmith. In *Euripides III*. Chicago: University of Chicago Press, 1955.（『悲劇全集2』丹下和彦訳、京都大学学術出版会、2013年）

Home Office and the Rt. Hon. Karen Bradley MP. "Coercive or Controlling Behaviour Now a Crime." Gov.UK, 29 December 2015. https://www.gov.uk/government/news/coercive-or-controlling-behaviour-now-a-crime (last accessed 27 February 2021).

Bhatt, Archana Pathak. "The Sita Syndrome: Examining the Communicative Aspects of Domestic Violence from a South Asian Perspective." *Journal of International Women's Studies*, vol. 9, no. 3, May 2008, pp. 155–73.

Adiga, Aravind. *The White Tiger*. London: Atlantic Books, 2008. （『グローバリズム出づる処《ところ》の殺人者より』鈴木恵訳、文藝春秋、2009年）

Anukriti S., et al. "Curse of the Mummy-ji: The Influence of Mothers-in-Law on Women in India." *American Journal of Agricultural Economics*, vol. 102, no. 5, October 2020, pp. 1328–51.

Karmaliani, Rozina, et al. *Report: Understanding Intimate Partner Violence in Pakistan Through a Male Lens*. London: Overseas Development Institute, March 2017.

Coffey, Diane. "When Women Eat Last." *The Hindu*, 3 January 2017. https://www.thehindu.com/opinion/op-ed/When-women-eat-last/article16978948.ece (last accessed 27 April 2021).

de Beauvoir, Simone. *The Second Sex* (1949). London: Vintage Classics, 1997.（『決定版　第二の性』1・2、『第二の性』を原文で読み直す会訳、新潮文庫、2001年）

Jayawardena, Kumari. *Feminism and Nationalism in the Third World* (1986). London: Verso, 2016.（『近代アジアのフェミニズムとナショナリズム』中村平治監修、新水社、2006年）

Lerner, Gerda. *The Creation of Patriarchy*. New York: Oxford University Press, 1986, p. 87.（前掲『男性支配の起源と歴史』）

International Labour Organization. *Global Estimates of Modern Slavery: Forced Labour and Forced Marriage*. Geneva: ILO/Walk Free Foundation, September 2017. https://www.ilo.org/global/publications/books/WCMS_575479/lang—en/index.htm (last accessed 9 March 2021).

"Child Marriage Around the World: Infographic." UNICEF, 11 March 2020. https://www.unicef.org/stories/child-marriage-around-world (last accessed 9 March 2021).

East, edited by Diane Bolger. Lanham, MD: AltaMira Press, 2008, pp. 173–215.

Gilligan, Carol, and Naomi Snider. *Why Does Patriarchy Persist?* Cambridge: Polity Press, 2018.

Scott, James C. *Domination and the Arts of Resistance: Hidden Transcripts*. New Haven, CT: Yale University Press, 1990.

Zeitlin, Froma I. "The Dynamics of Misogyny: Myth and Mythmaking in the Oresteia." *Arethusa*, vol. 11, nos. 1–2, 1978, pp. 149–84.

Nathan, Dev, Govind Kelkar, and Yu Xiaogang. "Women as Witches and Keepers of Demons: Cross-Cultural Analysis of Struggles to Change Gender Relations." *Economic and Political Weekly*, vol. 33, no. 44, October–November 1998, pp. WS58–69.

Vlassopoulos, Kostas. "Free Spaces: Identity, Experience and Democracy in Classical Athens." *Classical Quarterly*, vol. 57, no. 1, May 2007, pp. 33–52.

Rantala, Jussi, editor. *Gender, Memory, and Identity in the Roman World*. Amsterdam: Amsterdam University Press, 2019.

McLynn, Frank. *Genghis Khan: His Conquests, His Empire, His Legacy*. Boston: Da Capo Press, 2015.

Song Min, Choi. "Mandatory Military Service Extends to Women." *Daily NK*, 28 January 2015. https://www.dailynk.com/english/mandatory-military-service-extends (last accessed 6 April 2022).

Bayliss, Andrew. *The Spartans*. Oxford: Oxford University Press, 2020.

Pomeroy, Sarah B. "Spartan Women Among the Romans: Adapting Models, Forging Identities." *Memoirs of the American Academy in Rome. Supplementary Volumes*, vol. 7, 2008, pp. 221–34.

Aristophanes. Lysistrata（『女の平和』高津春繁訳、岩波文庫、1975年）*

Penrose, Walter Duvall, Jr. *Postcolonial Amazons: Female Masculinity and Courage in Ancient Greek and Sanskrit Literature*. Oxford: Oxford University Press, 2016.

Holmes, Brooke. *Gender: Antiquity and Its Legacy*. London: I. B. Tauris, 2012.

Lepowsky, Maria. "Women, Men, and Aggression in an Egalitarian Society." *Sex Roles*, vol. 30, February 1994, pp. 199–211.

Ghisleni, Lara, et al. "Introduction to 'Binary Binds': Deconstructing Sex and Gender Dichotomies in Archaeological Practice." *Journal of Archaeological Method and Theory*, vol. 23, no. 3, September 2016, pp. 765–87.

Matić, Uroš. "(De)Queering Hatshepsut: Binary Bind in Archaeology of Egypt and Kingship Beyond the Corporeal." *Journal of Archaeological Method and Theory*, vol. 23, no. 3, September 2016, pp. 810–31.

Golden, Mark, and Peter Toohey. *Sex and Difference in Ancient Greece and Rome*. Edinburgh: Edinburgh University Press, 2003.

Laqueur, Thomas. *Making Sex: Body and Gender from the Greeks to Freud*. Cambridge, MA: Harvard University Press, 1992.

Olson, Kelly. "Masculinity, Appearance, and Sexuality: Dandies in Roman Antiquity." *Journal of the History of Sexuality*, vol. 23, no. 2, May 2014, pp. 182–205.

Bucar, Elizabeth M. "Bodies at the Margins: The Case of Transsexuality in Catholic and Shia Ethics." *Journal of Religious Ethics*, vol. 38, no. 4, December 2010, pp. 601–15.

Oyewumi, Oyeronke. *The Invention of Women: Making an African Sense of Western Gender*

2020–2030. FAO: Rome, 2020.

Davis, Angela Y. *Women, Race & Class*. New York: Random House, 1981.

Alesina, Alberto, et al. "On the Origins of Gender Roles: Women and the Plough." *Quarterly Journal of Economics*, vol. 128, no. 2, May 2013, pp. 469–530.

Tauger, Mark B. "Not by Grain Alone." *Agricultural History*, vol. 92, no. 3, Summer 2018, pp. 429–35.

Bolger, Diane. "The Dynamics of Gender in Early Agricultural Societies of the Near East." *Signs*, vol. 35, no. 2, Winter 2010, pp. 503–31.

Burton, Michael L., and Douglas R. White. "Sexual Division of Labor in Agriculture." *American Anthropologist*, vol. 86, no. 3, September 1984, pp. 568–83.

Scott, James C. *Against the Grain: A Deep History of the Earliest States*. New Haven, CT: Yale University Press, 2017.（『反穀物の人類史――国家誕生のディープヒストリー』立木勝訳、みすず書房、2019年）

"Gender and Sexuality: Ancient Near East." In *The Oxford Encyclopedia of the Bible and Gender Studies*, edited by Ilona Zsolnay. Oxford Biblical Studies Online, http://www.oxfordbiblicalstudies.com/article/opr/t453/e48 (last accessed 12 April 2022).

Lerner, Gerda. *The Creation of Patriarchy*. New York: Oxford University Press, 1986.（『男性支配の起源と歴史』奥田暁子訳、三一書房、1996年）

Hunter, Virginia. "Review: *The Origins of Patriarchy: Gender and Class in the Ancient World*." *Labour/Le Travail*, vol. 22, Fall 1988, pp. 239–46.

Meyers, Carol L. "Was Ancient Israel a Patriarchal Society?" *Journal of Biblical Literature*, vol. 133, no. 1, Spring 2014, pp. 8–27.

Rohrlich, Ruby. "State Formation in Sumer and the Subjugation of Women." *Feminist Studies*, vol. 6, no. 1, Spring 1980, pp. 76–102.

Crawford, Harriet E. W. *The Sumerian World*. London: Routledge, 2013.

Beavis, Mary Ann. "Christian Origins, Egalitarianism, and Utopia." *Journal of Feminist Studies in Religion*, vol. 23, no. 2, Fall 2007, pp. 27–49.

Michals, Debra, editor. "Deborah Sampson (1760–1827)." National Women's History Museum, 2015. https://www.womenshistory.org/education-resources/biographies/deborah-sampson (last accessed 27 April 2022).

Assante, Julia. "The Kar.Kid/Harimtu, Prostitute or Single Woman? A Reconsideration of the Evidence." *Ugarit-Forschungen*, no. 30, 1998, pp. 5–96.

Budin, Stephanie Lynn. *The Myth of Sacred Prostitution*. Cambridge: Cambridge University Press, 2008.

Lerner, Gerda. "The Origin of Prostitution in Ancient Mesopotamia." *Signs*, vol. 11, no. 2, Winter 1986, pp. 236–54.

Kennedy, Rebecca Futo. *Immigrant Women in Athens: Gender, Ethnicity, and Citizenship in the Classical City*. New York: Routledge, 2014.

Kennedy, Rebecca Futo. "Strategies of Disenfranchisement: 'Citizen' Women, Minor Heirs and the Precarity of Status in Attic Oratory." In *Voiceless, Invisible, and Countless: Subordinate Experience in Ancient Greece, 800–300 BCE*, edited by S. Gartland and D. Tandy (under review at Oxford University Press).

McCaffrey, Kathleen. "The Female Kings of Ur." In *Gender Through Time in the Ancient Near*

Grave." *Proceedings of the National Academy of Sciences*, vol. 116, no. 22, May 2019, pp. 10705–10.
De Nicola, Bruno. *Women in Mongol Iran: The Khatuns, 1206–1335*. Edinburgh: Edinburgh University Press, 2017.
Lazaridis, Iosif, et al. "Genetic Origins of the Minoans and Mycenaeans." *Nature*, vol. 548, 2 August 2017, pp. 214–18.

第五章　制限

Pompeii graffiti: Location IX.8.3, House of the Centennial; in the latrine near the front door, Reference 5243: "Secundus defecated here." Location II.7, Gladiator Barracks, Reference 8792b: "Antiochus hung out here with his girlfriend Cithera."
Rabinowitz, Nancy Sorkin, and Lisa Auanger, editors. "Introduction." In *Among Women: From the Homosocial to the Homoerotic in the Ancient World*. Austin: University of Texas Press, 2002.
Katz, Marilyn. "Ideology and 'The Status of Women' in Ancient Greece." *History and Theory*, vol. 31, no. 4, December 1992, pp. 70–97.
Katz, Marilyn A. "Sappho and Her Sisters: Women in Ancient Greece." *Signs*, vol. 25, no. 2, Winter 2000, pp. 505– 31.
Blundell, Sue. *Women in Ancient Greece*. Cambridge, MA: Harvard University Press, 1995.
Roy, J. "'Polis' and 'Oikos' in Classical Athens." *Greece & Rome*, vol. 46, no. 1, April 1999, pp. 1–18.
Aristotle. *Politics*, 2nd ed., translated by Carnes Lord. Chicago: University of Chicago Press, 2013.（『政治学』山本光雄訳、岩波文庫、1961年）
Hesiod. *The Homeric Hymns and Homerica*, with an English translation by Hugh G. Evelyn-White. In *Works and Days*. Cambridge, MA: Harvard University Press, 1914.（『神統記』 廣川洋一訳、岩波文庫、1984年）＊
Morris, Ian. "Archaeology and Gender Ideologies in Early Archaic Greece." *Transactions of the American Philological Association (1974–2014)*, vol. 129, 1999, pp. 305–17.
Pomeroy, Sarah B. *Goddesses, Whores, Wives, and Slaves: Women in Classical Antiquity*. London: Pimlico, 1975.
Osborne, Robin. "Law, the Democratic Citizen and the Representation of Women in Classical Athens." *Past & Present*, no. 155, May 1997, pp. 3–33.
Ramsey, Gillian. "Hellenistic Women and the Law: Agency, Identity, and Community." In *Women in Antiquity: Real Women Across the Ancient World*, edited by Stephanie Lynn Budin and Jean Macintosh Turfa. London: Routledge, 2016.
Lardinois, André, and Laura McClure, editors. *Making Silence Speak: Women's Voices in Greek Literature and Society*. Princeton, NJ: Princeton University Press, 2001.
Dossey, Leslie. "Wife Beating and Manliness in Late Antiquity." *Past & Present*, no. 199, May 2008, pp. 3–40.
Rousseau, Jean-Jacques. *Emile, or On Education* (1762), translated by Barbara Foxley. London: J. M. Dent and Sons, 1921.（『エミール』上中下 今野一雄訳、岩波文庫、1962～1964年）
Scheidel, Walter. "The Most Silent Women of Greece and Rome: Rural Labour and Women's Life in the Ancient World (II)." *Greece & Rome*, vol. 43, no. 1, October 1995, pp. 1–10.
Food and Agriculture Organization of the United Nations. *FAO Policy on Gender Equality*

de Barros Damgaard, Peter, et al. "The First Horse Herders and the Impact of Early Bronze Age Steppe Expansions into Asia." *Science*, vol. 360, no. 6396, 29 June 2018.

Mathieson, Iain, et al. "The Genomic History of Southeastern Europe." *Nature*, vol. 555, 8 March 2018, pp. 197–203.

Wilkin, Shevan, et al. "Dairying Enabled Early Bronze Age Yamnaya Steppe Expansions." *Nature*, vol. 598, September 2021, pp. 629–33.

Carpenter, Jennifer. "Archaeologists Uncover a Neolithic Massacre in Early Europe." *Science*, 17 August 2015. https://www.science.org/content/article/archaeologists-uncover-neolithic-massacre-early-europe (last accessed 21 March 2022).

Meyer, Christian, et al. "The Massacre Mass Grave of Schöneck-Kilianstädten Reveals New Insights into Collective Violence in Early Neolithic Central Europe." *Proceedings of the National Academy of Sciences*, vol. 112, no. 36, August 2015, pp. 11217–22.

Silva, Marina, et al. "A Genetic Chronology for the Indian Subcontinent Points to Heavily Sex-Biased Dispersals." *BMC Evolutionary Biology*, vol. 17, no. 88, 23 March 2017.

Balaresque, Patricia, et al. "Y-Chromosome Descent Clusters and Male Differential Reproductive Success: Young Lineage Expansions Dominate Asian Pastoral Nomadic Populations." *European Journal of Human Genetics*, vol. 23, 14 January 2015, pp. 1413–22.

Krause, Johannes, and Thomas Trappe. *A Short History of Humanity: A New History of Old Europe*, translated by Caroline Waight. New York: Random House, 2021.

Karmin, Monika, et al. "A Recent Bottleneck of Y Chromosome Diversity Coincides with a Global Change in Culture." *Genome Research*, vol. 25, no. 4, 2015, pp. 459–66.

Zeng, Tian Chen, et al. "Cultural Hitchhiking and Competition Between Patrilineal Kin Groups Explain the Post-Neolithic Y-Chromosome Bottleneck." *Nature Communications*, vol. 9, 25 May 2018.

Knipper, Corina, et al. "Female Exogamy and Gene Pool Diversification." *Proceedings of the National Academy of Sciences*, vol. 114, no. 38, 19 September 2017, pp. 10083–88.

Reich, David. "Social Inequality Leaves a Genetic Mark." *Nautilus*, 29 March 2018. http://nautil.us/issue/58/self/social-inequality-leaves-a-genetic-mark (last accessed 21 November 2020).

Underhill, Peter A., et al. "The Phylogenetic and Geographic Structure of Y-Chromosome Haplogroup R1a." *European Journal of Human Genetics*, vol. 23, 2015, pp. 124–31.

Onon, Urgunge. *The Secret History of the Mongols: The Life and Times of Chinggis Khan* (ca 13th c.). London: RoutledgeCurzon, 2001.（『元朝秘史』上下、小澤重男訳、岩波文庫、1997年）

McLynn, Frank. *Genghis Khan: His Conquests, His Empire, His Legacy*. Boston: Da Capo Press, 2015.

Zerjal, Tatiana, et al. "The Genetic Legacy of the Mongols." *American Journal of Human Genetics*, vol. 72, no. 3, 1 March 2003, pp. 717–21.

Moore, Laoise T., et al. "A Y-Chromosome Signature of Hegemony in Gaelic Ireland." *American Journal of Human Genetics*, vol. 78, no. 2, February 2006, pp. 334–38.

Sjögren, Karl-Göran, et al. "Kinship and Social Organization in Copper Age Europe. A Cross-Disciplinary Analysis of Archaeology, DNA, Isotopes, and Anthropology from Two Bell Beaker Cemeteries." *BioRxiv* 863944, 11 December 2019 (pre-print). Now published in *PLOS ONE*; doi: 10.1371/journal.pone .0241278.

Schroeder, Hannes. "Unraveling Ancestry, Kinship, and Violence in a Late Neolithic Mass

Heyd, Volker. "Kossinna's Smile." *Antiquity*, vol. 91, no. 356, 2017, pp. 348–59.
Mallory, Fintan. "The Case Against Linguistic Palaeontology." *Topoi: An International Review of Philosophy*, 12 February 2020.
Hakenbeck, Susanne E. "Genetics, Archaeology and the Far Right: An Unholy Trinity." *World Archaeology*, vol. 51, no. 4, 2019, pp. 517–27.
Furholt, Martin. "Massive Migrations? The Impact of Recent aDNA Studies on Our View of Third Millennium Europe." *European Journal of Archaeology*, vol. 21, no. 2, May 2018, pp. 159–91.
Furholt, Martin. "Mobility and Social Change: Understanding the European Neolithic Period After the Archaeogenetic Revolution." *Journal of Archaeological Research*, vol. 29, January 2021, pp. 481–535.
Toler, Pamela D. *Women Warriors: An Unexpected History*. Boston: Beacon Press, 2019.（『ウィメン・ウォリアーズ——はじめて読む女戦記』西川知佐訳、花束書房、2022年）
Haas, Randall, et al. "Female Hunters of the Early Americas." *Science Advances*, vol. 6, no. 45, 4 November 2020.
Wei-Haas, Maya. "Prehistoric Female Hunter Discovery Upends Gender Role Assumptions." *National Geographic* online, 4 November 2020. https://www.nationalgeographic.com/science/2020/11/prehistoric-female-hunter-discovery-upends-gender-role-assumptions (last accessed 17 November 2020).
Hedenstierna-Jonson, Charlotte, et al. "A Female Viking Warrior Confirmed by Genomics." *American Journal of Physical Anthropology*, vol. 164, no. 4, December 2017, pp. 853–60.
"An Officer and a Gentlewoman from the Viking Army in Birka." EurekAlert! press release, 8 September 2017. https://www.eurekalert.org/pub_releases/2017-09/su-aoa090817.php (last accessed 18 November 2020).
Bolger, Diane, editor. *Gender Through Time in the Ancient Near East*. Lanham, MD: AltaMira Press, 2008.
Bolger, Diane, and Rita P. Wright. "Gender in Southwest Asian Prehistory." In *A Companion to Gender Prehistory*, edited by Diane Bolger. Oxford: Wiley-Blackwell, 2012.
Goldberg, Amy, et al. "Ancient X Chromosomes Reveal Contrasting Sex Bias." *Proceedings of the National Academy of Sciences*, vol. 114, no. 10, 7 March 2017, pp. 2657–62.
Kristiansen, Kristian, et al. "Re-Theorising Mobility and the Formation of Culture and Language Among the Corded Ware Culture in Europe." *Antiquity*, vol. 91, no. 356, 2017, pp. 334–47.
"Steppe Migrant Thugs Pacified by Stone Age Farming Women." *Science Daily*, 4 April 2017. https://www.sciencedaily.com/releases/2017/04/170404084429.htm (last accessed 2 May 2021).
Anthony, David W. *The Horse, the Wheel, and Language: How Bronze-Age Riders from the Eurasian Steppes Shaped the Modern World*. Princeton, NJ: Princeton University Press, 2007.（『馬・車輪・言語——文明はどこで誕生したのか』上下、東郷えりか訳、筑摩書房、2018年）
Barras, Colin. "History of Violence." *New Scientist*, 30 March 2019, pp. 29–33.
Scorrano, Gabriele, et al. "The Genetic and Cultural Impact of the Steppe Migration into Europe." *Annals of Human Biology*, vol. 48, no. 3, May 2021, pp. 223–33.
Ammerman, Albert J. "Comment on 'Ancient DNA from the First European Farmers in 7500-Year-Old Neolithic Sites.'" *Science*, vol. 312, 30 June 2006, p. 1875.

www.bbc.co.uk/news/world-europe-49446389 (last accessed 25 August 2020).
Bruton, F. Brinley. "Turkey's President Erdogan Calls Women Who Work 'Half Persons.'" NBC News, 8 June 2016. https://www.nbcnews.com/news/world/turkey-s-president-erdogan-calls-women-who-work-half-persons-n586421 (last accessed 19 March 2022).
"Turkey President Erdogan: Women Are Not Equal to Men." BBC News, 24 November 2014. https://www.bbc.com/news/world-europe-30183711 (last accessed 19 March 2022).
Belge, Burçin. "Women Policies Erased from Political Agenda." Bianet.org. http://bianet.org/english/women/130607-women-policies-erased-from-political-agenda (last accessed 9 September 2020).
Butler, Daren, Orhan Coskun, and Birsen Altayli. "Turkey Considering Quitting Treaty on Violence Against Women: Ruling Party." Reuters, 5 August 2020. https://www.reuters.com/article/us-turkey-women/turkey-considering-quitting-treaty-on-violence-against-women-ruling-party-idUSKCN2511QX (last accessed 9 September 2020).
Yalcinalp, Esra. "Turkey Erdogan: Women Rise Up over Withdrawal from Istanbul Convention." BBC News, 26 March 2021. https://www.bbc.co.uk/news/world-europe-56516462 (last accessed 3 May 2021).
Kandiyoti, Deniz. "End of Empire: Islam, Nationalism and Women in Turkey." In *Women, Islam & the State*, edited by Deniz Kandiyoti. London: Palgrave Macmillan, 1991.
Göknar, Erdağ. "Turkish-Islamic Feminism Confronts National Patriarchy: Halide Edib's Divided Self." *Journal of Middle East Women's Studies*, vol. 9, no. 2, Spring 2013, pp. 32–57.
Lowenthal, David. *The Past Is a Foreign Country—Revisited*. Cambridge: Cambridge University Press, 2015.
Peterson, Jane. "Domesticating Gender: Neolithic Patterns from the Southern Levant." *Journal of Anthropological Archaeology*, vol. 29, 2010, pp. 249–64.
Hagelberg, Erika, et al. "Introduction. Ancient DNA: The First Three Decades." *Philosophical Transactions of the Royal Society of London. Series B, Biological Sciences*, vol. 370, 2015.
Haak, Wolfgang, et al. "Ancient DNA from the First European Farmers in 7500-Year-Old Neolithic Sites." *Science*, vol. 310, 11 November 2005, pp. 1016–18.
Kristiansen, Kristian. *Archaeology and the Genetic Revolution in European Prehistory*. Cambridge: Cambridge University Press, 2022.
Haak, Wolfgang, et al. "Massive Migration from the Steppe Was a Source for Indo-European Languages in Europe." *Nature*, vol. 522, 11 June 2015, pp. 207–11.
Reich, David. "Ancient DNA Suggests Steppe Migrations Spread Indo-European Languages." *Proceedings of the American Philosophical Society*, vol. 162, no. 1, March 2018, pp. 39–55.（『交雑する人類——古代DNAが解き明かす新サピエンス史』日向やよい訳、NHK出版、2018年）
Tassi, Francesca, et al. "Genome Diversity in the Neolithic Globular Amphorae Culture and the Spread of Indo-European Languages." *Proceedings of the Royal Society B*, vol. 284, 29 November 2017.
Allentoft, Morton E., et al. "Population Genomics of Bronze Age Eurasia." *Nature*, vol. 522, 1 June 2015, pp. 167–72.
Reich, David. *Who We Are and How We Got Here: Ancient DNA and the New Science of the Human Past*. Oxford: Oxford University Press, 2018.（『交雑する人類——古代DNAが解き明かす新サピエンス史』日向やよい訳、NHK出版、2018年）

Butler, Judith. *Gender Trouble: Feminism and the Subversion of Identity*. New York: Routledge, 1999.（『ジェンダー・トラブル　新装版――フェミニズムとアイデンティティの攪乱』竹村和子訳、青土社、2018年）

Meskell, Lynn. "Goddesses, Gimbutas and 'New Age' Archaeology." *Antiquity*, vol. 69, no. 262, March 1995, pp. 74–86.

Thornton, Bruce. "The False Goddess and Her Lost Paradise." *Arion: A Journal of Humanities and the Classics*, vol. 7, no. 1, Spring–Summer 1999, pp. 72–97.

Keller, Mara Lynn. "Gimbutas's Theory of Early European Origins and the Contemporary Transformation of Western Civilization." *Journal of Feminist Studies in Religion*, vol. 12, no. 2, Fall 1996, pp. 73–90.

Gero, Joan M., and Margaret W. Conkey. *Engendering Archaeology: Women and Prehistory*. Oxford: Blackwell, 1991.

Conkey, Margaret W., and Ruth E. Tringham. "Archaeology and the Goddess: Exploring the Contours of Feminist Archaeology." In *Feminisms in the Academy: Rethinking the Disciplines*, edited by Abigail Stewart and Domna Stanton. Ann Arbor: University of Michigan Press, 1995.

Belcher, Ellen H. "Identifying Female in the Halaf: Prehistoric Agency and Modern Interpretations." *Journal of Archaeological Method and Theory*, vol. 23, no. 3, September 2016, pp. 921–48.

Hays-Gilpin, Kelley. "Feminist Scholarship in Archaeology." *Annals of the American Academy of Political and Social Science*, vol. 571, September 2000, pp. 89–106.

Hodder, Ian. "Women and Men at Çatalhöyük." *Scientific American*, vol. 290, no. 1, January 2004, pp. 76–83.

Hodder, Ian. "Çatalhöyük: The Leopard Changes Its Spots; A Summary of Recent Work." *Anatolian Studies*, vol. 64, 2014, pp. 1–22.

Bolger, Diane. "The Dynamics of Gender in Early Agricultural Societies of the Near East." *Signs*, vol. 35, no. 2, Winter 2010, pp. 503–31.

Molleson, Theya. "The Eloquent Bones of Abu Hureyra." *Scientific American*, vol. 271, no. 2, 1994, pp. 70–75.

Pilloud, Marin A., and Clark Spencer Larsen. "'Official' and 'Practical' Kin: Inferring Social and Community Structure from Dental Phenotype at Neolithic Çatalhöyük, Turkey." *American Journal of Physical Anthropology*, vol. 145, no. 4, August 2011, pp. 519–30.

Larsen, Clark Spencer, et al. "Bioarchaeology of Neolithic Çatalhöyük Reveals Fundamental Transitions in Health, Mobility, and Lifestyle in Early Farmers." *Proceedings of the National Academy of Sciences*, vol. 116, no. 26, 25 June 2019, pp. 12615–23.

Schmidt, Klaus. "Göbekli Tepe—The Stone Age Sanctuaries; New Results of Ongoing Excavations with a Special Focus on Sculptures and High Reliefs." *Documenta Praehistorica*, vol. 37, 31 December 2011, pp. 239–56.

Rountree, Kathryn. "Archaeologists and Goddess Feminists at Çatalhöyük: An Experiment in Multivocality." *Journal of Feminist Studies in Religion*, vol. 23, no. 2, Fall 2007, pp. 7–26.

第四章　破壊

"Emine Bulut: Anger in Turkey over Mother's Murder." BBC News, 23 August 2019. https://

History Magazine, National Geographic, 26 March 2019. https://www.nationalgeographic.com/history/magazine/2019/03-04/early-agricultural-settlement-catalhoyuk-turkey (last accessed 21 June 2020).
"Neolithic Site of Çatalhöyük." United Nations Educational, Scientific and Cultural Organization's World Heritage Convention website. https://whc.unesco.org/en/list/1405 (last accessed 21 June 2020).
Nakamura, Carolyn, and Lynn Meskell. "Articulate Bodies: Forms and Figures at Çatalhöyük." *Journal of Archaeological Method and Theory*, vol. 16, no. 3, 2009, pp. 205–30.
Meskell, Lynn, and Carolyn Nakamura. *Çatalhöyük 2005 Archive Report*, pp. 161–88. https://web.stanford.edu/group/figurines/cgi-bin/omeka/files/original/f9bcd1d615efc93fcd1fe897640ebbc1.pdf (last accessed 9 August 2020).
Hodder, Ian. "James Mellaart 1925–2012." In *Biographical Memoirs of Fellows of the British Academy*, XIV. London: The British Academy, 2015, pp. 411–20.
Mellaart, James. "A Neolithic City in Turkey." *Scientific American*, vol. 210, no. 4, April 1964, pp. 94–105.
Barstow, Anne. Llewellyn "The Uses of Archaeology for Women's History: James Mellaart's Work on the Neolithic Goddess at Çatal Hüyük." *Feminist Studies*, vol. 4, no. 3, October 1978, pp. 7–18.
Stone, Merlin. *When God Was a Woman* (originally published as *The Paradise Papers*). London: Harcourt Brace Jovanovich, 1978.
Eisler, Riane. *The Chalice and the Blade: Our History, Our Future*. New York: Harper-Collins, 1988.(『聖杯と剣——われらの歴史、われらの未来』野島秀勝訳、法政大学出版局、1991年)＊
Steinem, Gloria. "Wonder Woman." In *The Superhero Reader*, edited by Charles Hatfield, Jeet Heer, and Kent Worcester. Jackson: University Press of Mississippi, 2013, pp. 203–10.
Gimbutas, Marija. *The Living Goddesses*, edited and supplemented by Miriam Robbins Dexter. Berkeley: University of California Press, 2001.
Steinfels, Peter. "Idyllic Theory of Goddesses Creates Storm." *New York Times*, 13 February 1990, Science Section, p. 1.
Dexter, Miriam Robbins. "The Roots of Indo-European Patriarchy: Indo-European Female Figures and the Principles of Energy." In *The Rule of Mars: Readings on the Origins, History and Impact of Patriarchy*, edited by Cristina Biaggi. Manchester, CT: Knowledge, Ideas & Trends, 2006, pp. 143–54.
Christ, Carol Patrice. "'A Different World': The Challenge of the Work of Marija Gimbutas to the Dominant World-View of Western Cultures." *Journal of Feminist Studies in Religion*, vol. 12, no. 2, Fall 1996, pp. 53–66.
Tringham, Ruth. "Review of Archeology: *The Civilization of the Goddess: The World of Old Europe*. Marija Gimbutas (Joan Marler, ed.)." *American Anthropologist*, vol. 95, no. 1, March 1993, pp. 196–97.
旧約聖書『創世記』第3章16節、聖書協会共同訳、日本聖書協会、2018年
"Episode 1: Joseph Campbell and the Power of Myth." BillMoyers.com, 21 June 1988. https://billmoyers.com/content/ep-1-joseph-campbell-and-the-power-of-myth-the-hero's-adventure-audio (last accessed 18 March 2022).
Eller, Cynthia. *The Myth of Matriarchal Prehistory: Why an Invented Past Won't Give Women a Future*. Boston: Beacon Press, 2000.

Bret, David. *Doris Day: Reluctant Star*. London: J. R. Books, 2008.

"Marriage and Civil Partnership", British Library website, 8 March 2013, https://www.bl.uk/sisterhood/articles/marriage-and-civil-partnership (last accessed 12 September 2022)

'Women in the Civil Service—History', CivilServant.org, https://www.civilservant.org.uk/women-history.html (last accessed 12 September 2022)

Zagarri, Rosemarie. "Morals, Manners, and the Republican Mother." *American Quarterly*, vol. 44, no. 2, June 1992, pp. 192–215.

Zagarri, Rosemarie. "The Significance of the 'Global Turn' for the Early American Republic: Globalization in the Age of Nation-Building." *Journal of the Early Republic*, vol. 31, no. 1, Spring 2011, pp. 1–37.

Jaffe, Alexandra. "Trump Honors 'Great Patriot,' Conservative Icon Phyllis Schlafly." NBC News, September 10, 2016. https://www.nbcnews.com/politics/2016-election/donald-trump-honor-conservative-icon-phyllis-schlafly-funeral-n646101.

Fletcher, Alice. "The Legal Condition of Indian Women." Speech at the First Convention of the International Council of Women, Albaugh's Opera House, Washington, DC, 29 March 1888.

Ryan, Melissa. "Others and Origins: Nineteenth-Century Suffragists and the 'Indian Problem.'" In *Susan B. Anthony and the Struggle for Equal Rights*, edited by Christine L. Ridarsky and Mary M. Huth. Rochester, NY: Boydell & Brewer, 2012, pp. 117–44.

Griffith, Elisabeth. *In Her Own Right: The Life of Elizabeth Cady Stanton*. New York: Oxford University Press, 1985.

Hamad, Ruby. *White Tears/Brown Scars: How White Feminism Betrays Women of Colour*. London: Trapeze, 2020.

"Voting Rights for Native Americans." Classroom Materials at the Library of Congress, Library of Congress. https://www.loc.gov/classroom-materials/elections/right-to-vote/voting-rights-for-native-americans/. (last accessed 12 August 2022).

Shoemaker, Nancy. "The Rise or Fall of Iroquois Women." *Journal of Women's History*, vol. 2, no. 3, Winter 1991, pp. 39–57.

Leacock, Eleanor. "Interpreting the Origins of Gender Inequality: Conceptual and Historical Problems." *Dialectical Anthropology*, vol. 7, no. 4, February 1983, pp. 263–84.

Fiske, Jo-Anne. "Colonization and the Decline of Women's Status: The Tsimshian Case." *Feminist Studies*, vol. 17, no. 3, Autumn 1991, pp. 509–35.

Ghosh, Durba. "Gender and Colonialism: Expansion or Marginalization?" *Historical Journal*, vol. 47, no. 3, September 2004, pp. 737–55.

Pember, Mary Annette. "Death by Civilization." *The Atlantic*, 8 March 2019. https://www.theatlantic.com/education/archive/2019/03/traumatic-legacy-indian-boarding-schools/584293 (last accessed 12 March 2022).

Sacks, Karen Brodkin. "Toward a Unified Theory of Class, Race, and Gender." *American Ethnologist*, vol. 16, no. 3, August 1989, pp. 534–50.

第三章　起源

Balter, Michael. *The Goddess and the Bull; Çatalhöyük: An Archaeological Journey to the Dawn of Civilization*. New York: Free Press, 2005.

Belmonte, Cristina. "This Stone Age Settlement Took Humanity's First Steps Toward City Life."

Magazine, 20 February 2022.
Blackwood, Evelyn. "Sexuality and Gender in Certain Native American Tribes: The Case of Cross-Gender Females." *Signs*, vol. 10, no. 1, 1984, pp. 27–42.
Niro, Shelley, Keller George, and Alan Brant. "An Aboriginal Presence: Our Origins." Canadian Museum of History. https://www.historymuseum.ca/cmc/exhibitions/aborig/fp/fpz2f22e.html (last accessed 19 April 2020).
Lopez, Barry, and Oren Lyons. "The Leadership Imperative: An Interview with Oren Lyons." *Mānoa*, vol. 19, no. 2, Maps of Reconciliation: Literature and the Ethical Imagination, Winter 2007, pp. 4–12.
Wagner, Sally Roesch. *Sisters in Spirit: Haudenosaunee (Iroquois) Influence on Early American Feminists*. Summertown, TN: Native Voices Book Publishing, 2001.
"Report of the Woman's Rights Convention, Held at Seneca Falls, New York, July 19th and 20th, 1848. Proceedings and Declaration of Sentiments." Library of Congress. https://www.loc.gov/resource/rbcmil.scrp4006702/?sp=16 (last accessed 2 April 2020).
Jacobs, Renée. "The Iroquois Great Law of Peace and the United States Constitution: How the Founding Fathers Ignored the Clan Mothers." *American Indian Law Review*, vol. 16, no. 2, 1991, pp. 497–531.
Corey, Mary E. "Writing and 'Righting' the History of Woman Suffrage." In *The Best of New York Archives: Selections from the Magazine, 2001–2011*. New York State Archives Partnership Trust, 2001, pp. 101–5.
Gage, Matilda Joslyn. "The Remnant of the Five Nations." *Evening Post*, 24 September 1875. https://nyshistoricnewspapers.org/lccn/sn83030390/1875-09-24/ed-1/seq-1 (last accessed 18 May 2020).
Tooker, Elisabeth. "Lewis H. Morgan and His Contemporaries." *American Anthropologist*, vol. 94, no. 2, June 1992, pp. 357–75.
Morgan, Lewis Henry. *Ancient Society; or Researches in the Lines of Human Progress from Savagery through Barbarism to Civilization*. New York: Henry Holt & Company, 1877.（『古代社会』上下、青山道夫訳、岩波文庫、1958／1961年）
Service, Elman R. "The Mind of Lewis H. Morgan." *Current Anthropology*, vol. 22, no. 1, February 1981, pp. 25–43.
Engels, Friedrich. *The Origin of the Family, Private Property and the State*. Chicago: Charles H. Kerr & Company, 1902.（『家族・私有財産・国家の起源』戸原四郎訳、岩波文庫、1965年）*
"Remarks Concerning the Savages of North America, [Before 7 January 1784]." Founders Online, National Archives. https://founders.archives.gov/documents/Franklin/01-41-02-0280 (last accessed 12 March 2022) [Original source: *The Papers of Benjamin Franklin*, vol. 41, *16 September 1783 to 29 February 1784* (New Haven, CT: Yale University Press, 2014), pp. 412–23].
Landsman, Gail H. "The 'Other' as Political Symbol: Images of Indians in the Woman Suffrage Movement." *Ethnohistory*, vol. 39, no. 3, Summer 1992, pp. 247–84.
Pettigrew, William A., and David Veevers. *The Corporation as a Protagonist in Global History, c. 1550–1750*. Global Economic History Series, vol. 16. Leiden: Brill, 2019.
Stansell, Christine. "Women, Children, and the Uses of the Streets: Class and Gender Conflict in New York City, 1850–1860." *Feminist Studies*, vol. 8, no. 2, Summer 1982, pp. 309–35.

exhibitions/permanent/theodore-roosevelt-memorial/hall/old-new-york-diorama#fullscreen (last accessed 3 May 2020).

McGuire, Randall H. "Archeology and the First Americans." *American Anthropologist*, New Series, vol. 94, no. 4, December 1992, pp. 816–36.

Kuper, Adam. *The Invention of Primitive Society: Transformation of an Illusion*. New York: Routledge, 1988.

Steele, Brian. "Thomas Jefferson's Gender Frontier." *Journal of American History*, vol. 95, no. 1, June 2008, pp. 17–42.

Kerber, Linda K. "Separate Spheres, Female Worlds, Woman's Place: The Rhetoric of Women's History." *Journal of American History*, vol. 75, no. 1, June 1988, pp. 9–39.

de Tocqueville, Alexis. *Democracy in America, Volume II* (1840).（『アメリカのデモクラシー』全4冊、松本礼二訳、岩波文庫、2005-2008年）＊ Translation here: https://xroads.virginia.edu/~Hyper/DETOC/CH3_12.htm (last accessed 1 February 2021).

Hogan, Margaret A., and C. James Taylor, editors. *My Dearest Friend: Letters of Abigail and John Adams*. Cambridge, MA: Belknap Press of Harvard University Press, 2007.

Mill, Harriet Hardy Taylor. *Enfranchisement of Women*. Reprinted from the *Westminster Review*, July 1851. London: Trubner and Co., 1868.

Kerber, Linda K. "The Paradox of Women's Citizenship in the Early Republic: The Case of Martin vs. Massachusetts, 1805." *American Historical Review*, vol. 97, no. 2, April 1992, pp. 349–78.

Global Campaign for Equal Nationality Rights. https://equalnationalityrights.org/the-issue/the-problem (last accessed 9 May 2022).

Reed, Patricia. "The Role of Women in Iroquoian Society." *NEXUS*, vol. 10, no. 1, 1992, pp. 61–87.

Delsahut, Fabrice, and Thierry Terret. "First Nations Women, Games, and Sport in Pre- and Post-Colonial North America." *Women's History Review*, vol. 23, no. 6, August 2014, pp. 976–95.

Alonso, Harriet Hyman. "Peace and Women's Issues in U.S. History." *OAH Magazine of History*, vol. 8, no. 3, Spring 1994, pp. 20–25.

Details about the Haudenosaunee Confederacy from the website https://www.haudenosauneeconfederacy.com (last accessed 2 April 2020).

Mann, Barbara A. "The Lynx in Time: Haudenosaunee Women's Traditions and History." *American Indian Quarterly*, vol. 21, no. 3, Summer 1997, pp. 423–49.

Beauchamp, William Martin. "Iroquois Women." *Journal of American Folklore*, vol. 13, no. 49, 1900, pp. 81–91.

Denetdale, Jennifer Nez. "Chairmen, Presidents, and Princesses: The Navajo Nation, Gender, and the Politics of Tradition." *Wicazo Sa Review*, vol. 21, no. 1, January 2006, pp. 9–28.

Denetdale, Jennifer Nez. "Return to 'The Uprising at Beautiful Mountain in 1913': Marriage and Sexuality in the Making of the Modern Navajo Nation." In *Critically Sovereign: Indigenous Gender, Sexuality, and Feminist Studies*, edited by Joanne Barker. Durham, NC: Duke University Press, 2017.

Yellowhorse, Sandra. "My Tongue Is a Mountain: Land, Belonging and the Politics of Voice." *Genealogy*, vol. 4, no. 112, November 2020.

Ligaya, Mishan. "Before There Was Man; Before There Was Woman." *New York Times Style*

Journal of Asian Studies, vol. 60, no. 1, February 2001, pp. 125–49.
Chadwick, R. J. "Matrilineal Inheritance and Migration in a Minangkabau Community." *Indonesia*, no. 51, April 1991, pp. 47–81.
Abdullah, Taufik. "Adat and Islam: An Examination of Conflict in Minangkabau." *Indonesia*, no. 2, October 1966, pp. 1–24.
Sanday, Peggy Reeves. *Women at the Center: Life in a Modern Matriarchy*. Ithaca, NY: Cornell University Press, 2002.
Arunima, G. *There Comes Papa: Colonialism and the Transformation of Matriliny in Kerala, Malabar, c. 1850–1940*. New Delhi: Orient Longman Private Limited, 2003.
Abraham, Janaki. "'Matriliny Did Not Become Patriliny!': The Transformation of Thiyya 'Taravad' Houses in 20th-Century Kerala." *Contributions to Indian Sociology*, vol. 51, no. 3, September 2017, pp. 287–312.
Stone, Linda. *Kinship and Gender: An Introduction*. Boulder, CO: Westview Press, 1997.
Surowiec, Alexandra, Kate T. Snyder, and Nicole Creanza. "A Worldwide View of Matriliny: Using Cross-Cultural Analyses to Shed Light on Human Kinship Systems." *Philosophical Transactions of the Royal Society B*, vol. 374, no. 1780, 2 September 2019.
Graeber, David, and David Wengrow. *The Dawn of Everything: A New History of Humanity*. London: Allen Lane, 2021.(『万物の黎明――人類史を根本からくつがえす』酒井隆史訳、光文社、2023年)
Graeber, David, and David Wengrow. "Are We City Dwellers or Hunter-Gatherers?" *New Humanist*, 14 January 2019. https://newhumanist.org.uk/articles/5409/are-we-city-dwellers-or-hunter-gatherers (last accessed 20 November 2020).
Stoeltje, Beverly J. "Asante Queen Mothers: A Study in Female Authority." *Annals of the New York Academy of Sciences*, vol. 810, no. 1, June 1997, pp. 41–71.
WaiHong, Choo. *The Kingdom of Women: Life, Love and Death in China's Hidden Mountains*. London: I. B. Tauris, 2017.(『女たちの王国――「結婚のない母系社会」中国秘境のモソ人と暮らす』秋山勝訳、草思社、2017年)*
Suzman, James. *Affluence Without Abundance: The Disappearing World of the Bushmen*. New York: Bloomsbury, 2017.(『「本当の豊かさ」はブッシュマンが知っている』佐々木知子訳、NHK出版、2019年)*
Boehm, Christopher. "Egalitarian Behavior and Reverse Dominance Hierarchy." *Current Anthropology*, vol. 34, no. 3, June 1993, pp. 227–54.
Phillips, Anne. *Unconditional Equals*. Princeton, NJ: Princeton University Press, 2021.

第二章　例外

"Today in History: The Seneca Falls Convention." Library of Congress. https://www.loc.gov/item/today-in-history/july-19 (last accessed 2 April 2020).
"Report of the Woman's Rights Convention, Held at Seneca Falls, New York, July 19th and 20th, 1848. Proceedings and Declaration of Sentiments." Library of Congress. https://www.loc.gov/resource/rbcmil.scrp4006702/?sp=16 (last accessed 2 April 2020).
Haraway, Donna. "Situated Knowledges: The Science Question in Feminism and the Privilege of Partial Perspective." *Feminist Studies*, vol. 14, no. 3, Autumn 1988, pp. 575–99.
"Old New York Diorama." American Museum of Natural History. https://www.amnh.org/

The Signature of the Matrilineal Puzzle." *Philosophical Transactions of the Royal Society B*, vol. 374, no. 1780, 2 September 2019.

Chakravarti, Uma. "Whatever Happened to the Vedic *Dasi*? Orientalism, Nationalism, and a Script for the Past." In *Recasting Women: Essays in Colonial History*, edited by Kumkum Sangari and Sudesh Vaid. New Delhi: Kali for Women, 1989.

Moore, Lewis. *Malabar Law and Custom*. Madras: Higginbotham & Co., 1905.

Moore, Melinda A. "A New Look at the Nayar Taravad." *Man*, vol. 20, no. 3, September 1985, pp. 523–41.

Fuller, C. J. "The Internal Structure of the Nayar Caste." *Journal of Anthropological Research*, vol. 31, no. 4, Winter 1975, pp. 283–312.

Nongbri, Tiplut. "Kinship Terminology and Marriage Rules: The Khasi of North-East India." *Sociological Bulletin*, vol. 62, no. 3, September–December 2013, pp. 413–30.

Nongbri, Tiplut. "Family, Gender and Identity: A Comparative Analysis of Trans-Himalayan Matrilineal Structures." *Contributions to Indian Sociology*, vol. 44, nos. 1–2, 2012, pp. 155–78.

Pakyntein, Valentina. "Gender Preference in Khasi Society: An Evaluation of Tradition, Change and Continuity." *Indian Anthropologist*, vol. 30, nos. 1–2, June and December 2000, pp. 27–35.

Marak, Queenbala, and Jangkhomang. "Matriliny and the Megalithic Practices of the Jaintias of Meghalaya." *Indian Anthropologist*, vol. 42, no. 2, July–December 2012, pp. 67–82.

Banerjee, Roopleena. "'Matriarchy' and Contemporary Khasi Society." *Proceedings of the Indian History Congress*, vol. 76, 2015, pp. 918–30.

Karmakar, Rahul. "Matrilineal Meghalaya to Give Land Rights to Men." *The Hindu*, 26 October 2021. https://www.thehindu.com/news/national/other-states /matrilineal-meghalaya-to-give-land-rights-to-men/article37175110.ece (last accessed 14 November 2021).

Das, Mohua. "Meet the Men's Libbers of Meghalaya." *Times of India*, 27 August 2017. http://timesofindia.indiatimes.com/articleshow/60237760.cms?utm_source=contentofinterest&utm_medium=text&utm_campaign=cppst (last accessed 14 November 2021).

Krishna, Geetanjali. "The Second Sex." *The Caravan*, 31 May 2012. https://caravanmagazine.in/lede/second-sex (last accessed 14 November 2021).

Allen, Timothy. "Meghalaya, India: Where Women Rule, and Men Are Suffragettes." BBC News, 19 January 2012. https://www.bbc.com/news/magazine-16592633 (last accessed 14 November 2021).

Gokhale, Nitin A. "Motherdom's Prodigals." *Outlook*, 5 February 2022. https://www.outlookindia.com/magazine/story/motherdoms-prodigals/215463 (last accessed 5 March 2022).

Gopalakrishnan, Manasi. "Men in India's Matrilineal Khasi Society Demand More Rights." DW.com, 23 November 2020. https://www.dw.com/en/india-khasi-men-rights/a-55704605 (last accessed 14 November 2021).

Roy, David. "Principles of Khasi Culture." *Folklore*, vol. 47, no. 4, December 1936, pp. 375–93.

"David Roy's Contributions Finally Get Due Acknowledgement." *The Shillong Times*, 23 December 2012. https://theshillongtimes.com/2012/12/23/david-roys-contributions-finally-get-due-acknowledgement/ (last accessed 5 November 2021).

Krier, Jennifer. "The Marital Project: Beyond the Exchange of Men in Minangkabau Marriage." *American Ethnologist*, vol. 27, no. 4, November 2000, pp. 877–97.

Blackwood, Evelyn. "Representing Women: The Politics of Minangkabau Adat Writings."

troglodytes)." *Animal Cognition*, Issue 17, June 2014, pp. 1421–25.
Vince, Gaia. "Smashing the Patriarchy: Why There's Nothing Natural About Male Supremacy." *The Guardian*, 2 November 2019.
Thompson, Melissa Emery. "How Can Non-Human Primates Inform Evolutionary Perspectives on Female-Biased Kinship in Humans?" *Philosophical Transactions of the Royal Society B*, vol. 374, no. 1780, 2 September 2019.
Sommer V. and A. R. Parish. "Living Differences." In *Homo Novus—A Human Without Illusions* (Frontiers Collection), edited by Ulrich J. Frey, Charlotte Störmer, and Kai P. Willführ. Berlin: Springer, 2010.
Jeffrey, Robin. "Matriliny, Women, Development—and a Typographical Error." *Pacific Affairs*, vol. 63, no. 3, Autumn 1990, pp. 373–77.
Jeffrey, Robin. "Governments and Culture: How Women Made Kerala Literate." *Pacific Affairs*, vol. 60, no. 3, Autumn 1987, pp. 447–72.
Roser, Max, and Esteban Ortiz-Ospina. "Literacy." Our World in Data, last revised 20 September 2018. https://ourworldindata.org/literacy (last accessed 4 November 2021).
"At 96.2%, Kerala Tops Literacy Rate Chart; Andhra Pradesh Worst Performer at 66.4%." *Economic Times*, 8 September 2020. https://economictimes.indiatimes.com/news/politics-and-nation/at-96-2-kerala-tops-literacy-rate-chart-andhra-pradesh-worst-performer-at-66-4/articleshow/77978682.cms?utm_source=contentofinterest&utm_medium=text&utm_campaign=cppst (last accessed 24 October 2021).
Schneider, David M., and Kathleen Gough. *Matrilineal Kinship*. Berkeley: University of California Press, 1961.
Lowes, Sara. "Kinship Structure & Women: Evidence from Economics." *Daedalus*, vol. 149, no. 1, Winter 2020, pp. 119–33.
Khalil, Umair, and Sulagna Mookerjee. "Patrilocal Residence and Women's Social Status: Evidence from South Asia." *Economic Development and Cultural Change*, vol. 67, no. 2, January 2019, pp. 401–38.
Dube, Leela. "Matriliny and Women's Status." *Economic and Political Weekly*, vol. 36, no. 33, August 2001, pp. 3144–47.
Jordan, Fiona M., et al. "Matrilocal Residence Is Ancestral in Austronesian Societies." *Proceedings of the Royal Society B*, vol. 276, no. 1664, 7 June 2009, pp. 1957–64.
Kutty, Madhavan. *The Village Before Time* (1991), translated from Malayalam by Gita Krishnankutty. New Delhi: IndiaInk, 2000.
Verjus, Anne. "The Empire of the Nairs: A Society Without Marriage nor Paternity." Talk delivered at Consortium on Revolutionary Era, Charleston, SC, 23–25 February 2017.
Pillai, Manu S. *The Ivory Throne: Chronicles of the House of Travancore*. India: Harper-Collins, 2016.
Arunima, G. "Matriliny and Its Discontents." *India International Centre Quarterly*, vol. 22, nos. 2/3, Summer–Monsoon 1995, pp. 157–67.
Starkweather, Kathrine, and Monica Keith. "One Piece of the Matrilineal Puzzle: The Socioecology of Maternal Uncle Investment." *Philosophical Transactions of the Royal Society B*, vol. 374, no. 1780, 2 September 2019.
Ly, Goki, et al. "From Matrimonial Practices to Genetic Diversity in Southeast Asian Populations:

か子、加藤康子、杉藤雅子訳、勁草書房、1996年）
Rosaldo, Michelle Zimbalist. “The Use and Abuse of Anthropology: Reflections on Feminism and Cross-Cultural Understanding.” *Signs*, vol. 5, no. 3, Spring 1980, pp. 389–417.

第一章　支配

Le Guin, Ursula K. “A War Without End.” In *Utopia*, by Thomas More. London: Verso, 2016.
Saini, Angela. *Inferior: How Science Got Women Wrong and the New Research That's Rewriting the Story*. London: 4th Estate, 2017.（『科学の女性差別とたたかう――脳科学から人類の進化史まで』東郷えりか訳、作品社、2019年）
Parish, Amy Randall. “Female Relationships in Bonobos (*Pan paniscus*).” *Human Nature*, no. 7, March 1996, pp. 61–96.
Parish, Amy R., Frans B. M. de Waal, and David Haig. “The Other ‘Closest Living Relative’: How Bonobos (*Pan paniscus*) Challenge Traditional Assumptions about Females, Dominance, Intra- and Intersexual Interactions, and Hominid Evolution.” *Annals of the New York Academy of Sciences*, vol. 907, no. 1, April 2000, pp. 97–113.
de Waal, Frans. *Different: Gender Through the Eyes of a Primatologist*. London: Granta, 2022.
Smith, Jennifer E., et al. “Obstacles and Opportunities for Female Leadership in Mammalian Societies: A Comparative Perspective.” *Leadership Quarterly*, no. 31, 2020.
Goldberg, Steven. *The Inevitability of Patriarchy*. New York: William Morrow, 1973.
Darwin, Charles. *The Descent of Man and Selection in Relation to Sex* (1874). Project Gutenberg edition, 1999, updated 2021.（『人間の由来』上下、長谷川眞理子訳、講談社学術文庫、2016年）
Wilson, Edward O. “Human Decency Is Animal.” *New York Times*, 12 October 1975, p. 272.
Smuts, Barbara. “The Evolutionary Origins of Patriarchy.” *Human Nature*, vol. 6, no. 1, March 1995, pp. 1–32.
Delphy, Christine. *Close to Home: A Materialist Analysis of Women's Oppression* (1984). New York: Verso Books, 2016.（前掲『なにが女性の主要な敵なのか』）
Leacock, Eleanor. “*Review of The Inevitability of Patriarchy*, by Steven Goldberg.” *American Anthropologist*, vol. 76, no. 2, June 1974, pp. 363–65.
Maccoby, Eleanor E. “Sex in the Social Order: Review of *The Inevitability of Patriarchy*, by Steven Goldberg.” *Science*, vol. 182, no. 4111, November 1973, pp. 469–71.
“Number of Countries Where the De Facto Highest Position of Executive Power Was Held by a Woman from 1960 to 2021.” *Statista*, November 2021. https://www.statista.com/statistics/1058345/countries-with-women-highest-position-executive-power-since-1960 (last accessed 14 January 2022).
“Women in Politics: 2020.” UN Women, 1 January 2020. https://www.unwomen.org/sites/default/files/Headquarters/Attachments/Sections/Library/Publications/2020/Women-in-politics-map-2020-en.pdf (last accessed 3 March 2022).
Parish, Amy R. “Two Sides of the Same Coin: Females Compete and Cooperate.” *Archives of Sexual Behavior*, published online 22 November 2021.
Morris-Drake, Amy, Julie M. Kern, and Andrew N. Radford. “Experimental Evidence for Delayed Post-Conflict Management Behaviour in Wild Dwarf Mongooses.” *Elife*, no. 10, 2 November 2021, p. e69196.
van Leeuwen, Edwin J. C., et al. “A Group-Specific Arbitrary Tradition in Chimpanzees (*Pan*

引用・参考文献

＊本文はBeacon版を底本としたが、原著者の意向により「引用・参考文献」は4th版のものを使用した。但し、4th版の各章冒頭に付されているエピグラフの文献名は省略した。

＊邦訳文献に関しては、邦訳が複数存在するものがあるが、現在手に入りやすいものを示した。また、本文中で既訳を引用及び参照した邦訳については、文末に＊を付した。

はじめに

Pinney, Christopher. *'Photos of the Gods': The Printed Image and Political Struggle in India.* London: Reaktion Books, 2004.

Ramayya, Nisha. *States of the Body Produced by Love.* Newcastle upon Tyne: Ignota Books, 2019.

Ramos, Imma. *Tantra: Enlightenment to Revolution.* London: Thames & Hudson and the British Museum, 2020.

Dalmiya, Vrinda. "Loving Paradoxes: A Feminist Reclamation of the Goddess Kali." *Hypatia,* vol. 15, no. 1, Winter 2000, pp. 125–50.

Merelli, Annalisa. "Kali Is the 3,000-Year-Old Feminist Icon We Need Today." *Quartz,* 8 January 2020, https://qz.com/1768545/hinduisms-kali-is-the-feminist-icon-the-world-desperately-needs/ (last accessed 7 June 2022).

Appiah, Kwame Anthony. "Digging for Utopia." *New York Review of Books,* 16 December 2021.

Learned Sir Robert Filmer Baronet. *Patriarcha; or, the Natural Power of Kings.* London: Richard Chiswell, 1680.

Millett, Kate. *Sexual Politics* (1970). Urbana: University of Illinois Press, 2000.（『性の政治学』藤枝澪子、加地永都子、滝沢海南子、横山貞子訳、ドメス出版、1985年）＊

Walby, Sylvia. *Theorizing Patriarchy.* Oxford: Basil Blackwell, 1990.

Beechey, Veronica. "On Patriarchy." *Feminist Review,* no. 3, 1979, pp. 66–82.

Punit, Itika Sharma. "Social Distancing from House Helps Is Exposing the Indian Family's Unspoken Sexism." *Quartz India,* 26 March 2020, https://qz.com/india/1823823/with-coronavirus-lockdown-working-indian-women-face-family-sexism (last accessed 23 April 2021).

Nagaraj, Anuradha. "Wages for Housewives: Party's Manifesto Pledge Stirs Debate in India." Reuters, 7 January 2021. https://www.reuters.com/article/us-india-women-politics-idUSKBN29C1TQ (last accessed 15 May 2021).

Mohanty, Chandra Talpade. "Under Western Eyes: Feminist Scholarship and Colonial Discourses." *Feminist Review,* no. 30, Autumn 1988, pp. 61–88.（『境界なきフェミニズム』堀田碧監訳、菊地恵子、吉原令子、我妻もえ子訳、法政大学出版局、2012年）

Ortner, Sherry B. "Gender Hegemonies." *Cultural Critique,* no. 14, Winter 1989–1990, pp. 35–80.

Jones-Rogers, Stephanie E. *They Were Her Property: White Women as Slave Owners in the American South.* New Haven, CT: Yale University Press, 2019.

Lerner, Gerda. "Placing Women in History: Definitions and Challenges." *Feminist Studies,* vol. 3, nos. 1–2, Autumn 1975, pp. 5–14.

MacKinnon, Catharine A. *Toward a Feminist Theory of the State* (1989). Cambridge, MA: Harvard University Press, 1991.

Delphy, Christine. *Close to Home: A Materialist Analysis of Women's Oppression* (1984). New York: Verso Books, 2016.（『なにが女性の主要な敵なのか――ラディカル・唯物論的分析』井上た

アンジェラ・サイニー
科学ジャーナリスト。オックスフォード大学で工学、キングス・カレッジ・ロンドンで科学と安全保障の修士号をそれぞれ取得。オックスフォード大学・キーブルカレッジ名誉フェロー。マサチューセッツ工科大学院非常勤講師。BBCやガーディアンなど英米の主要メディアに多数出演、寄稿。主な著書に『科学の女性差別とたたかう——脳科学から人類の進化史まで』『科学の人種差別とたたかう——人種概念の起源から最新のゲノム科学まで』など。

道本美穂 みちもと・みほ
英語翻訳者。東京大学文学部社会学科卒業。大手通信会社勤務を経て独立。主な訳書に『失われた報道の自由』『地獄への潜入』『トマトの歴史』、共訳書に『告発——フェイスブックを揺るがした巨大スキャンダル』など。

家《か》父《ふ》長制《ちょうせい》の起源《きげん》

男《おとこ》たちはいかにして支配者《しはいしゃ》になったのか

2024年10月30日　第1刷発行

著者　アンジェラ・サイニー
訳者　道本美穂《みちもとみほ》
発行者　樋口尚也
発行所　株式会社 集英社
〒101-8050 東京都千代田区一ツ橋2-5-10
電話 編集部 03-3230-6137
読者係 03-3230-6080
販売部 03-3230-6393（書店専用）
印刷所　大日本印刷株式会社
製本所　株式会社ブックアート
マークデザイン＋ブックデザイン　鈴木成一デザイン室
photo: gregobagel / Getty Images
翻訳協力　株式会社リベル

Shueisha Series Common

Printed in Japan　ISBN978-4-08-737006-5　C0036
定価はカバーに表示してあります。